新时代 北京卷
教育文库

芳 草 地 国 际 学 校

走进芳草 欣欣向荣

核心素养导向的课程构建与实施

丁兆惠◎主编

中国言实出版社

图书在版编目(CIP)数据

走进芳草 欣欣向荣：核心素养导向的课程构建与
实施 / 丁兆惠主编. —— 北京：中国言实出版社，
2023.11
（新时代教育文库. 北京卷）
ISBN 978-7-5171-4661-2

Ⅰ. ①走… Ⅱ. ①丁… Ⅲ. ①中学教育—文集 Ⅳ.
①G63-53

中国国家版本馆CIP数据核字（2023）第212079号

走进芳草 欣欣向荣：核心素养导向的课程构建与实施

责任编辑：张天杨
责任校对：王建玲

出版发行：中国言实出版社
　　　　　地　　址：北京市朝阳区北苑路180号加利大厦5号楼105室
　　　　　邮　　编：100101
　　　　　编辑部：北京市海淀区花园路6号院B座6层
　　　　　邮　　编：100088
　　　　　电　　话：010-64924853（总编室）　010-64924716（发行部）
　　　　　网　　址：www.zgyscbs.cn　　电子邮箱：zgyscbs@263.net

经　　销：新华书店
印　　刷：北京虎彩文化传播有限公司
版　　次：2024年5月第1版　　2024年5月第1次印刷
规　　格：710毫米×1000毫米　　1/16　　22.75印张
字　　数：380千字

定　　价：89.00元
书　　号：ISBN 978-7-5171-4661-2

本书主编简介

丁兆惠，1969 年生，本科学历，中共党员，朝阳区政协委员，现任芳草地国际学校党委书记。从事管理工作 20 年，任校长期间，坚持"文化育人，思想管理"，提出"贴近式教育"办学理念，实践研究入选北京市规划办课题，理念指导实践，注重教师队伍及学生培养，形成了稳定的工作风格；任书记期间，坚持党建引领发展，探索集团化思想管理新模式，尝试思政一体化研究，带动教师开创全面育人新局面。

文库编委会

本书编委会

主　编：丁兆惠

副主编：杨　媛　杨晓红

编　委：齐振军　于　芳　李丽红　辛士红

　　　　齐晓菊　刘彦晖　杨　燕　宋秋菊

总　序

党的二十大报告中指出，"高质量发展是全面建设社会主义现代化国家的首要任务"、"教育、科技、人才是全面建设社会主义现代化国家的基础性、战略性支撑。必须坚持科技是第一生产力、人才是第一资源、创新是第一动力，深入实施科教兴国战略、人才强国战略、创新驱动发展战略，开辟发展新领域新赛道，不断塑造发展新动能新优势"。为深刻领会以习近平同志为核心的党中央作出这一战略部署的深义和赋予教育的新使命新任务，加快建设教育强国，加快推进教育高质量发展，展示新时代我国基础教育的发展变革和取得的重大成就，中国言实出版社策划、出版了"新时代教育文库"丛书。

进入新时代以来，教育系统全面贯彻党的教育方针，落实立德树人根本任务，培养德智体美劳全面发展的社会主义建设者和接班人；促进教育公平、提升教育质量，加快推进教育现代化，办好人民满意的教育。教育的中国特色更加鲜明，教育面貌正在发生格局性变化。新时代以来，我国教育普及水平实现了历史性跨越，更好地保障了人民受教育的机会；教育服务能力稳步提升，为国家重大战略实施和经济社会发展提供了强大的人才和智力支撑；教育改革开放持续深化，服务全民终身学习的教育体系进一步完善。"新时代教育文库"丛书记录了、见证了基础教育事业的发展变革，对研究我国基础教育具有一定的史料价值。

本丛书选题视野开阔，立意深远。丛书以地区分卷，入选学校办学特色鲜明、教学教研成果突出，既收录了办学者、管理者高水平的理论研究创新成果，也收录了一线教师对课堂教学的真实感悟案例，收录了一线管理者的成功经验总结，这些，对基础教育工作者、研究者具有一定的参考价值。

是为序。

著名教育家，中国教育学会名誉会长、北京师范大学资深教授

2022 年 12 月

目 录

德 育

教 学

德

育

来自五湖四海的少年在芳草园中相聚。在这里，有太多陪伴孩子们成长的故事，也体现着一代又一代芳草人的教育智慧与教育情怀。

静心教书，潜心育人。本书中的教育论文，以"带班育人"为切入点，从班级管理、学生活动的组织与策划、心理健康教育、学生激励性评价、家校协同教育、特色社团建设等方面，详细阐述了老师在教育过程中的经验与收获，更体现了如何将对学生正确世界观、人生观、价值观的教育有效落地。

一个个鲜活的教育案例、一篇篇生动的育人文章，深刻诠释了芳草人在平凡的教育岗位上默默耕耘的不平凡。

"情满五大洲，芳草遍天涯。"芳草园永远是孩子们的家，芳草教育者以他们对教育事业的情怀、渊博的学识和对孩子们深深的爱与责任，陪伴芳草学子向阳而生，健康成长。

扎根中国大地　上好大思政课

——芳草地国际学校思政课一体化实践

丁兆惠

2019 年 3 月，在学校思想政治理论课教师座谈会上，习近平总书记强调，"在大中小学循序渐进、螺旋上升地开设思想政治理论课非常必要，是培养一代又一代社会主义建设者和接班人的重要保障"。同年 8 月，中共中央办公厅、国务院办公厅印发了《关于深化新时代学校思想政治理论课改革创新的若干意见》明确指出，要"坚持思政课在课程体系中的政治引领和价值引领作用，统筹大中小学思政课一体化建设"。这为落实好思政课，从规律、制度和实践上指明了方向，厘清了思路。

2021 年学校成为全国大中小学思政课一体化建设实践研究共同体单位，为推进学校思政一体化构建，学校重新梳理了以往实践，制定了《芳草地国际学校思想政治理论课创新工作方案》，架构一体化推进体系。

一、整体布局，构建"思政课一体化"

（一）突出"三贯通"

首先，贯通社会主义核心价值观与学生的世界观、人生观、价值观，推动思政课程一体化提质增效。以不同学段学生身心发展规律和认知水平为基础，循序渐进地将社会主义核心价值观融入教育教学的方方面面，实现系统化铸魂育人。其次，贯通思政课程与课程思政，促进全学科育人。在一体化建设的教育理念的指引下，深入挖掘各类课程的思想政治教育资源，发挥各类课程的价值塑造作用，促进专业课程育人与思政课程育人同频共振。最后，贯通学校思政与社会思政。学校主动联合社会各界力量，将思政小课堂同社会大课堂贯通起来，促进学生在了解社会、认识社会、融入社会的实践中体悟真善美，弘扬中国特色社会主义的正能量。

（二）强调"三性"

连续性，即低中高年级的教育连贯性，每个年级都有符合学生特点的教育目标，真正实现小学六年的一体化；普遍性，不同阶段必须贴近学生的认知、贴近学生的心理，通过实践课程普遍作用于每一位学生；实践性，教育必须落地，对于学生而言必须是看得到、能感受的实践参与。

二、课程为先，树牢思政课一体化建设基础

培育和践行社会主义核心价值观，是落实立德树人根本任务的重要基础。要把培育和弘扬社会主义核心价值观作为凝魂聚气、强基固本的基础工程，核心价值观教育要从娃娃抓起、从学校抓起，做到进教材、进课堂、进头脑。让青少年学生学得其所，知之乐之且行之，最终使以优秀传统文化为内核的社会主义核心价值观成为根植于心的基本素养和如影随形终身践行的良好习惯。

（一）思政课程成为关键课程

思政一体化建设必须与课程建设相结合，让每一个学生都能受到教育，同时通过细化课程目标，各学段逻辑递进，突出教育的连续性，真正形成教育的一体化。一方面，实实在在上好每一节思政课，保障专业教师队伍，保障每一课时教学目标；另一方面，基础课程实施中，贯通思政课程与课程思政，将立德树人贯穿于所有学科、所有课堂。当前，思政意识越来越成为每个教师的必备素质，挖掘学科育人点，课程育人、课堂育人、课业育人，更成为教师基本功。

与此同时，近年来，芳草地国际学校在"核心价值观教育"中不断探索，打造了具有芳草教育特色的路径，让社会主义核心价值观的种子在学生心中生根发芽，引导学生做好社会主义核心价值观的践行者。

我们构建了以育人目标为核心，以"道德、语言、数学、科技与创新、健康、艺术"为基础学科领域，以"我爱芳草地、可爱的故乡、美丽的中国、多彩的世界、我想去那里、唯一的地球"为探索研究主题的课程体系。每一个学科都传递着求真、求善、求美。为此，芳草地国际学校在道德领域、语言领

域、数学领域、科学领域、健康领域、艺术领域研发了一系列基础学科领域的价值观教育课程。同时构建起以"五有思维课堂"为特征的课堂实施方案,以核心素养为导向的课程质量评价指标,切实关注学生的实际获得,现在已经形成了完整的课程体系,成为芳草的品牌。

(二)特色课程引领课程思政

作为全国红军小学爱国主义教育基地,25年来,学校以活动为依托,整体构建了"红领巾的红军行"综合实践活动主题课程。在音乐、科学、语文、数学、道德与法治等学科教学和亲身的课外体验中,孩子们了解长征,触摸、感悟长征精神。每年举行的徒步走向天安门活动,更是让学生深刻地感受到了祖国的日益繁荣,增强了对祖国的认同感和自豪感,进一步激发了广大少先队员的爱国之情。以革命传统教育为目标,传承红色基因,培养学生爱国意识、增强国防观念,激发强烈爱国情怀,从20年前的学生"红军行"徒步远足活动,逐渐发展到主题文化课程;从高年级活动,逐渐发展成全校各个年级、多种形式,一体化主题教育品牌。

进入每年的九月,低年级了解新中国的成立,了解那段革命历史,了解红军长征的故事,参与长征纪念日的全校活动,课程目的是在学生心中种下爱国的种子,主要形式是听故事、看视频、画图画;中年级学习长征历史,结合语文教材中的长征故事,拓展、收集相关资料,知晓长征的路线,观看相关影视作品,设计手抄报,讲述红军故事;高年级查阅长征历史文献,撰写研究心得报告,在老师的指导下体味长征胜利的艰难,开展主题学习,涉及六大领域,调动多种技能,开展学生论坛,落实具体任务,如"历'泸关'险,忆红军魂""连环画创作之长征故事""一曲红歌,一种传承""以科学的视角看红军行",等等。

特别是每年的11月1日,六年级的学生要开展"红军行"徒步远足活动,继承芳草教育传统。那天学生一早集合,从学校徒步到天安门广场观升旗后回校,并撰写心得感慨,现已成为芳草六年级学生必须经历的毕业体验。红领巾的"红军行"活动不仅磨炼了学生的意志品质、增强了他们的爱国主义情怀,更是一种精神的传承。

从芳草到天安门,从红领巾到五星红旗,芳草学子用实际行动书写了新时代少先队员的爱国之情!芳草师生也用行动回应了习近平总书记的讲话精神,"每一代人有每一代人的长征路,每一代人都要走好自己的长征路"。

三、突出实践，增添思政课一体化建设活力

（一）让实践型"大思政课"走进校园

芳草必须具备"敏感体质"，要感知社会的发展，洞察时代的教育，合上祖国的节拍，契合改革的旋律。国家大事就是大思政课，必须走进校园，在社会实践的参与中把教育带给学生。

从人民至上的无私情怀，到服务保障国庆 70 周年、庆祝中国共产党成立 100 周年、服务保障 2022 年北京冬奥会、冬残奥会……芳草师生是幸运的，3年来，一堂又一堂实践型的大思政课在芳草园开讲，在服务保障党和国家重大活动一线，师生们得以不断锤炼本领、坚定信仰。

在关键时刻，学校推出"抗击疫情党团队员在行动""见字如面，对话英雄"等系列主题活动，组织教师参与朝阳区新冠病毒核酸检测志愿服务、朝阳区新冠疫苗接种青年志愿服务突击队、无偿献血、垃圾分类进社区等实践活动，党团员联手，引领广大教师服务学生、服务社会。在脱贫攻坚决战决胜之年，学校还积极响应市区教委号召，选派优秀教师支援新疆、内蒙古地区教育事业，传递首都教育工作者的责任。2020 年我校六年级一名同学被选中与首都大中小师生一起，在天安门广场发出"请党放心，强国有我"的庄重誓言。2021 年学校少先队大队荣获"北京市优秀少先队集体大队"称号，学校团总支荣获"北京市五四红旗团支部"称号，芳草集团语文组荣获"朝阳教育先锋号"称号，学校荣获朝阳区教育系统宣传工作"最具影响力奖""特别贡献奖"奖项。芳草师生以实际行动接受着信仰的洗礼。

（二）让校内思政课走入社会大课堂

思政课一体化的推进，不仅仅需要课程的设置，还需要借助一定的载体和方式。多年来，芳草地聚焦核心素养培育，强化课程顶层设计，加强活动与教学内容衔接，汇聚协同育人合力，让孩子在活动中体味、在参与中感悟，教育引导学生增强听党话、跟党走的思想和行动自觉，牢固树立中国特色社会主义的道路自信、理论自信、制度自信、文化自信，把爱国情、强国志、报国行自觉融入坚持和发展中国特色社会主义事业、建设社会主义现代化强国、实现中华民族伟大复兴的中国梦，培养"具有中国情怀，国际视野"的芳草学子。

习近平总书记在党史学习教育动员大会上的讲话中强调，"要在全社会广

泛开展党史、新中国史、改革开放史、社会主义发展史宣传教育"，要抓好青少年学习教育，厚植爱党、爱国、爱社会主义的情感。思政课的使命、要求和"四史"教育的功能、目的高度契合，理应在思政课中加强"四史"教育一体化建设。同时，让学生在实践参与中体会尤为重要。

英雄主义教育是芳草的又一思政教育主题。少年儿童应该从小有英雄梦，有目标向往。学英雄树榜样是重要的人生经历，为树立正确的世界观、人生观、价值观，芳草一直以来，坚持用英雄启迪学生、用榜样影响学生，开展有意义的传统实践活动，让孩子在参与中得到浸润。

"学英雄祭先烈"多年来一直是芳草思政教育主题的实践活动。低年级听英雄故事，可以对英雄有初步认识，学雷锋，学革命先烈，耳熟能详的故事教育他们该成为怎样的人，英雄的种子埋在了心里；中年级的学生理解英雄的真正含义，为什么学、学什么成为必须明确的话题，孩子们以专题手抄报形式展示心中英雄，在开展故事会时讲述心中的榜样；高年级教学主要谈论英雄的时代含义，结合实际明确怎么学……此外，清明节扫墓祭奠先烈成为全校的传统实践活动。陶然亭祭扫高君宇与石评梅、香山祭扫李大钊、日坛公园祭扫马骏，都是芳草的优良传统。

特别是2021年，芳草地国际学校党总支以党史学习教育为契机，积极组织师生开展"青少年永远跟党走"教育活动，将思政小课堂同社会大课堂贯通起来，赢得社会支持，让红色资源成为青少年接受党史学习教育的重要课堂，学校把位于日坛公园内的马骏烈士墓作为学校对学生进行革命传统教育、爱国主义教育的基地。

早从1984年开始，学校就组建了马骏"护墓小队"，清明节祭扫先烈已持续了整整38年。在中国共产党建党100周年之际，学校成立"少先队小小讲解员"队伍，孩子们走进马骏烈士纪念馆，为来瞻仰者讲述英雄生前事迹。高年级少先队代表们用真情讲解为社会贡献力量，除实现自身学英雄夙愿外，更履行着社会义务。小小讲解员们，参加了"中国共产党早期北京革命活动旧址开放仪式朝阳区马骏烈士墓分会场活动"，更接待了一批又一批来自社会各界的瞻仰者，受到了广泛赞誉。在校内，他们更是火种，带动着全校学生以课前三分钟演讲、主题班队会的形式讲述着红色故事，一批批小讲解员因此诞生，数量已达百余名。芳草小小讲解员现已成为朝阳区政府党史学习教育的典型代表，被北京市朝阳区精神文明建设委员会办公室推荐参评"首都最佳志愿服务组织"。芳草地国际学校少先队员马若曦同学参加了北京市"红色小讲解员"比赛，并获得了"金牌讲解员"称号。许晋旗同学代表朝阳区参加了北京市百姓宣讲团活动，他也是北京市所有宣讲员中唯一的一名小学生，被光荣地聘为"朝阳区廉洁文化宣讲使者"。

四、强健队伍，把握思政课一体化建设关键

（一）让有信仰的人讲信仰

思政课教师是思政课程这一关键课程的关键主体，习近平总书记对思政课教师发展提出了"政治要强、情怀要深、思维要新、视野要广、自律要严、人格要正"的六点要求。这"六个要"基于问题导向对思政课教师队伍系统化布局给出了清晰的导向。

为选拔、培养出符合"六个要求"的芳草教师、思政课教师，学校以标准化为导向，制定"最美芳草教师"标准，即信念坚定、宽仁慈爱、专业扎实、视野开阔、智慧灵动、拥有大情怀。在树立"最美芳草教师"标准的同时，站在国际化教育的视角提出"芳草教师国际化基本素养标准"。每年选树"最美芳草教师""最美芳草团队"。开展师德主题教育宣讲、教育故事讲述活动，彰显芳草教师的育人情怀，树立先进典型，展示芳草教师爱岗敬业、无私奉献的精神面貌。让有信仰的人站在思政课的讲台上、站在芳草"大思政课"的讲台上，让更多的芳草师生坚定信仰。

（二）充实思政课教师队伍

学校从思政课教师主体责任的深化教育入手，树立各学段思政课教师的战略思维、系统思维和综合思维。预防各学段教师责任的失位、缺位、越位，为整体教学赋能，用社会主义核心价值观贯穿学生成长成才全过程、引领学生思想全方面、覆盖学生学习全阶段。通过思想引领、专业培养，提升教师队伍的整体水平，反哺各学段各学科，更好地将人才培养、科教研训等融为一体，推动思政教师队伍一体化建设。

学校帮助青年教师筑本领、搭平台、促发展，近期，芳草教育集团第二轮"筑基工程"全面启动。各校区结合校区特点，为青年教师举行师徒结对仪式，从而提高教师队伍素质，增强办学实力，为"双减"政策落实奠定基础。同时，先后成立学科研修基地，聘请资深专家通过专题培训、把脉课堂传递教

育理念与思想、教学策略与方法。每学期，学校组织全集团各学科教师"同备一堂课"，通过集体备课，党的创新理论得以及时、完整、准确、全面地融入课堂。

办好学校思政课，永远在路上。芳草地将始终围绕立德树人根本任务，扎根中国大地，培养具有中国情怀、国际视野的芳草学子，以习近平新时代中国特色社会主义思想铸魂育人，为培养造就大批堪当时代重任的可靠接班人不懈奋斗。

基于学段德育课程要素创造性开展带班育人实践的研究

杨　媛

习近平总书记指出："教育是提高人民综合素质、促进人的全面发展的重要途径，是民族振兴、社会进步的重要基石，是对中华民族伟大复兴具有决定性意义的事业。"义务教育是国民教育的重中之重。为切实提升学校育人水平，持续规范校外培训，有效减轻义务教育阶段学生作业负担和校外培训负担（以下简称"双减"），中共中央办公厅、国务院办公厅印发了《关于进一步减轻义务教育阶段学生作业负担和校外培训负担的意见》。"双减"政策的落实落细，有效减轻了义务教育阶段学生作业负担、校外培训负担和家长经济负担，人民群众的教育获得感、幸福感不断增强。

随着当前教育改革的不断深入，培养学生高尚的道德情操和正确的价值观是重中之重。受教育者在教育活动中处于主体地位，教育者处于主导地位。教育活动在学校工作中占据重要地位，是实现素质教育不可或缺的内容。作为班主任，在承担教学任务的同时，还肩负着育人的重担，在向学生传授知识的同时，更重要的是通过德育课程对学生进行思想品德、行为习惯以及情感态度等方面的教育。面对新时代、新形势，对德育工作来说，这不仅是机遇，也是挑战，更是关注的焦点。

教育者应当积极思考如何践行《中小学德育工作指南》，发挥以班主任为主导，全体教育者共同参与的教育智慧，创造性地开展带班育人工作，切实做好德育工作，帮助学生树立正确的道德观、塑造健康的人格。首先，为学生创设良好的德育环境，让学生在潜移默化中受到道德的熏陶。其次，班主任要结合班级实际，为学生设计科学合理的激励措施和奖惩制度，开展有针对性、层次性、区别性的德育教育。更重要的一点，小学德育需要整合三方面的资源，形成家庭、学校、社会三位一体的协同育人格局。随着"双减"工作的不断深入与落实，班主任、家校、社会从不同层次、不同角度挖掘影响班主任德育工作的因素，发现家庭、学校、社会、班主任、受教育者等方面均对班主任德育工作产生影响，如何通过不同学段的德育课程全方面落实带班育人，发现现有问题并且有针对性地提出解决办法具有重要意义。

学校以学生身心健康为出发点，立足学生的成长规律，结合不同学段德育课程内容要求和学生特点深入开展带班育人的实践研究，真正让学生学会学习、学会生活，身心健康，快乐成长。

课程要素：我们可以把"课程"理解为学校为学生设定的学习路径，甚至可以把课程的范围扩展到学生在这些路径上的学习过程及所获得的学习结果。教育家泰勒提出了一个简洁而又实用的课程结构，即课程目标、课程内容、课程组织和课程评价。主题德育课程，至少要包括这四个基本要素，即目标、内容、流程、评价。主题德育活动课程从这四个方面着手设计，就是在建构德育课程。课程的本质是学校为学生设定的学习路径——学生从这个路径的起点出发，在这个路径上行进，到达这个路径的终点，这个过程就是教育的过程，学生在这个过程中有所启示、有所收获，即达到了课程的目的。本课题研究在区德育工作指南分学段的不同要求和内容上结合校情、学情和班情深入研究。

创造性：一般认为创造性是指个体产生新奇独特的、有社会价值的产品的能力或特性，故也称为创造力。新奇独特意味着能别出心裁地做出前人未曾做过的事，有社会价值意味着创造的结果或产品具有实用价值、学术价值、道德价值、审美价值等。创造性有两种表现形式：一是发明，二是发现。创造性以创造性思维为核心，创造性思维又以发散思维为核心。根据影响创造性的因素，可以从环境制度和个性培养两个方面来提升学生的创造性。芳草地国际学校在此项研究中的创造性主要是根据不同年龄段芳草学生的特点和不同学段的课程要求等采用不同形式，设计不同内容，从而更易于实践研究的落地。

带班育人：育人中的"带班"二字表面是指以班主任为主组织开展的班级建设工作，也泛指所有教师以班级为单位、在班级范围内开展有效的育人活动。但，育人是育什么样的人？是育一个完整的人，即一个自由、全面发展的人。芳草地的育人目标是"培养具有中国情怀、国际视野的芳草学子"，在芳草这块沃土上，每位教育者都能自觉贯彻和践行学校的办学理念和育人目标，以身作则，在学生心中播种芳草做人的标准。

德育教育是班级管理工作的核心内容，一个班级德育效果的好坏直接关系到小学生道德观和价值观的形成情况，作为德育工作的组织者、引导者和监督者，小学班主任以及所有德育工作者必须深入分析小学生思想道德水平，不断挖掘教育智慧，创造性开展带班育人工作，探索小学生发展的重要时间节点和发展点，并根据实践经验探索相应的措施以提高带班育人工作的实效性。我们根据学生年龄特点划分三个学段进行系统研究，并结合学生的特点找准切入点，发挥教育团队智慧，在多种方式上进行创新，丰富教育形式，创造性开展带班育人活动，形成有学段特色的教育模式。

低年级段：针对低年级学生年龄小、幼小衔接存在不同的情况，以"树习惯"为主要内容，逐步梳理出符合教育部颁布的《中小学德育工作指南》中对于低年级学生的要求且符合低年级学生年龄特点的研究内容，如一年级学生对小学生活既有新鲜感，又不习惯；对学习感兴趣，但注意力不集中，不善于控制自己的情绪，行为习惯缺乏规范性，思维具有直观、具体、形象等特点。二年级学生已经基本适应小学的学习生活，愿意遵守校规校纪，但自控力不够稳定；喜欢参加集体活动，愿意表现自己，竞争意识和上进心有所发展。

中年级段：中年级学生处于良好道德品质的关键形成期，情感表达不稳定，有一定的集体意识，行为控制力较弱，模仿性强，道德认识水平较低，辨别是非能力较差，容易受外界影响。针对这一特点，在带班育人中可以通过集体主义发挥团队优势，结合主题教育活动落实《中小学德育工作指南》中关于中年级学生的要求，形成经验，不断丰富带班育人经验。

高年级段：高年级学生逐渐进入少年期，自我意识觉醒，身心的发展处在由幼稚向自觉、由依赖趋向独立的半幼稚半成熟的矛盾时期，且已有的行为习惯日趋稳定，自主性和自尊心进一步加强，渴望得到友谊，仍然缺乏自我约束能力，对社会现象开始关注等。应发挥学生的主观能动性，以学生健康成长为核心的工作思路指导带班育人工作，树立以学生为主体的工作格局，落实年段德育要素。

近年来，芳草集团一直把"带班育人"作为重点工作，指导各校区紧密围绕学校育人目标，充分挖掘校区优秀班主任资源优势，加强"带班育人"和特色班级的建设，以点带面，整体推进芳草德育工作稳步开展。随着教育改革的不断深入，学校按照不同学段学生需求和特点，深挖德育课程教育点，将对学生的心理健康教育与实践研究有机结合，以学生身心健康发展为首要任务，培养学生积极乐观的阳光心态，使学生在学校教育课程参与过程中有实际获得。同时，将德育课程要素与学生平时所受教育紧密结合，打破单一的课堂授课形式，教育者人人参与、生生参与，全面落实立德树人及带班育人实效。

民族文化实践育人项目课程开发设计与实施

刘彦晖

一、研究背景

（一）区域优势

2014 年 2 月 24 日，原朝阳区南中街民族小学正式并入芳草地国际学校，更名为芳草地国际学校民族校区，现共有师生近 500 人。校区位于朝外大街雅宝里社区，地处回族比较多且多民族融合的地区。我校毗邻曾经的雅宝路、秀水市场，该区每年接待近万名采购商，商品远销 30 多个国家。外商多、交易快，逐渐使雅宝路成为北京的一张独具国际化标志的"世界名片"。今天的雅宝路市场已失去了往日的辉煌，但依然为我校构建民族文化特色课程提供了丰富而独特的营养。

（二）课程基础

民族校区践行"荣·融"文化核心价值理念，依托芳草课程，践行"中国情怀，国际视野"的芳草育人目标，设计开发出一系列民族文化特色课程。

本课程旨在引导学生从"脚下"实践体验开始，"带着课本去旅行"，感受世界各民族优秀文化及风土人情，使学生从小懂得"只有民族的才是世界的，世界的也是民族的"。民族校区的学生通过对此课程的学习，人人将成为维护民族团结、世界和平的小使者。

二、课程属性

民族文化实践育人主题教育课程从属于国家课程的综合实践活动课程，基于发展学生核心素养，深入落实国家课程标准，以忠实、整合、拓展、创生为主要策略，以价值体认、责任担当、问题解决、创意物化为课程教育目标，以跨学科主题项目学习为主要方式，以课堂与课后服务相结合、校内与校外学习实践相结合等为主要学习途径。

三、课程内容

本课程自 2015 年 10 月到 2019 年 6 月，先后开展了丰富多样的课程研学活动，分为虚拟研学和实地研学，虚拟研学国家或地区有中国台湾、美国、英国、德国、瑞士、澳大利亚、日本、挪威等；实地研学国家或地区有北京、宁夏、内蒙古、云南、西安、徽州、苏州、杭州、泉州、英国、芬兰、丹麦（使馆研学）等。

民族校区在 2018 年开发设计的"一班一族"国内外特色课程的基础上，根据教育部提出的培养学生"核心素养"以及"五育并举"的育人理念，进一步明晰方向、梳理课程内容，使课程体系不断完善，全方位、立体化架构。本着课程即跑道、全员育人原则，逐步以年级为单位深入开发设计了"年级主题"课程、"一班一族"课程。

四、课程评价

本课程充分发挥评价激励、导向、鉴定的功能，评价方式正在逐步探究，力求多元化、全方位评价学生。

1. 教师评价。

2. 学生评价。

（1）自我评价。

（2）组内评价。

A. 研学旅行能力评价量表：

评价维度	A（优秀）	B（良好）	C（有待提高）
团队合作能力			
实践创新能力			
语言表达能力			
自我管理能力			
综合评价			
说明	学习者等第为综合后的等级		

B. 知识学习运用评价量表：

评价维度	A（优秀）	B（良好）	C（有待提高）
学习目标达成度			
学习组织协调度			
学习过程效能度			
学习效果表现度			
综合评价			
说明	学习者等第为综合后的等级		

3. 多元评价。

五、课程成果

（一）形成校区民族特色

我校"民族文化综合实践活动育人项目课程"受到市、区级专家、领导的极大认可，2019 年我校被评为"北京市综合实践活动课程实施特色校"，2020年"小学学科综合实践活动课程项目化开发设计与实施"课题获北京市教育学会优秀课题二等奖、北京市教育科学研究院"北京市研学旅行课程成果一等奖"，民族特色体育运动被评为优秀奖等，先后获得市、区级多项优秀成果奖。民族校区曾先后接待国家民委、北京市民委、朝阳区民委等各级领导代表团参观考察。民族校区民族文化特色越发凸显、育人效果越发显著。

（二）促进区域民族团结

我校少数民族学生比较多，尤其是回族学生居多。自 2018 年至今已有千余名学生与家长参与、了解、感受民族文化实践育人课程，辐射到社区及周边居民、各校区师生及家长万余人。

我校依据国家教材内容及本项目课程内容，打破学科界限，开发设计跨学科主题项目学习课程，为学生打造有兴趣、有灵动、有意义的综合实践活动课程。在课程的学习过程中，学生逐步养成合作、探究、实践、分享、积极进取的良好个性品质和交往能力；有效提高了收集、处理信息的能力，发现问题、解决问题的能力。学生参与实践的积极体验和丰富经验逐步积累，创新潜能得到激发，从而使学生的核心素养、综合实践能力及社会主义核心价值观等方面均得到显著提升，最终实现培养德智体美劳全面发展的社会主义建设者和接班人这一育人目标。

二十四节气美育课程涵养美丽心灵

宋秋菊

"春雨惊春清谷天，夏满芒夏暑相连；秋处露秋寒霜降，冬雪雪冬小大寒。"作为人类非物质文化遗产，二十四节气凝聚着中国古人与自然和谐相处的智慧和创造力，体现了中国人尊重自然、顺应自然规律和适应可持续发展的理念，体现着科学探索精神，具有强大的生命力；作为课堂内容具有良好的持续性和课后延续性；同时也是德育、智育、美育和劳育的集中体现。二十四节气是一笔文化瑰宝，它蕴含着丰富的科学知识和传统习俗。从去年开始，我校就在进行二十四节气自然美育课程的探索。课程以体验的教学方式带领学生了解自然，同时将科学、美术方面的知识结合二十四个传统节气，让学生在体验中发现美、观察美、创造美。

岁月更迭，润化无声，在一堂接一堂的美育课里，深耕传统文化精华，不仅让学生了解了每个节气的特点，更将美育的种子埋进他们的心灵。

一、聚焦节气美学　传统文化"活"起来

二十四节气与生活息息相关，在二十四节气中，我们带领学生走进自然，感受节气的变化，让节气知识变得更加立体，更富有生活气息。学校在南侧的甬路旁开辟了一块小小的种植园，老师们利用科学课、中午活动时间以及课后服务时间，带领孩子们到种植园中去体验生活。在菜园里，学生们种植各种蔬菜，比如油菜、茄子、南瓜、黄瓜等，观察它们的生长规律，并记录它们的成长日记。到了秋天，老师们还把收获上来的蔬菜分给班级的孩子们，让他们带回家与家长一起体验这份劳动的幸福、快乐。孩子们在种植园中体会节气与生

活的密切关系，在观察和记录中感悟生命的成长，了解农作物的"春种夏长秋收冬藏"的自然规律，体验劳动人民丰收的喜悦和劳动的辛苦，感悟人与自然和谐共生的道理。

图1 学生在种植园劳动

学生还变身成美食家，把学校种植的部分青菜带回家，和家长一起包饺子、吃饺子，孩子们发挥着自己的创意，包出了不同色彩的水饺。在其乐融融的家庭氛围中，孩子们感受着自然赐予的美食，感受着劳动的快乐、父母的辛劳。

图2 学生在家包饺子

二十四节气美育课程也让学生从教室内走向教室外，整个自然都成为学校的课程资源。跟随着二十四节气的节奏，学生们开启了走向大地的生活方式，他们用双眼去捕捉大自然之美，感受着万事万物生长的自然规律和生命的顽强力量，在大自然和中国文化的滋养中，释放他们的天真烂漫和好奇心，让他们在自然中发现美，感受美。

二、文化润泽心灵 让美"立"起来

二十四节气中蕴含着丰富的教育元素，涉及语文、数学、美术、科学等学科，教师将二十四节气融入不同的学科教学中，在不同节气中加入特色教学内容和艺术风俗，引导学生主动感知四季的变化，了解节气所特有的文化之美。

春水满四泽，夏云多奇峰。秋月扬明辉，冬岭秀寒松。四时在岁月巡回中各尽其美，在师生的心中充满诗情画意。在美术课上，学生和老师一同解读中国传统文化，一同静望四时更迭，万物循生，感受人与自然的和谐共生。

图3 学生完成的节气图作

书法课上，孩子们大胆创新，用甲骨文、篆书、隶书、楷书、行书等不同字体来展示春、夏、秋、冬的更迭。一幅幅生动的书法作品，也让孩子们在主题创作的同时，汲取浓浓的中国文化。

图4 学生的节气书法作品

文化课上老师还带领学生阅读"二十四节气故宫系列绘本"，引导孩子们

构建丰富多元的精神世界，从小建立真善美的价值观。

语文课上，老师带领学生学习《节气歌》，学习有关节气的古诗词、故事，学生们在学习中加深了对节气文化的了解。在每个节气来临之时，小小播报员都会利用晨检时间进行节气播报。班级中都会开展朗诵活动，将古诗、谚语经典、美文学习融入教学。在节气诗歌的诵读里，学生感受着每一个朴素日子的优雅和美好。雨水时节，学生诵读《春晓》："春眠不觉晓，处处闻啼鸟。夜来风雨声，花落知多少。"孟浩然纯真自然的书写，让学生仿佛来到了千年前那个春天的清晨。夏至时节，学生诵读《江南》："鱼戏莲叶东，鱼戏莲叶西。鱼戏莲叶南，鱼戏莲叶北。"宛转悠扬的歌声里，展现的是江南的美好风景，迸发出的是劳动的欢乐。

一个节气，一段诵读，一份感悟。通过诵读经典，学生跟着大自然的节奏，感受四季之变及文字之美。学生们在了解了二十四节气之后，还设计了二十四节气图。一方面方便学生记忆二十四节气的顺序，另一方面从图中，学生能清晰感受到每个节气的自然特点。

图 5　学生设计的二十四节气图

二十四节气融合在学校的各个学科中，学生们识记有关二十四节气的基本知识，领会与二十四节气相关的基本规律，了解与二十四节气相关的民俗文化，体验大自然的神奇变化，感受二十四节气的文化之美。在学习中，也培养了学生关注自然、关爱生命、热爱生活的美好情感。

三、创意实践活动　让心灵更美好

二十四节气中的每一个节气都有相对应的特殊文化习俗以及当时特有的

自然特征，因此，我们将二十四节气的相关文化和习俗融入趣味的活动中，让学生在参与活动的过程中学到知识，增强美感，涵养心灵。在春分时节，学校开展了"俏蛋"主题活动。一二年级开展"护蛋"活动。学生们在蛋宝宝上画画，让它变成自己喜欢的样子，然后再给它准备一个温暖的家，保证它不破损。三四年级开展了"竖蛋"活动。孩子们先用彩色画笔在鸡蛋上画出美丽的图案，为蛋宝宝穿上美丽的新衣服，然后再进行立蛋游戏。在活动中，教师引导学生探究竖蛋蕴含的科学道理，引导他们发现问题，寻求答案，在玩儿中探究春分竖蛋的奥秘，即古人的智慧。五六年级开展"画蛋"活动。孩子们对手中的蛋进行艺术创作，用签字笔、水彩笔等颜料，给蛋化妆，让它变成自己最喜欢的样子。

图6 学生的"俏蛋"作品

立夏节气，我们还开展了编织蛋套的活动。孩子们在编织过程中，享受着自己动手带来的乐趣，释放着自己对美的理解。

图7 学生的蛋套作品

在小满节气中，同学们用麦秆和其他材料进行麦秆画的创作。一根根细小的麦秆在同学们手中经过加工粘贴，变成一幅幅富有创造力的精美作品。

图 8 学生的麦秆画作品

寒露节气学校开展了"寒露至 秋意浓"的学生"寻露"活动。低年级的同学开展了"柿柿如意"活动。火红的柿子，圆润盈实，透露着一种喜气，洋溢着一种热情。学生们开动脑筋，发挥自己的创意，让一个个柿子挂满枝头。

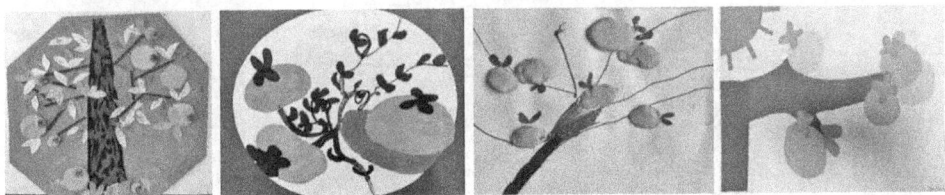

图 9 学生的"柿柿如意"活动作品

中年级的同学开展了"蟹蟹"有你活动。一只只螃蟹张牙舞爪，栩栩如生，它让学生们的创作灵感得以实现。

图 10 学生的螃蟹收工作品

高年级的同学开展了"与菊共舞"活动。寒露时节，正值菊花怒放。学生们观察、欣赏、创作菊花，发现菊花的美，感受季节和植物生长的关系，产生探究菊花的兴趣，进而萌发关心周围环境、亲近大自然的美好情感。

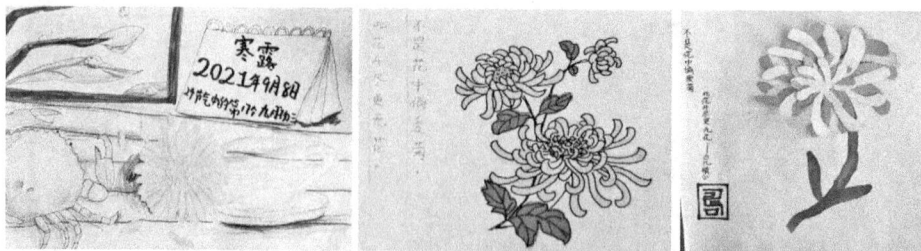

图 11　学生的菊花画作

当传统节气"秋分"遇上中国传统节日"中秋"时，我们开展了"别样秋分时　悦享中秋情"的主题活动。同学们在老师的指导下，制作花草纸灯笼。他们搭建骨架，粘贴花草纸，塑形、挂灯、装饰……他们在活动中，享受动手的乐趣，感受节气的变化，体会二十四节气的独特魅力。

图 12　学生们制作花草纸灯笼

走过二十四节气，孩子们用身边看似平常的物件创作出一件件富有美感的作品。反复端详他们的作品就会发现，孩子们对于美的诠释超乎我们的想象。就是在这一次次的趣味活动中，学生们发现美，并创造美。二十四节气美育课程也在无形中涵养着学生的心灵。

用心化美——"我是情绪魔法师"

吴 琪

"情绪"是对人一系列主观认知经验的总称，是多种感觉、思想和行为综合产生的心理和生理状态。情绪对人心理和生理调节具有重要作用。而情绪管理的前提是认知，我们可以通过艺术这种视觉直观、贴近生活、富有创造、极具审美情趣的体验形式改善青少年的认知和行为，帮助青少年对问题有一个正确的认识，改善自我的不足之处，使得青少年认识到情绪的存在，发现情绪产生的原因。在日常生活中，帮助青少年学会正确释放、巧妙优化自身的情绪，从而积极地面对特殊时期的学习与生活。

习近平总书记在党的十九大报告中强调，"要加强社会心理服务体系建设，培育自尊自爱、理性平和、积极向上的社会心态"。国家的发展本质是人的发展，人的发展离不开心理健康，而心理健康是青少年全面素质发展中的重要组成部分。青少年心理健康问题，越来越受到社会的广泛关注。

青少年在成长过程中会遇到各种各样的困惑，对此，青少年首先需要正视自己的情绪，不论是积极的，还是消极的，要承认它们的存在，认识情绪背后的原因，从而借助体验发现正确释放、优化情绪的方法。

在"我是情绪魔法师"这样一节心理艺术线上课中，通过心理与艺术的跨学科融合，引导学生了解情绪的客观存在，认识情绪背后的原因，发现控制、释放、优化情绪的方法。学生通过观察、探究、梳理、谈话、艺术创想等形式逐步蜕变成"情绪魔法师"。用情绪认知、释放、优化的方式进行艺术创作，并从中对生活有所感悟，从而树立青少年正确的认知态度，培养青少年积极向上的成长价值观，启发青少年正向的思维方式。在正视情绪的基础上，"情绪魔法师"生于课堂，成长在生活的应用中。

一、课前准备引发学生初认知、初体验

学生思考交流：填写"我也有情绪"调查问卷，可以和家人、朋友交流，或录成小视频与大家分享。

鼓励学生在有限的条件下，参考学习单"想办法试一试"，发现生活中可替代的用具（旧报纸、浓咖啡、红茶、墨水、深色水果汁、钢笔、铅笔……）。教师可启发学生发现，但不直接给出替代用具的答案。学生可将自己的体验成果和发现的替代学具放在一起拍照发给老师（见图1）。

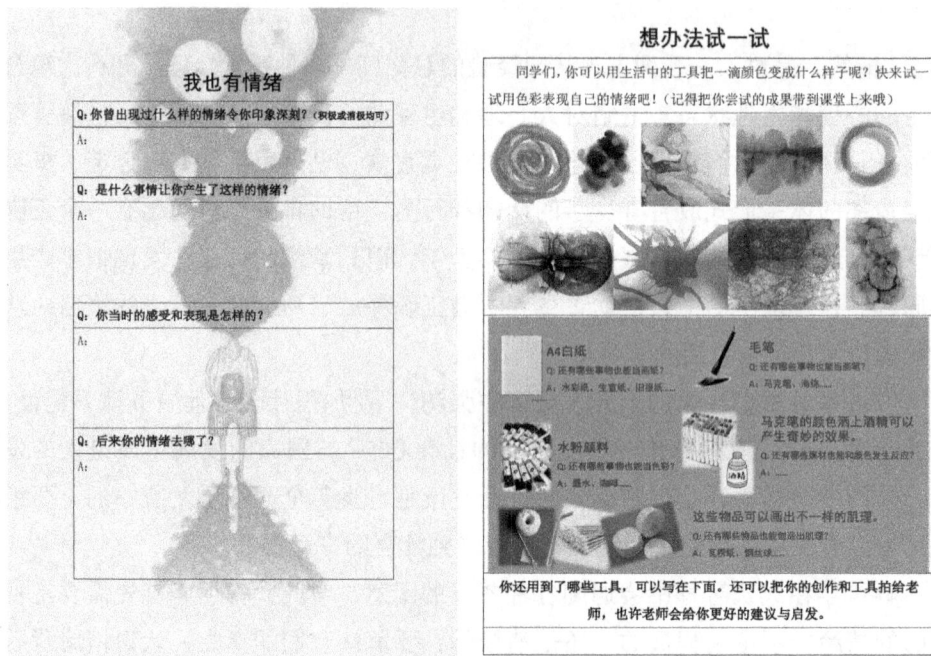

图1 "我也有情绪"调查问卷与课堂教案

在这样的课前任务中，学生不仅可以从贴近自己的生活中发现情绪，回忆情绪产生的原因以及当时自己的表现，还能激发学生用色彩自由发挥表达情绪。有限的条件会刺激学生想办法解决缺少工具的问题，他们有的用到水果中的天然色素代替颜料，有的用到家中的调味色素，甚至还发现了许多渲染颜色的小妙招。无形中学生已经开启了自己的"情绪魔法师"之旅。

二、创设情境，初步直观感受抽象的情绪

课前播放《我的情绪小怪兽》绘本视读，将抽象的情绪具象到绘本故事中，形象到色彩、情节以及情感中，激发学生对情绪的感知，从心理上拉近与情绪的距离（见图 2）。

图 2 《我的情绪小怪兽》绘本

三、在群体教学中尊重学生个体差异，开放学生的思维与表达

以图片、问卷、视频的形式展示学生对情绪的初认知，理解与艺术结合的表现形式。这其中有积极的心理，学生发现快乐很简单，它就在我们的身边，我们不仅可以被身边的快乐感动着，更可以把快乐传递给身边的人（见图 3、图 4）。

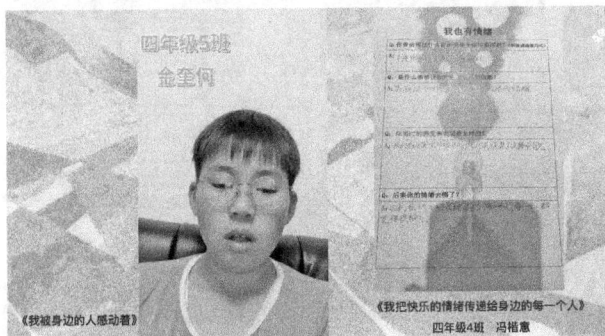

图 3 学生的发言与答案

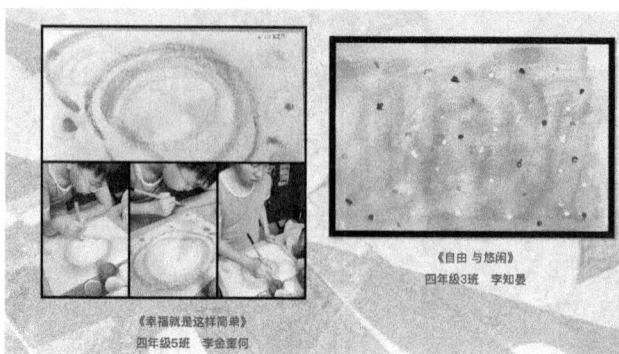

图 4　学生使用替代文具完成的作品

　　与此同时，孩子们也勇敢地分享了自己的消极情绪。它可能来自被朋友误解时的委屈，也可能来自与父母发生摩擦时的悲愤，还可能来自对学习生活的担忧。但当孩子尝试用艺术表现孤独的时候，会发现孤独的世界竟也有它的美（见图 5）。

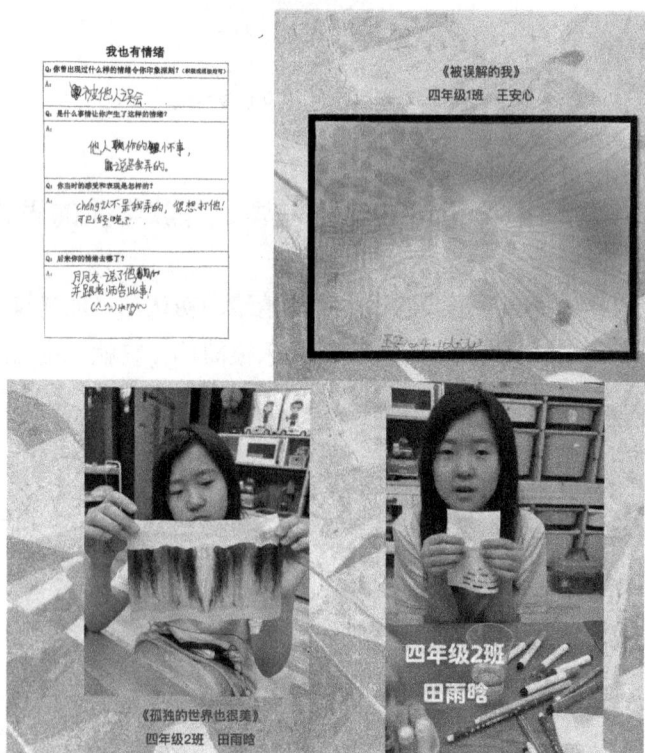

图 5　学生表现孤独的作品与制作过程

在这样的尝试、感受与分享中，孩子们发现谁都会有情绪，没有性别之分，没有年龄之分，更没有国界之分。但每个情绪的背后都隐藏着不同的原因，它们可以用颜色表现出来。而这些色彩的不定性则是每个人不同的经历与感受赋予的（见图6）。

图6　学生不同情绪的内因与外因展示

四、跨学科化抽象为直观，教学从学生的实际心理出发，适用于当下的学生生活

有时候情绪会错综复杂，就像它背后隐藏的原因，如何释放情绪是孩子们需要学习的第一步。带着这样的问题和目标，结合自己生活中的情绪表现，孩子们尝试着用多种方法变幻纸上的色彩，感受情绪的千变万化。在实践后的分享中，孩子们发现情绪释放的方法有很多（见图7）。

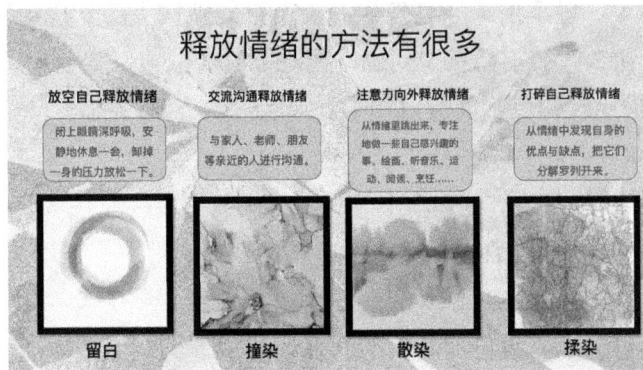

图7　释放情绪的方法

（一）留白——放空自己

积极：适当冷静下来，回首喜悦背后的努力与付出。

消极：闭上眼睛深呼吸，安静地休息一会儿，卸掉一身的压力放松一下。

（二）撞染——交流沟通

积极：与家人、老师、朋友等亲近的人分享，感染更多的人。

消极：与家人、老师、朋友等亲近的人进行沟通。

（三）散染——转移精力

积极：让积极的情绪带动自己前行。

消极：从情绪里跳出来，专注地做一些其他自己感兴趣的事，如绘画、听音乐、运动、阅读、烹饪……

（四）揉染——分解总结

积极：总结经验，创造更好的未来。

消极：从情绪中发现自身的优点与缺点，并把它们分解罗列开来。

这种跨学科的表现不仅开放、有趣，而且帮助孩子将生活中抽象的情绪变成直观的创作，并引发思考。结合艺术创造开展心理引导，在创新的体验和理解形式中发展学生的认知力与创造力。

五、思考过程逐层迁移，透过现象看本质，逐步建立学科间、事物间、课堂与生活间的相互联系

当孩子们再一次观察自己纸上的色彩，他们发现，情绪释放后，那些色彩更加丰富灵动了，发现情绪一旦发生，是不可能被抹去的。这些发现似乎令孩子们联想到了什么，孩子们意识到也许是时候改变创造一下了。

"我可以借用它的色彩创造出……"

"它的形状令我想到了……"

"我发现换个角度看，它就变得不一样了……"

"我可以将这些揉碎的色彩重新拼造……"

……

孩子们各自分享着自己的新灵感，从灵感中他们联系到生活，原来情绪是可以在我们的智慧中化解的。同时孩子们发现了一些艺术表达的方法。

（一）巧用空间添画

积极：发现闪光点，锦上添花。

消极：想办法为生活加点料，你也可以创造美（见图8）。

图8　用画画转移消极情绪

（二）巧用形状联想

积极：迸发更多的想法，创造生活。

消极：换个角度思考，你会发现解决的办法有很多（见图9）。

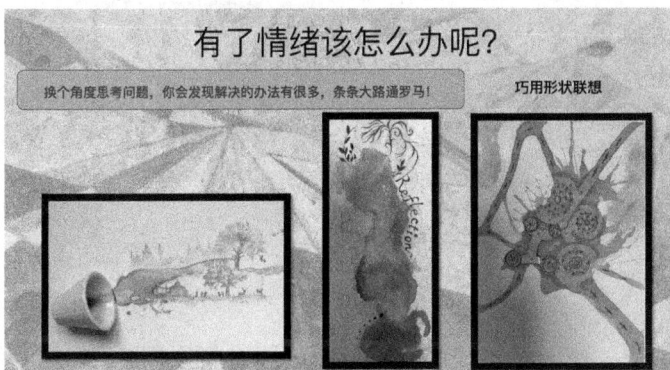

图9　用事物形状表达情绪

（三）巧用色彩营造

积极：主观利用资源，发挥自己的光和热。

消极：主观改造一下，刚才的问题竟变成了开启另一个世界的钥匙（见图10）。

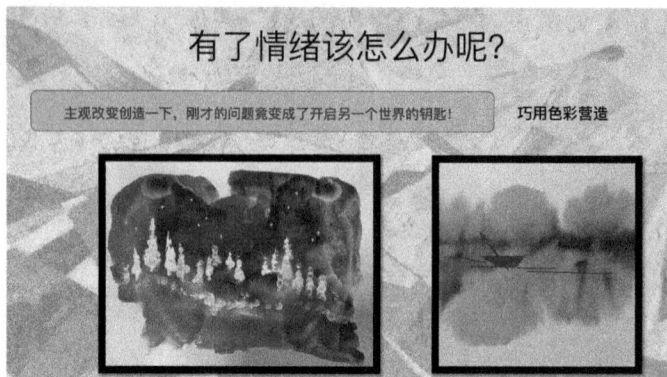

图 10　用色彩宣泄情绪

（四）剪贴再创造

积极：去其糟粕，取其精华，成为更好的自己。

消极：不要担心被打碎，因为破碎后才可以重塑得更美（见图 11 ）。

图 11　剪贴创造表达情绪

不知不觉中，孩子们已然蜕变成一位"情绪魔法师"。换个角度看待问题、思考问题、解决问题，生活可以被我们创造得更加精彩（见图 12 ）。

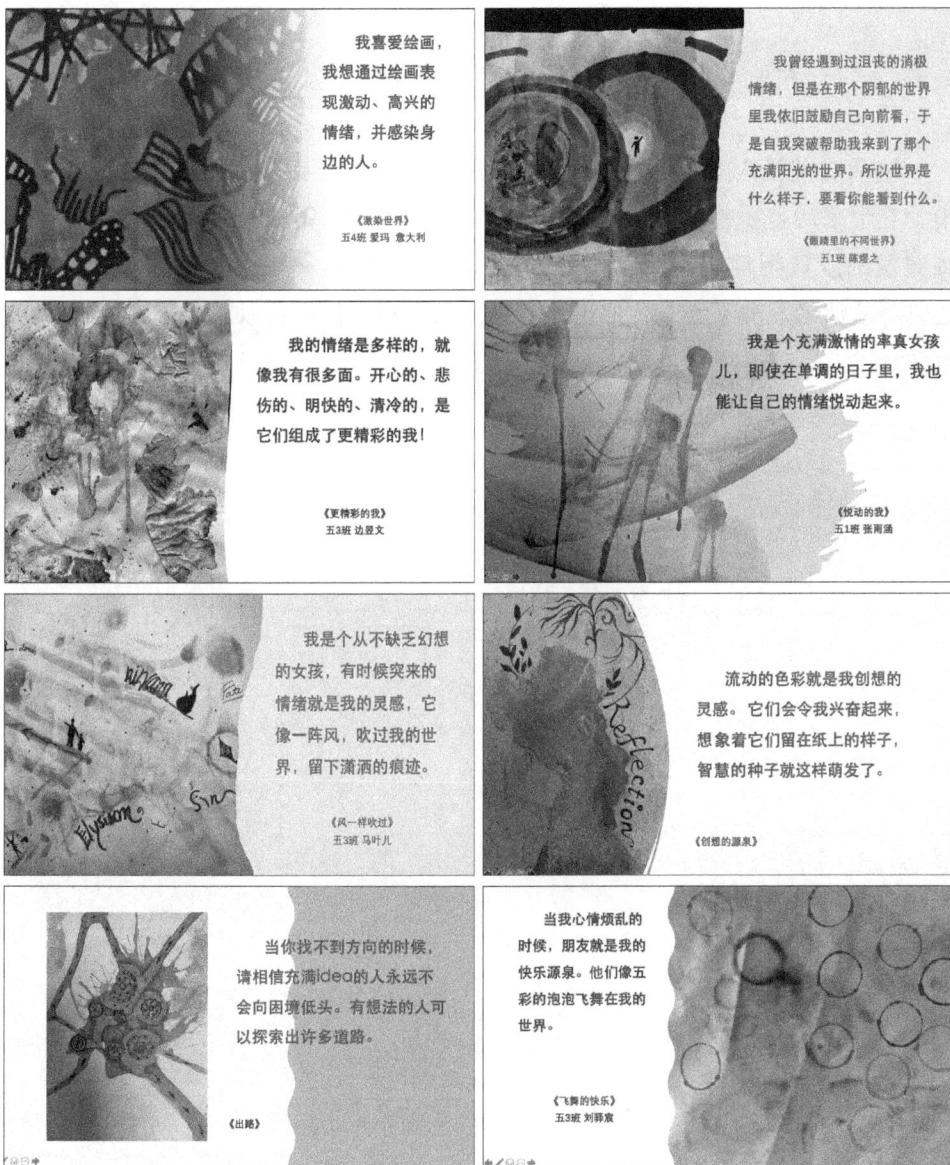

我喜爱绘画，我想通过绘画表现激动、高兴的情绪，并感染身边的人。

《激染世界》
五4班 爱玛 意大利

我曾经遇到过沮丧的消极情绪，但是在那个阴郁的世界里我依旧鼓励自己向前看，于是自我突破帮助我来到了那个充满阳光的世界。所以世界是什么样子，要看你能看到什么。

《黑暗里的不同世界》
五1班 陈煜之

我的情绪是多样的，就像我有很多面。开心的、悲伤的、明快的、清冷的，是它们组成了更精彩的我！

《更精彩的我》
五3班 边景文

我是个充满激情的率真女孩儿，即使在单调的日子里，我也能让自己的情绪悦动起来。

《悦动的我》
五1班 张雨涵

我是个从不缺乏幻想的女孩，有时候突来的情绪就是我的灵感，它像一阵风，吹过我的世界，留下潇洒的痕迹。

《风一样吹过》
五3班 马叶儿

流动的色彩就是我创想的灵感。它们会令我兴奋起来，想象着它们留在纸上的样子，智慧的种子就这样萌发了。

《创想的源泉》

当你找不到方向的时候，请相信充满idea的人永远不会向困境低头。有想法的人可以探索出许多道路。

《出路》

当我心情烦乱的时候，朋友就是我的快乐源泉。他们像五彩的泡泡飞舞在我的世界。

《飞舞的快乐》
五3班 刘菲宸

图12 学生作品展示

一幅幅意义深远的作品展现着孩子们从创作中体会到遇见情绪、释放情绪、化解情绪之美。我想这才是心理与艺术融合教育的最美呈现。

六、学以致用基于课前，萌于课堂，生于课后

生活之美需要你去发现，它的颜色因你而变。漫天的柳絮，在一些人眼中，它带来的是困扰，是厌烦，但在古人的眼中它却是孩童手中的玩物，是一幅美丽的夏日闲趣图，所以才留下了那美妙的诗句——"闲看儿童追柳花"。适时释放情绪，静下心来，你也会有更多的发现，你也可以用心化美。

施教育之魅　赏拔节之美

——浅谈一年级学生以自我为中心教育策略的研究

王京兰

　　教育心理学曾表明，小学一年级学生通常以自我为中心，他们在看待问题以及解决问题的时候，常以自我为出发点，这就导致他们不顾及别人的感受，只关注自己的主观情感。这种以自我为中心的孩子，更容易意气用事。著名教育家陶行知曾说："培养教育人和种花木一样，首先要认识花木的特点，区别不同情况给以施肥、浇水和培养教育。"教育的魅力在于唤醒，教师要用爱来唤醒学生的美丽，消除学生心中的雨雪，使他们成为春天和绿色，并遇到机遇，展现出他们拔节的美好。

一、精心培植，激发学生积极向上的天性

　　"你的教鞭下有瓦特，你的冷眼里有牛顿，你的讥笑中有爱迪生。"我们的学生具有瓦特、牛顿、爱迪生的素质，所以我们教师如何引导十分重要。一年级是孩子们良好习惯形成的关键期，是幼小衔接的过渡期，是开启小学生活的重要发展期。教师要抓住这一教育契机让孩子拔节生长，快速适应校园生活。开学后，带着学生们熟悉校园的环境，开启入学第一课。"我上学了""上学真快乐""我是小学生真自豪"三部曲常规训练，将孩子们顺利引入对小学生活的体验。"站好队、走好路、行好礼、做好操、上好课、读好书"的"六好"习惯培养，怎样坐立行走、饮水如厕、礼貌问好，怎样规范上课的细节练习，都让孩子们在老师的带领下一步一步走向更美好的自己。

　　在习惯培养中，捕捉学生身上的长处，进行恰如其分的表扬与引导，使他

们对自己有自信，对未来有希望。随后，教师再把要求提高，期盼他们变得更好。这样学生乐于接受，并且愿意努力。教师播下的是充满爱的、富于期盼的种子，坚信"丑小鸭"一定会成为"白天鹅"。还要让学生明白，每个人都有自己的长处，只要肯努力，就会绽放自己独特的光芒。其实每个孩子都是一个美丽的希望，希望就在老师的手中，等待着老师去播撒无限的光芒。

二、爱心浇灌，唤醒学生沉睡的潜能

每个孩子都是种子，只不过每个人的花期不同。作为一名教师，不应该仅仅欣赏盛开的鲜花，而要多用激情去唤醒那待放的花朵，改变学生的人生。

"呜呜……不行，就是不行……"一年级1班的一个小男孩坐在地上哇哇大哭，经过和孩子交谈，了解到这个孩子想参加春季长跑比赛，但是由于名额有限，自己跑步的速度较慢，同学们没有选择他，他一时受不了，就哇哇大哭起来。我耐心地告诉他可以加强体育锻炼，来年再参加。可小男孩表示等不及，一定要参加比赛。我告诉他，生活中很多事都是比赛，比如上课积极举手回答问题，按时完成作业等。小男孩却大声说道："那些都是小事情，太小了！"这个男孩还处在以自我为中心的思维里，只能用自己的观点去看待世界，很难认知和理解别人的观点。我播放起学习雷锋的视频资料，对小男孩说："孩子，你看，雷锋叔叔今天给了别人几块钱，明天把一位大娘送回了家，后天把自己的雨衣给了一个小女孩……你说，他做的事情大吗？"孩子摇摇头。"对呀，雷锋叔叔只是坚持把每件小事情都做得很好，但人们都说他是伟大的。过了好几十年，我们仍要向他好好学习。你能因为事情小就不去做吗？"孩子陷入了深思。我趁热打铁说道："我相信，你也能像雷锋叔叔一样，把普通的小事情都做好，那你也是值得夸赞的！"孩子的眼睛亮了起来，从那以后，教室里少了一个爱哭的孩子，多了一个积极表现、乐观向上的男孩。

只有教师内心充满爱，才能在教育时理性、感性、悟性三者并用。理性思维帮助我们厘清事实与逻辑是否符合客观真理，"晓之以理"；感性思维帮助我们审视感觉与形象是否带来了美感，"动之以情"；而悟性，则是心与心的交融，换位思考，共同担当，"抚之于心"。关心每一位学生，向他们投去支持、理解、温暖的目光；给予适度的掌声鼓励，或是通过讲述动人的小故事、温暖的对话，让学生获得心理支持，最终实现"导之以行"的教育美好效果。

三、形成家校合力，唤醒学生的真善美

家庭是学生生活和学习的重要场地，也是第一个教育阵地。而在家庭教育中，父母是最重要的教育者，也是终身的老师，家长和家庭对孩子在成长中所起的教育和影响作用，是学校教育和社会教育所不能代替的，要发挥教育的整体效应，必须使学校和家庭保持一致，密切合作，才能形成合力。

（一）以诚相待，让家长信其道

与学生家长交流与沟通时，讲究一个"诚"字。只有诚心诚意，才能打动家长，使他愉快地与你配合，有效地促进家长科学地开展家庭教育，提高家庭教育的水平。教师应用诚心架起与家长沟通的桥梁。我们应该转换角色，把自己当作这个家庭的朋友，与家长说话就变得容易多了，千万不要板起面孔去教育家长或指示家长，否则是很难解决问题的。在一次与家长电话沟通中，我从家长的话语中听出了家长身体不适，我关切地问了一句："您是哪不舒服吗？注意休息……"没一会儿，我看到这位家长微信朋友圈的更新："今天被娃的老师暖到了，孩子遇到了这样细心的老师，真是幸运，感恩！"在与家长沟通中，多使用文明用语，如"请""您好"等，这样就会让家长感受到你是一个有爱心、有道德修养的老师，就会对你充满信任，从而为彼此间的交流奠定良好的基础。

（二）把握时机，同家长守其道

在平时的工作中，教师要经常主动与家长沟通。如在孩子的家庭作业后面留下一段简短的激励孩子的话，或者给家长发一则简短的短信，汇报一下孩子的近况，或者打一个简单的电话与家长聊聊孩子在家的表现。事情虽小，却拉近了与家长的距离，收效一定不错。当学生在学习和生活中出现问题时，教师更要抓准时机，与家长进行必要的沟通与交流。

在一次星级评选中，贾同学落选了，下班后，家长给我发来了微信："老师您好，今天我娃因为评星落选，回到家里，伤心大哭，我也不知道该怎么办了。您看明天能否给孩子补一个？"原来这是一个溺爱孩子的家长，视孩子为掌上明珠，对待孩子有求必应。这样成长起来的孩子很容易形成一种意识：自己就是世界的中心，任何人都得按照自己的想法来做事。看问题也容易片面化，不能正确面对失败。想到这些，我语重心长地对贾某家长说："家长您好，

我也有孩子，特别理解您此时的心情，看不得自己的孩子受到一点点的委屈。但是随着时间的流逝，孩子慢慢长大，我们陪他们的时间越来越少了，我们这把保护伞，还能给孩子撑多久呢？没有我们这把保护伞，孩子自己面对种种困难会怎样呢？"一连串的问题让家长冷静了下来。之后我们一起探讨如何当好父母，当好孩子的第一任教师。还给家长推荐了《抗压力：亲子篇》这本书，之后我们达成一致，一起去学习，一起去实践。第二天，贾同学找到我，跟我讲述了和妈妈的聊天内容，眼里有光地表态："妈妈和我约定一起做内心强大的人，这样我才会更加优秀！"

一次阅读课上，一位同学的阅读书籍被另一位同学偷偷地拿走了。课下，我和拿书同学的家长电话沟通，讲清了事情的原委，与家长达成一致：要洞悉孩子的心态，加以必要的疏导。首先与其重温《小学生守则》有关内容，告诉他诚实为人的道理，强调诚实的可贵。动之以情，打开孩子心扉，帮助孩子形成正确的道德观。第二天，拿书的孩子郑重地向丢书的孩子道歉，继续做好朋友，共同进步。

教师的教导活动如果只局限于学校范围，不注重家庭教育，不关注家长的付出和关注，很难收获满意的效果。学校可以提供家长与孩子之间的沟通平台，促进家长与孩子之间的交流和合作。只有家校合力，孩子才能在家庭和学校两个环境中得到全面的教育，获得全面发展。

以阅读为主线　知行意合一
正面激励促班级文化建设

顾　芳

学校营造出良好的教育环境和文化环境至关重要。而班级是文化和环境的具体化，学生更多的是通过班级的文化和环境来感受学习和学校的氛围。在班级文化的建设中，我除了通过制定班规、班训、班歌等方式来统一班级中学生共有的信念、价值观、态度等外，还遵循"知道—认识—认可—践行—习惯化"的儿童行为品质习得规律，对班级环境和活动设计进行系统规划，针对低年级小学生的特点，重点采用了以阅读为主线、知行意合一、正面激励促班级文化建设的方法，取得了很好的带班效果。

一、营造阅读氛围，开展多种形式阅读活动，激发学生阅读兴趣

（一）建立良好的读书环境，营造班级阅读氛围

良好的读书环境能够激发师生的读书欲望，书香班级是我一直以来努力打造的班风文化。首先在班级建立图书角。开学伊始，参加"教育圆桌图书角"活动，通过班集体的共同努力，获得赠书40册，随后又开展了"自给自足"式的补充图书方式，目前已经有100册图书，进一步充实了图书角的建设，学生的课外书籍实现资源共享，让每个孩子都能享受到书带来的快乐。"感激书籍，享受阅读"，营造书香教室。

（二）通过多种方式培养学生阅读兴趣

兴趣是阅读最好的老师。面对刚入学的学生，首先应该让学生体会到读书

的乐趣，让学生爱上阅读。因为他们刚入学，认识的字也不多，如果一开始就给他们规定要读多少书，那样学生反而失去了兴趣，所以，只有抓住学生的心理特点，让学生读书的欲望增强，产生阅读的内部动力，才能开发心智，主动去了解、研究书。渐渐地培养他们学习的持久性，提高读书能力。

故事人人爱听，尤其是低年级的小学生。一听老师要讲故事，都会挺直身子，竖起耳朵，两眼闪烁着兴奋的目光，嘴角露出甜甜的微笑。所以我会在开学的前两个月精心地为学生们挑选生动、有趣的绘本故事。如《了不起的新朋友》《牙齿大街的新鲜事》《一个接一个》……一本本书籍，因为精美的插图、生动的语言、有趣的故事深受学生们的喜爱，更吸引他们的是老师声情并茂的讲述。

（三）表演故事情节，丰富阅读感受

当学生阅读一些寓言或神话故事时，我利用班会活动课的时间，组织学生进行表演训练，给每个学生创造登台表演的机会。通过这些表演，学生们锻炼了感知能力和表达能力。认真阅读书中人物的动作、表情、故事情节，学生的模仿能力越来越强。《格林童话》是我给学生讲得最多的，童话故事能给低年级的学生充分的幻想，让他们在动人的故事中获得对美与丑、是与非的学习。《白雪公主》里学生演白雪公主和七个小矮人的情景还记忆犹新，学生们演得惟妙惟肖，在一阵阵笑声中学生们快乐极了，尝到了书籍带给他们的欢乐。

（四）经典诵读，传承传统文化

每天晨读坚持经典主题诵读，如《弟子规》、《诗经》（节选）、《小学生必背古诗》，除去对经典的诵读，我也尝试让学生吟唱。为此，我们开展了"Get新技能——学习色空鼓"的活动，在活动的过程中，学生们根据乐曲即兴表演了《江南》，跟着老师一起吟诵了《诗经·关雎》，学弹了《茉莉花》，整个活动，让学生们感受到了中国传统文化的魅力。

二、举办特色活动，历练阅读品质，打造知行意合一的教学理念

通过阅读让学生开阔了视野，积累了丰富的知识，也明白了很多道理。但从"知道"到"乐意去做"到"做到"，对学生来说，是不同层次的要求，对于全部学生来说，也需要因材施教。这需要老师设计一些活动，历练阅读品质，促进学生知行意合一，更深层次地唤醒情感，改善行为。

（一）图书借阅交换，培养规则意识，促进学生交流交往

我们在班级中建立了图书借阅制度。每个学生每天可以借一本书，三天内归还，安排一名同学专门负责管理图书，成为小小图书管理员。每两个星期由老师和管理员一起统计学生借阅图书的数量，并且组织班级读书会，由学生讲讲半个月来的阅读情况、阅读内容、阅读感触，以及愿意按照几星的标准把这本书推荐给同学。通过这样的活动，学生们的好胜心被激发，更加努力阅读，不仅仅关注数量，还注重阅读的质量。

（二）以节日为载体，开展主题阅读活动，深度理解中国传统文化

把阅读活动和我们平时的节日联系到一起，在这一年来我们开展了以节日阅读为载体的活动。我以一年级的课文《端午粽》开始，首先介绍了端午节的来历，拓展阅读《端午节的故事》，然后布置任务让大家去寻找关于端午节的传说和习俗，接着在班级里召开了"端午节日"故事分享会，会后学生们根据自己所获得的收获绘画《我眼中的端午节》，背诵了关于端午节的古诗。最后在班级家委会的联系下，我们在云上逛东岳庙，更加直观地感受端午节的习俗。同时在家中开展学生和家长一起动手包粽子的活动。在中秋节、重阳节、春节、清明节等中国传统节日里，通过参与传统节日活动、动手制作手抄报等，使学生们真正了解并传承中国文化，而不是机械地去记住节日的来历，做到知行意合一。在其他的节日，我们也采取与阅读相结合的方式开展了"春芽班学雷锋""三八节我们这样过""光盘行动从我做起"等活动。一系列的活动开展，让学生充分感受到读书的乐趣，在活动中历练阅读品质，提升阅读品位，从而进入阅读的良性循环。

（三）读万卷书，行万里路，拓展联系，知行合一

古人云："读万卷书，行万里路。"我深得其意。在阅读教育中，阅读是开始，阅读是为了更好地认识和了解自己、他人和社会环境。这就需要学生们走出去，在外面的世界中观察和思考，拓展阅读，读以致用。

学校本学期开展"德国项目学习"活动，我以此为契机，让学生们阅读德国绘本《格林童话》、收集分享德国绘本等，综合了解德国文化。疫情期间，我们不能真正走出去，但在家委会的帮助下，组织了学生们和德国大使云上交谈，线上参观德国大使馆，线上观看奔驰汽车发展史等活动。引导学生们明白，读书不仅仅能够丰富精神世界，也是推动社会和历史发展的动力之一。

三、重视反馈、正面激励，培养学生持续的阅读习惯

在班级文化中，我倡导民主、积极、正向的教育。将"温柔的坚持，不带敌意的坚决"这样的教育理念融入日常教育的点滴之中，重视过程反馈，给予每个孩子正面激励。

（一）人人成为阅读小明星

制作"阅读登记卡"，记录每天阅读情况，每两个星期评比出"海量"（指的是数量）小明星和"知深"（阅读的质量）阅读小明星。鼓励学生大量阅读并且根据自己的喜好深度阅读。

（二）"晒晒"阅读背后的故事

我们的班集体创建了微信群和微信公众号。在班级阅读活动的开展中，不断收到家长的反馈。有的反映孩子的语言能力增强了，理解力加深了，经常能够说出令父母感到惊讶的词汇或者知识；有的家长反映孩子更懂事了，在遇到事情的时候情绪更稳定了；有的更愿意听父母的道理或者讲明自己的想法了。我们鼓励家长在群里分享这样的成长，并且也鼓励家长和孩子一起参与到微信群的分享里，不仅感受自己的变化，也了解同学们的变化。真正让每个学生都感受到读书带来的改变，认识读书的重要性。

（三）写出感受，编辑成册，记录成长

把小组日记纳入阅读的范围，鼓励学生多写，每周都会写一篇小组日记，第二天会对小组日记进行交流，及时点评和发现学生的亮点。多表扬，让同学们体会成功的快乐，激发阅读和写作的兴趣。我还会和平时课内语文学习相结合，进行诗歌的仿写，这种方式能够激发学生的写话兴趣，保持学生的写话热情。在写话教学过程当中，我们不妨打开另一扇门，经常让学生解读、创作儿童诗，让学生在诗歌中放飞心灵、拔节生长。我还将学生的优秀作品编辑成册，在每个学年结束时，发给每个学生一本，让学生体验成为小小作家的喜悦。

四、整体收益

通过坚持以阅读为主线、知行意合一、正面激励的班级文化建设策略，我所带的学生不知不觉间发生了很多变化，获得了以下几项收益。

一是通过阅读活动的开展，学生沉浸在故事中，专注力更强，能够安静下来，同学之间减少了很多小矛盾和小冲突，管理自我情绪和理解他人方面的能力有很大的提升；同时通过书籍互换和阅读分享，促进学生之间的交往和交流，学会了更加友好地相处，班级的氛围也有了明显的变化。

二是学生通过坚持阅读，使阅读成为学习和生活中稳定而且规律的一部分，大大提高了识字阅读能力，通过一些阅读小榜样的影响带动，有更多的学生不断突破阅读障碍，学生的专注力和意志力都有所提高。俗语说良好的习惯是成功的一半，希望这是学生们以后实现自我价值的一个助力。

三是教育致力于人的发展。通过阅读优秀的读本，书中故事所展现出来的美好以及优秀品质不知不觉内化为学生的一部分。书本，给学生们一个更丰富和美好的世界。

在今后的教育教学中我会继续努力，不断反思，在坚持打造书香班级的同时，继续探索教书育人的方法和途径。

友善班级，从我走向我们

乔 霓

曾看过一本名为《学习的革命》的书籍，里面的话深深触动了作为班主任的我："如果一个孩子生活在批评之中，他就学会了谴责。如果一个孩子生活在接受之中，他就学会了爱。如果一个孩子生活在友爱之中，他就学会了这世界是生活的好地方……"

我班上的孩子能在生活中学到什么呢？

思来想去，我决定用爱与尊重凝聚学生、家长、教师，形成友善班级，培育友善少年。

践行友善，从我走向我们

印度诗人泰戈尔说："让我的爱像阳光一样包围着你，并给予你光辉灿烂的自由。"如何将爱与自由融入班集体和班主任工作？

苏联教育家马卡连柯的集体主义教育理论认为，教育的前提是尊重与信任。马卡连柯主张，教育者应该与集体发生联系，使每个学生都可以自觉自主地选择参与其中。集体活动教育个人的同时，个人又反作用于集体。学生在教育活动中，不是只作为说教的被动接收者，也在集体教育中体会到自己作为学习主体的价值意义。

在实践探索中，我通过营造友善氛围、促进学生间友善交往、锤炼友善价值观三方面，促进友善班集体的形成，助力学生成为友善少年。

（一）营造友善氛围

1. 共建：形成友善班集体的共同愿景

开学初，我发问卷询问学生和家长对未来学校生活的美好设想。整合后达成一致，共同设计班名、班训、班徽、班规，在这个过程中，班级实现了多维度的良性互动，形成了友善班集体的思想基础。

2. 共读：和家长达成友善的教育理念

依托家长会开展"我与家长共读一本书"活动，家长也为教师推荐好书；在共读中，我们的育儿理念互相融合，实现了家校互信、思想统一。教师和学生则是通过晨读聊书、听经典书、古诗大闯关和课前三分钟演讲等形式进行共读活动。一年的时间，我们共读了绘本、寓言、故事等几十本不同类型书籍。书籍，为孩子们树立了友善行为的榜样，增强了友善行为的荣誉感。

3. 共育：家长进课堂，携手同向善

友善不能仅停留在思想层面，必须让学生们对什么是友善的行为有感知，为此，我们开展了"家长进课堂"活动。不同职业的家长走进课堂，关心关爱学生的健康成长，开展"儿童学急救，急救为儿童""探秘个人计算机"等课程，学生在这一过程中产生对父母友善行为的模仿心理，从而树立友善待人的正向强化。

（二）促进友善交往

我们的班级通过沟通和团体小组的组建，促进了学生间友善交往，促进了学生间相互包容、相互融合。

1. 沟通，促进彼此相互包容

（1）"班级大喇叭"效应让学生看到每一个他 / 她。

班集体有着强大的育人力量，"掌声不断，为你喝彩"是我们的班级理念。生活中，我会用"班级大喇叭"赞美每位学生；课堂上，我引导学生先肯定同学的观点再提出自己的建议。学生的每一个闪光点都会被"班级大喇叭"放大，每一个他 / 她都会被我们看到。

（2）"沟通进阶"升级，让学生学会换位思考。

学生间难免会出现摩擦，冲突不断大多是因为学生说话时更注重表达自我。为了引导学生学会换位思考，我们设计了"沟通进阶表"（见表1）。表格分为A、B、C三个等级，当成员认为自己能升级时，就可以提出申请或者经同伴推荐，小组共同商议，无异议则完成进阶。

表1

	A	B	C
倾听	①专注：倾听时我能看着别人眼睛。②等待：等别人说完再表达。③回应：用点头、微笑等回应对方。	①专注：倾听时我能看着别人眼睛。②等待：等别人说了再表达。	专注：我能在倾听别人讲话时不做其他的事情。
沟通	①真实：我能真实表达自己的看法和感受。②实用：能发表有用的言论。③善意：能通过语言传递善意。	①真实：我能真实表达自己的看法和感受。②实用：并能发表有用的言论。	真实：我能真实表达自己的看法和感受。

升为A级别以后，学生将被授予"和平使者"的称号。当同学间出现纠纷，"和平使者"会第一时间出现，为冲突双方给予场外支援，通过"交流卡"尝试帮助双方沟通和换位思考。

2. 团体小组，促进彼此相互融合

（1）寻志同道合之友，共同确立奋进目标。

为了帮助学生们互相融合，我引导学生自主组建团体小组。班会上公布建立团体小组的条件和方法，学生自主建团，组员们共同讨论确定本组的组名、标志和小组目标，最后在班内召开班会，向班级介绍自己的小组。

（2）开小组会议，共同进步。

小组组建成功后，沟通的平台应运而生。班会、午自习、课间，都能看到学生们召开小组会议的场景。从讨论如何更整洁，到谁是课堂发言冠军，再到如何成为明星小组等，学生们在小组会议室中朝着共同目标，明确分工、团结进取、不断进步。

（三）锤炼友善价值观

为锤炼友善价值观，我继续鼓励学生们将友善传播给身边人、身边事。学生们发挥个人优势，带动家长组建班级社团，以月为单位筹划友善行动计划表，号召全班参与友善公益实践。

在三月的"学雷锋"活动中，学生们开展了"感恩最可爱的人"行动：他们自制礼物，向学校的保安叔叔、后勤工作人员表达感谢，传递温暖。在一年级时，学生们开展了"寻找校园最美的你"活动，他们互相比、追、赶，捡起校园中的纸屑、擦干净楼道的脚印、关上没拧紧的水龙头。在假期中，学生们积极走进社区参与志愿服务，成为小小交通引导员。通过社团和实践活动，学生与公共物品、环境形成了多元互动，学生的友善价值观也在这些实践冲突中，得以形成和锤炼。

在爱与尊重营造的友善班级氛围中，学生的人际交往和社会适应能力显著提高，形成了学校生活的基本能力。"道阻且长，行则将至，行而不辍，未来可期。"以此为帜，不断前行，衷心希望班级中每位学生都能怀揣友善的种子不断成长成才。

教　学

芳草地以其丰富多彩的课程成就着芳草学子的成长，同时也助力教师的发展。

以课题带动教研，以教研促进课堂教学改革。基于真问题，进行真研究，明确研究的方向，把握教育的本质。芳草教师梯队不断成长，成为芳草园里的"明名"之师。

这里呈现的一篇篇研究论文，紧紧围绕着"双减"工作的落实，凸显核心素养的培养，体现对新课程的学习与思考。文稿中既有教师教学工作中的智慧闪现，又有对某些教学重、难点问题的长期研究；既有对所教学科的倾心思考，又有对新课程理念的学习与融会贯通。文稿中有对教学方式变革的实践，有对教—学—评一体化的深入探讨，有对学生批判性思维发展的路径研究，还有对单元整合教学、大概念教学、项目式学习的探究。

课堂是离儿童最近的地方，是教师实施教学改革的主渠道，形成教学主张的主阵地。在芳草的课堂上，我们倾听着生命拔节成长的动人乐曲；浇灌着小花小草尽情成长的自信与阳光；体会着孩子们快乐无忧的个性发展。带着研究的眼光，呵护着每一棵幼苗，芳草教师团队一直成长在路上。

唤醒孩子的注意力
——对语文课堂教学的观察与思考

杨晓红

驻足四年级 3 班教室门外，看到语文老师包小杰正在全情投入地与学生互动，学生们聚精会神，一会儿展开讨论，一会儿专心致志地读书，那场景真令人着迷。脑海中不禁浮现出刚开学的那一幕……

"杨老师，我们班语文课上大部分学生的注意力不集中！这可怎么办呢？"一开学，我就听到这样十万火急的描述。望着眼前这个工作已近十年的年轻老师，扎根三尺讲台近三十年的我，想当然地认为：这就是你语文老师的责任呀！学生注意力不集中，一定与他自身的意志力、专注力、上进心和良好的学习习惯存在联系。但是任课教师也难辞其咎：班风班纪自不必说，教师的个人素养、教学水平、教师的个人魅力及良好的师生关系，都有可能导致学生的课堂注意力不集中。

本人于 2021 年 9 月自北京市朝阳区来到内蒙古通辽市的一所以留守儿童为主的寄宿制学校，开展为期一年的支教工作，负责学校的语文教学。开篇跟我提出"学生注意力不集中"的老师就是我语文工作室的一名年轻成员包小杰。她如此急切，主要原因是在刚进行完的年级练习中，她们班的语文落在了最后，离第一名差距巨大。望着她焦急的面容，我决定帮帮她。

一、语文教师难辞其咎

造成某一结果的原因有很多，内部原因和外部原因、主要原因和次要原因、客观原因和主观原因，等等。我们当然要找到起主导、决定作用的原因。

凭着多年做老师的直觉，我认为主要问题还是出在语文老师包小杰身上，我要挖出教师自身的问题，让老师为学生注意力分散买单。于是有了和语文老师包小杰的对话。

交流发现，她之所以开始关注学生的注意力，缘于这次考试他们班语文考了年级最后一名，和第一名差到 7 分之多。自从接班她就发现班里的学生爱聊天，课堂纪律超级乱。但奇怪的是，他们班的英语和数学都很好，考得都不错，课上纪律也还可以。同样一拨学生，同样的智商，怎么其他两科的成绩都排在前面，唯独语文成绩不够好呢？

很明显，该班的课堂纪律本身存在很大的问题，但是老师只反思到学生的问题，对自己的教学行为却一带而过。我继续和她深聊，原来，虽然她教学已有十年，但专业是特岗，由于学校不缺编，所以编制被落在乡下，人在镇上工作。在她工作第五年的时候，旗里要求必须到编制所在校工作满三年，于是她来到了乡下的一个苏木中心学校，去年刚满三年回到现在的学校。乡下学校视野狭窄，原有的教育教学能力都荒废了，回来后各种不适应。也难怪一个工作十年的经验型教师会管不好自己的课堂纪律。

我很庆幸，一下子就找准了问题的主要根源，包小杰老师对该班的课堂纪律和学生的注意力分散负有不可推卸的责任。我打算尽快帮助她提升带班育人的能力和教学水平。

二、数学老师被迫"躺枪"

一周后，因为包小杰第二节要上研究课，所以一早我想看看她准备的情况，但是刚要进他们班，就和正要出来的小杰撞了个满怀。看她沮丧的样子，我投去一连串的问题。原来因为第二节上研究课，所以她想把数学老师的第一节要过来，指导学生读读书，但被他们班的数学老师断然拒绝。数学老师是还有两年就要退休的学校主任张老师。

小杰是我工作室的成员，我当然在心里偏袒于她，于是想当然地说："你是不是没说清楚，再去跟主任商量一下。"小杰无奈地摇摇头，说："我不敢！"这句话一出口，我就惊讶地睁大眼睛看着她，怎么会不敢呢？都是同事，她还能吃了你？小杰接着说："我不敢跟她说。她超级厉害，有的时候我提前进教室，常听到她说学生的那些话，真是一点也不顾及学生的情面，对学生打压得太厉害了，让学生没有喘息的余地。我说啥也不想这样整学生。"她边说还边回头瞅瞅，生怕张主任出来听到。

我凭着直觉感到这个数学主任可能和四年级3班学生注意力不集中有关系。多年的经验告诉我，如果搭班老师厉害，那么学生便把"气力"都用在她的课上，而到其他教师的课堂，费多少力都"唤不醒"学生了。小杰告诉我："上数学课学生连大气也不敢喘，她批评起学生来特别厉害！这一到我的课上，就放松了，我是又着急又舍不得这么厉害地管。"

原来学生注意力不集中另有原因，我打算和数学老师谈谈。于是在一周后的一个课间，我们相约到张主任的办公室聊一聊。张主任认为没有学生敢不听她的课。"他们要是不听，我就瞅着他，如果他们说话多了，我就会狠狠训他们。"当我问到同样一个班的学生，怎么语文成绩会落后这么多时，张主任一笑说："我可能和英语老师抓得有点紧，学生不敢松懈。平时数学和英语用的时间也多。"

在和张主任的对话中，我感到她教学经验丰富，对数学教学也是情有独钟，同时我也感到她对教学质量很有追求。但如果把握不好这个尺度，就很有可能由"严格"变为"严厉"，再变为"打压"。有些老师（特别是有一定阅历与经验的中老年老师）总是标榜"严师出高徒"，无论何时何地都板着一副严肃的面孔，对学生实施无形的高压政策。学生不敢不听她的课，不敢不从她的话，虽然学生一时的成绩有提升，但却因为这种紧张的师生关系失去了学习的动力和想象的空间，缺少了思维的飞翔驰骋。

学生注意力分散的问题变得更加扑朔迷离，客观因素越来越多，主要问题却越来越模糊。于是，我借助一些工具，如问卷调查、录制常态课、课堂观察法……一下子打开了我的研究思路。

三、科学数据，展现神奇力量

我专门在小杰班放了一把听课椅，随时去听语文课。我偶尔也去听他们班的其他课，好在老师、学生都很欢迎我。他们看我在本上批批画画，一会儿认真地听老师讲，一会儿又微笑着看他们，他们觉得很神秘，听讲也尤其认真起来。其实我在追踪几个"注意力特别不集中"的孩子。我发现每当老师提高嗓音或是转换内容，抑或是请学生回答问题的时候，这几位都会如期抬一下头，然后又快速回到自己的世界或玩或画，或发呆走神或交头接耳。我在的缘故，学生说话的人数与频次非常少。我越走近他们越对他们有信心，这些孩子稍加管理完全可以培养成为认真听讲、注意力集中的孩子。

很快，对四年级进行的教师问卷调查和学生问卷星调查数据反馈回来，我迫不及待地打开了数据。

由于前期调研充分，很多问卷结果都在我的意料之中：如师生都对学生课堂注意力分散的问题"大方承认"。在学生注意力不够集中的表现方面，教师一致反馈：说话和做小动作的占比100%，发呆、东张西望分别占88.89%、77.78%。学生注意力不集中的表现，无非就是这几种情况。88.89%的老师认为班级的学习氛围对学生的注意力有重要作用，说明学生之间的相互影响、班风班纪都对学生的课堂学习注意力有相关影响。看来，小杰没有及时形成自己的班级组织管理风格，学生没有学习的习惯和动力，四年级的学生活泼好动，自控约束力弱，自然出现了开篇小杰所头疼的上不下去课的情况。

将教师和学生的问卷对应起来，也会发现很多问题。在"哪种教学方法或手段更能调动学生学习的兴趣"的问题上，老师们选择最多的是讨论法与案例法，占问卷人数的88.89%，选择电脑信息化手段的人数占到77.78%，讲授法占比最少，为33.33%，由此可见，在日常教学中，老师们还是能够有意识改变教学方式，减少教师的讲，多关注学生的学。虽然在理性上认为讲授法要减少，但是在对教师教学方法、教具的使用情况统计中，选择经常使用讲授法的为55.56%，说明老师的理念已经到位，而在教学的实践中，又走回到传统的讲授法。

这一点，学生的问卷反馈非常有力：学生喜欢小组讨论和案例分析，渴望变革学习方式，94.62%的学生认为信息化手段对课堂注意力集中有作用。他们觉得用课件可以使课堂更加生动、有趣、丰富，还可以身临其境，放松心情，同时也可以使注意力更加集中。但是真实的课堂依然是以教师的讲授为主。

更需要关注的是，教师对于学生注意力分散的问题基本上没有研究，更谈不上什么方法。说教、训斥变成了家常便饭，老师愿意训，学生乐意听。所以也就看不到学生的转变。老师严厉课堂纪律就好，注意力就集中。老师宽松，学生就得寸进尺"蹬鼻子上脸"。

我将这一数据结果第一时间发给了四年级的老师，还特别请包小杰老师将看后的想法反馈给我。以下是她通过微信发我的感受。

"看了关于注意力不集中的统计结果，我认为语文在数学和英语面前面临着很大的挑战，要考虑如何让学生对语文产生兴趣：可以针对学生喜欢的语文课堂多一些小组讨论；使用多媒体教学，来增强他们学习语文的兴趣。"

非常欣慰，小杰从调研前期的抱怨，潜意识里把问题和责任推到其他人的身上，到今天勇敢面对，从自身寻找突破口，短短几句话，让我感到教师对问题的深入反思。

可喜的是，小杰也已经在有意识地改变自己，比如她对组织教学，在课堂上使用信息化手段都特别用心。因为别人的帮助与自己的关注本身就是一种强大的力量。为此，我们又有了一次真诚的谈话。我了解到小杰经常用幽默的话，比如抖音的词、梗儿，让学生喜欢听，很自然地和学生拉近距离，课堂气氛就放松了，师生关系也融洽了。更重要的是，小杰老师从备课、上课的环节设计，到课件的准备都更加精心，喜欢语文的同学也多了起来。

看到终于露出笑容的小杰，我想，看来一个教育问题的出现原因本来就很复杂，我们可以在专家的引领下慢慢地去寻找答案，但是学生的教育问题却刻不容缓，需要我们成为行动派的主人。

四、文献书籍，点亮多元视角

在开展研究的过程中，我研读了美国艾伦·兰格写的《转念学习力》一书。

书中有一篇题目是《集中注意力也可能学不好》的文章。作者认为："如果我们开始走神，那就是分心……简单来说，分心就意味着另一种专心。"这一断言打破了我的认知。书中举例说明，当孩子或成人分心时，他们就是在注意其他的东西。无论是肥皂掉进浴缸，苹果从树上掉下来，还是虫子以一种特有的方式在地板上移动，这些微小的注意都可能导致伟大的思想。

这本书研究的角度如此新颖，令我折服，引发我的反思：当学生分心的时候，是什么吸引了他们，这些刺激物有什么特点？我们从这种吸引中能学到什么？能不能在我们想要关注的刺激中增加吸引学生的成分？当我们觉得焦虑不安，想要分散一下注意力的时候，更有效的策略又会是什么呢？

《转念学习力》为我们提出了很多方法，如，提高我们专心致志的能力最有效的方法是，在刺激情境中寻找新颖性，以及新奇、新颖在集中注意力中的重要性。这些好的方法策略我都一一分享给包小杰老师，并提醒她及时运用在课堂教学中。

文献书籍的阅读，为我开启了新的研究视角。"不愤不启，不悱不发。"在调研学生课堂注意力不集中原因的教育研究过程中，我好像变成了追兔子的爱丽丝，不断地向前跑，不断地有新发现，以至于当我停下来，思考主问题的时候，发现它还在原地等待我的回眸。

原来教育是一个极其复杂的问题，即使有前人丰富的研究成果摆在我们面前，当我尝试去解决的时候，发现面对这一所学校，面对这一个班级，面对这样的家庭和每一个独特的学生，存在于每一个孩子身上的共同问题，却有着千差万别、错综复杂的成因。所以我想，即使没有找到学生注意力分散的主要原因，我们依然有很大的收获。

因为在追逐的过程中，沿途的发现更加精彩而且有意义。在聚焦课堂学生注意力不集中问题的过程中，牵扯出无数值得深入研究、对主问题影响巨大的其他问题：我们发现，该地区教师的聘任与培训管理不足，学生来源对于一所学校和班级有很大影响，更看到了教师对教育问题的无可奈何以及原生家庭对学生潜移默化的影响。

兔子当然一定要追到。其实，在我们频繁走进班级听课，和学科教师、学生交谈的过程中，发现师生都已经有意识地在改变。从一节语文录像课中，我看到的是教师精心的准备、学生精彩的发言、课件合理的使用、全体学生聚精会神的倾听。与包小杰相约，打算进一步和她谈谈备课与课堂学习方式的变革，谈谈班主任工作对学科教学的影响。

做一名研究型教师，有机会用研究的眼光来看待日常烦琐的教育教学，用科学的方法来发现教育的规律，认识到教育本就是一门艺术，我享受其中。所以未来我更加期待能够通过我的努力，让我所支教的教师和学生享受到最好的教育，并在这一过程中，发现更好的自己。

让学生在自我表达中自主成长

李 众

课程是为"培养什么样的人"这个目标服务的，当目标发生变化时，课程也要随之而变。什么是最好的课程？今天的核心教育目标逐渐聚焦到四个目标上来：批判性思维与问题解决；创造性与主动学习；交流与合作；跨文化理解与全球视野。

在这种目标导向下，学校现有的课程体系要容纳一种跨学科、与真实世界有关的、项目式的课程。这种类型的学习将跨学科的、跨领域的教学，团队合作学习，个性化的学习路径，探索式的学习方式等整合在一起。

要实现整合，仅仅在一个独立学科领域中教育学生是不够的。学生需要在情境中学习，超越学科界限联结各种学习，在各科学科之间建立联系，将各个学科中学到的内容整合起来，学以致用，知行合一。

一、什么是自我表达

世界上的每一样事物都在自觉或不自觉地表达自己，正是事物间的不断表达组成了错综复杂又精彩纷呈的世界。自我表达是什么？简单地说，就是向他人呈现自己，以此引发对方的共鸣。

对小学生来说，自我表达意味着什么？他们可以从各种活动中体验到，要把自己内心的想法传递给别人，有很多不同的形式去完成，根据所要表达的内容的难易程度，匹配相应的或简单或复杂的媒介。在不同的年龄阶段，尝试体验不同的艺术表达形式，一方面是深度介入艺术本身，另一方面是展现真实、深刻的自我，并通过不同个体间的相互交流与合作来实现彼此认同，这种认同又促进自我反思。

二、小学生如何进行自我表达

自我表达在小学阶段主要是借助各种形式和手段给学生提供表达自己的机会，从低年级到高年级的主题可以依次设计为：肢体与语言、音乐与舞蹈、绘画与文字、戏剧与表演、数字公民与自媒体。不同年级的内容各异，但都聚焦相同的核心技能。

（1）思考技能。透过事物的表象及各事物之间的关系认识事物的本质，联系自身经验加以整合形成自己的看法。

（2）交流技能。交流是不同个体间达成相互理解和合作的必要能力。

三、"自我表达"的实践教学设计

根据不同年龄段学生的身心发展特征和探索世界的方式，自我表达的内容也从简单到复杂、具体到抽象递进，各个年级指向的任务也各不相同。具体而言，低年级学生用口头语言和肢体语言来传达简单易懂的信息，使用最原始的艺术形式——音乐与舞蹈来展现内心活动；中、高年级则运用相对抽象的艺术形式——绘画与文字来间接地表达想法和观点，通过较为复杂的戏剧与表演，借助所扮演的角色的语言、行为、表情来表达自己的思想，到了高年级，可以实现触及数字世界和自媒体，体验科技进步带来的新的表达方式。

在教学实践中，通过开展"我们是一家人""班级新闻发言人""读心神探""故事大王""奇葩说"等项目组学习的方式唤醒、激发学生自我表达，以丰富学生情感表达、文化理解和正确价值观的形成。

下面，我就以四年级"故事大王"这一项目活动设计，来说明项目式学习的开展方式。

【单元主题】肢体与语言

【项目活动】故事大王

【项目描述】第一个组员说出一个词语，第二个组员接着说出一个词语，必须和前一个组员说的词语连贯起来且合理，第三个组员说的词语必须和第

一、第二个组员说的词语连贯起来……以此类推。说的内容最多、最连贯的小组为"故事大王"小组。

【项目目标】

1. 能够关切地倾听他人的话语。

2. 能够用连贯的话表达自己的想法，提高语言表达能力。

3. 能够提高团队合作能力。

【关联技能】思考技能、交流技能

【关联学科】语文学科

【驱动性问题】如何利用词语来编一个属于你们小组的独一无二的故事。

【项目步骤】

（一）活动规则介绍

1. 出示活动名称，齐读。

2. 解释活动内容。

不是个人间的比赛，而是小组间的比赛。要想成为"故事大王"小组，需要大家默契配合，不但要把故事讲得连贯有趣，而且要把故事编得丰富。

（二）简单介绍活动规则

（三）教师讲解活动注意点

1. 在第一个词语的选择上，不要太过生僻，要找一个平时经常使用的词语。

2. 每个组员一定要基于前面所有组员说的内容，续编故事。

3. 每个组员续编故事时加的是词语，不是句子。

（四）开展"故事大王"活动

1. 根据要求组内自编故事（活动时间为 15 分钟）。

2. 各组挑选组内最好的一个故事，进行全班交流。

3. 学生评价，通过举手投票选出最佳"故事大王"小组。

4. 活动小结，总结活动收获。

【项目评价】"故事大王"小奖状

这个项目设计考查学生的综合能力，既考验个人对词语意思的理解，也考验群体在合作中的默契，具有一定的难度。教师所做的努力，主要是通过列举案例向学生解释活动规则，同时让他们体会到，没有哪种能力能够独行江湖，会表达的前提是会倾听，而且要会联想。

综上所述，通过"自我表达"课程实施，我们逐渐清晰自我表达也是一种认知自我的手段，表达在自我和他人之间架起交流的桥梁，是从自我迈向他人的第一步。

要敢讲，最好能滔滔不绝地讲。表达内容从生活中来，又回到生活中去。在一个又一个现场，学生走到人前，表达自己的想法，同时兼具表情和肢体动作，逐步学会顺畅地进行人与人之间的沟通和交流。

遵循汉字书写规律，在汉字书写中加强学生审美体验

齐晓菊

《义务教育语文课程标准（2022年版）》指出：审美创造是指学生通过感受、理解、欣赏、评价语言文字及作品，获得较为丰富的审美经验，具有初步的感受美、发现美和运用语言文字表现美、创造美的能力；涵养高雅情趣，具备健康的审美意识和正确的审美观念。新课标非常重视写字教学，把认识汉字和正确书写汉字作为小学语文教学的首要任务，就是提高学生的审美水平，培养基于中华民族文化积淀之上的审美心理和意识、培养学生对祖国语言文字的热爱之情。

一、明晰课程标准的写字目标

新课标在第一学段对识字与写字提出明确的要求：掌握汉字的基本笔画和常用的偏旁部首，能按基本的笔顺规则用硬笔写字，注意间架结构，初步感受汉字的形体美。努力养成良好的写字习惯，写字姿势正确，书写规范、端正、整洁。

按照新课标要求写好汉字，是第一学段学生的一个重要任务。让学生按照课标要求认真写好汉字也是教学的基本要求，因为写字的过程也是学生性情、态度、审美趣味养成的过程。老师要注重在第一学段将学生写字基本功打牢，其他学段仍要继续指导学生把字写规范、端正、整洁。第二、第三学段的识字与写字的要求，课标呈阶梯状上升。

书写规范，是指写出来的汉字字形正确，按照正确的笔顺规则书写，把笔画写清楚写到位，部件间的比例关系协调，间架结构合理。也就是人们常说的不写错字，不写别字，不写笔画不到家的汉字，不写结构不规矩的汉字。

书写端正，把汉字写端正，是指重心均衡，中心对称，写出来的汉字不歪不斜，横平竖直，笔画或者部件各部分之间保持应有的平衡状态，位置关系和间架结构合理，尽展汉字端庄方正之美。

书写整洁，书写纸面干净、平整，字迹清晰。尽量少用橡皮或不用，展现汉字书写的整洁之美。

明晰了新课标对写字的要求，掌握了教材对写字循序渐进的安排，老师就可以在日常的语文课堂上，在写字实践活动中，遵循汉字书写规律，加强学生在识字与写字中的美感体验。

二、了解汉字书写规律，初识汉字形体之美

识字时要引导学生体验汉字书写规律。汉字是平面式结构，方块形，重心平稳，中心对称，这是汉字的平稳之美。很多汉字见其字形，便可直接知其意，即"视而可识，察而见意"，如"象""水""田""石"有实物之形的特点，"上""下""本""末"是实物基础上加象征性符号的特点，"休""众""采""牧"是会意合成，"装""闷""筏""柏"是形旁见义、声旁示音，这些是汉字的构字之美。在识字过程中教师要引导学生感受、体会汉字的优美，提高学生的审美水平。

（一）了解笔画书写规则

汉字是由笔画组合而成的，这便产生了笔画的先后问题。《现代汉语通用字笔顺规范》中规定了笔顺的基本规则，如从上到下、从左到右、先横后竖、先撇后捺、先外后内、先中间后两边等。没有规矩不成方圆，按照笔顺规则写字，不仅可以帮助学生正确地记忆字形，还可以帮助学生把字写工整、写美观。

（二）掌握基本笔画要领

由起笔、行笔到收笔叫作"一笔"或"一画"，这种一笔或一画写出的形态各异的点和线，即称为"笔画"或"点画"。笔画是组成字的最小单位，笔画写得好坏直接影响字的规范和美观，因此写好基本笔画尤为重要。如"横"，

有短横和长横，起笔、收笔稍重，行笔略轻，呈左低右高之势，有俯仰之别。要写好字就要写好它的每一个基本笔画，力图做到每一个笔画写准确，打下坚实的基本功，为把字写端正、写规范起个良好的开端。

（三）发现间架结构规律

间架结构指的是字的笔画之间、结构单位之间的搭配关系和组织形式。汉字的结构涉及两个重要元素：一是位置关系，二是比例关系。位置关系是指笔画之间、偏旁之间、笔画与偏旁之间的上下左右位置关系。比例关系是指笔画的长短和偏旁的大小比例关系。

三、运用书写规律，体验汉字之美

书写时引导学生感受汉字之美是提高学生文化素养的需要，是培养学生良好习惯的需要，是提高学生书写能力的需要。每个汉字在书写时又都会因笔画多少、大小和位置的不同而展现出不同的形态，这就是它的变化之美。因此，在识字与写字教学中加强学生的审美体验，感受汉字的整体形态美、笔画变化美、穿插避让美、结构均衡美等，是学生汉字学习过程中必不可少的学习任务。

（一）借助独体字，体验汉字端庄之美

1. 写好独体字，尽显方正之美

独体字，是指这个字只有一个单个的形体，不是由两个或两个以上的形体组成的。从外形上来看，可以发现独体字有小的、扁的、长的、方的、疏的。独体字笔画少，看似简单，其实写起来不容易写规范写美观。独体字要写得方正才美观，这就需要将每一笔的笔画写规范，如横画间隔相等，方向一致。注意尺寸长短关系，如中竖宜正、底横宜长、同笔求异、交叉求中等。还要掌握基本笔画的形态和笔法的形成等，如偏斜的字形，要根据主笔的位置及形态，调整字的重心，使其左右均衡，方正之美才可得到显现。

2. 写好特殊常用字，独领稳重之美

还有很多独体字，因为笔画过少、重复笔画多、字体形状特殊（不是典型的方块字）等原因，不易写好，要努力掌握方法写好看。如：

"九"：长方形，整体上要写得细高些。横折弯钩向左倾斜，横要左低右高，横折弯钩要弯圆，底平钩小而尖，撇尖稍高。

"口"：倒梯形，整体上要写成上宽下窄，不宜写大。具体到笔画，要注意左竖倾斜角度小一些，第二笔的横折的折倾斜角度要大一些，最后一笔的横要写得有些力度，托住上面的横折。

（二）借助合体字，体验汉字和谐之美

汉字的间架结构是实现基本要求的最重要因素。因此，写字教学中教给学生正确地把握汉字的间架结构。汉字的间架结构也称结体、结字、结构、间架，它所指的是字的笔画之间、结构单位之间的搭配关系和组织形式。也就是说，按照一定的规则将点画组成字。这里所说的汉字间架结构，是指书写意义上的结构，特指楷书。书写意义上的结构，不是指字义上的结构，比如，"谢"从字义上讲，是由"言"（意符）和射（音符）两部分构成的；但从书写意义上分，它是左中右结构，由"讠""身""寸"三个部件构成。这里所说的"部分"就是指汉字结构的"部件"，是指独立成形并表示一定意义的。

1. 观察笔画变化，体验笔画变化美

有些字做了偏旁后，笔顺规则有些变化，要关注变化的笔画，努力把字写好。如"转""特"两个字，当"车""牛"作为偏旁时，一是笔顺发生了变化，二是笔画同样也发生了变化。笔画发生变化的原因，就在于当几个字组合成一个新字后就有了新的汉字结构，这就会涉及笔画或者部件间的穿插避让、相互呼应的关系。

2. 关注结构关系，体验和谐匀称之美

两个或两个以上的独体组合成的汉字称为合体字。究其根本会涉及两个重要元素：一是位置关系，二是比例关系。写好合体字的关键是要关注每个汉字中部件间的位置关系和比例关系。

（1）关注位置关系，体验穿插避让美。从位置关系来讲，汉字书写时，笔画穿插避让的关系最为突出。避让就是一部件的某些笔画收缩，为另一部分部件让出空间；而另一部件的某些笔画则穿插到这一部件的空隙中去。

常见的穿插避让主要有左右结构的穿插避让与上下结构的穿插避让。中国字的基本形态是方形的，但是通过点画的伸缩、轴线的扭动，也可以形成各种不同的动人形态，从而组合成优美的书法作品。

上下穿插避让，一般是上紧下松，上部笔画收紧为下部让出空间，下部向上靠紧，结构紧凑而不拥挤。如"查"字，上面的"木"就需要把竖写得短一些，撇和捺要写得宽一些，为下面的"旦"让出空间，书写下面部分时，要努

力向上靠紧，紧凑和谐。

包围结构的字，确定位置关系的关键在于外面的字框与里面字心的位置。两包围的字，一般是里面靠下或里面居中偏外。

（2）关注比例关系，体验结构匀称美。从比例关系来讲，汉字书写时，部件间的收缩伸展最为突出，这也直接影响到汉字的间架结构。

如上下结构的字由上、下两部分或上、中、下三部分组成，每部分都要纵向收缩或者横向伸缩，这样才能保证字的形体不至于过长。

汉字为方块字，书写时需要一笔一画，起止分明，每个笔画间各自独立，但事实上，一个规范的、美观的汉字，绝不是笔画简单的机械堆砌，而是上承下接、笔画意连。这就需要教师在日常的写字教学中，遵循汉字书写规律，加强学生在写字实践中的审美体验，只有这样，写出的字才不呆板，有神采，有气韵，尽显汉字各种美。

在小学语文课堂中设疑、启思、促辩

胡海兰

义务教育语文课程培养的核心素养是文化自信、语言运用、思维能力、审美创造的综合能力，课程标准将思维能力纳入语文课程培养的核心素养，强调了语文教学要重视学生的思维能力发展，关注学生在语文学习过程中的联想想象、分析比较、归纳判断等认知表现，尤其要关注语文教学怎样用语文学科特有的方式来发展学生的思维能力。那么，如何在语文课堂教学中发展学生的思维能力？

一、抓住时机，让学生"疑"

疑，惑也。古人云："学贵知疑，小疑则小进，大疑则大进。"爱因斯坦曾说过，提出问题比解决问题更重要。教师经过有意识地培养学生的质疑能力，促进学生会参与、会发现、会运用、会创造，学生才能全面、积极、主动地参与学习。可见，质疑能力对于学生学习的重要性。

（一）围绕题目新鲜点自主质疑

题目是文章的眼睛，围绕题目大胆质疑，有利于学生把握文章的内容。《在牛肚子里旅行》《总也倒不了的老屋》《胡萝卜先生的长胡子》这些题目都充满了新鲜感，能有效调动学生自主质疑的兴趣。因此，在教学这些课文前，留给学生看到题目自主质疑的时间，再结合学生的疑问设计学习任务，能有效促进学生思维能力的提升。例如，在教学《读不完的大书》时，引导学生思考"从题目都知道了什么？""还想知道些什么？"这时学生提出"读不完的大书是什么？""这本书到底有多大？""为什么读不完？"……根据学生的质疑，再引导学生到文中找答案，极大地提高了学生阅读兴趣。

（二）聚焦单元训练点充分质疑

统编版小学语文三年级上册第四单元是策略单元，其语文要素是一边读一边预测，顺着故事情节去猜想。《总也倒不了的老屋》是本单元的第一篇课文，出示题目后，"老屋有多老？""它为什么总也倒不了？""最后它到底倒没倒？"等一系列问题从学生头脑里闪现。这时，教师把学生带入文本，边读课文边让学生猜测。每读完一段情节，学生始终围绕"它到底倒没倒？""它为什么倒不了？"进行讨论和预测，学生在整个过程中不断联系上文猜想、推测，深入理解了文本，体会到预测的乐趣，激发了学生的想象力，提升了预测能力。在学习《胡萝卜先生的长胡子》时则完全放手，由一名学生做阅读领航人，先自主围绕题目质疑，然后边读边预测，学生在交流互动中自主学习的意识和能力得到了充分展现。在前两篇课文学习的基础上，学生能围绕阅读提示，通过自学《小狗学叫》预测故事的不同结局，并说明理由，给学生思维提升创造了自我发展的空间。

二、挖掘文本，使学生"思"

思，容也。其本义是深想、考虑。语言是思维的工具，也是思维的重要基础，是我们传达所思所想的必要途径。怀特海说："如果没有语言，思维的维持、思维的从容恢复、思维的交织为更为复杂的东西、思维的交换，都要大大地受到限制。"《王戎不取道旁李》是统编版小学语文四年级上册第八单元的一篇文言文，讲述了魏晋时期"竹林七贤"之一的王戎幼时善于思考、冷静推断的故事。本单元的语文要素是"了解故事情节，简要复述课文"。那么，在文言文中如何在语言训练的同时使学生的思维得到进一步提升呢？

（一）聚焦重点字词，加深思维认识，促文本理解

在理解"折枝"这个词语时，首先抓住多音字"折"，通过对两个读音不同意思的辨析、选择，加深对词语的理解。"折"的两个读音"zhé"和"shé"都有"断"的意思，而"zhé"表示的是动作，"shé"表示的是状态。借助引导学生观察"果实压弯树枝"的图片，再联系生活实际（果实多不一定树枝都折了），就不难理解"折枝"的含义了。词语是构建句子、文章的最小单位，而这种推敲的过程实际上就是一个思维不断提升的过程。

（二）聚焦重点语句，增强思维深度，促表达深刻

"树在道旁而多子，此必苦李。"是王戎的话语，理解了这句话，也就读懂了文章，读懂了人物。借助情景再现的方法（出示孩子们孩子争先恐后地跑过去摘李子，而王戎却一动不动的图片），通过三个具有启发性的问题"王戎啊王戎，你在想什么呢？""王戎啊王戎，你看李子就在道边多方便摘啊，你怎么不去呢？""王戎啊王戎，你为什么说'树在道旁而多子，此必苦李'呢？"引导学生把自己的理解和思考表达出来，学生水到渠成梳理总结出王戎"观察—思考—推断"的心路历程。句子是文章表达更深层次的阶梯，让学生运用多种方法多加思考，从中发现问题，多揣摩语言表现了人物怎样的品质或感情，增强学生思维的深度。

（三）聚焦重点内容，拓宽思维广度，促语言发展

在本课教学中，我设计了三次借助思维导图进行讲故事的语言实践。

第一次，首先，在学生读懂内容的基础上，梳理出故事情节的思维导图，培养学生分析概括的能力。其次，引导学生观察思维导图，发现对比的写法，从而体会到这样写的好处。最后，引导学生借助思维导图讲故事，进行第一次的语言训练，其目的是培养学生表达的条理性。

第二次，在学生梳理总结出王戎"观察—思考—推断"的心路历程之后，引导学生结合思维导图加入自己的理解再次讲故事。这次讲述，学生不仅关注了故事的情节，还加入了自己的理解，把王戎当时的所见、所思、所想、所为表达得很到位，从而拓宽了学生思维的广度。

第三次，是在本课教学之后，设计了《老狮子与狐狸》《奇怪的大石头》《牛顿与苹果》三篇小故事的拓展阅读。学生首先将这三篇阅读材料与《王戎不取道旁李》进行对比，发现相同与不同。学生逐步认识到：无论古今中外，善于观察、善于思考的品质都是被赞扬的。之后，通过选择一篇文章独立绘制思维导图，并结合思维导图讲故事的语言实践活动，进一步发展学生的语言能力，有效促进学生抽象概括能力、思维条理性的提升。

三、创设情境，促学生"辩"

辩，说明是非或争论真假。语言文字既是重要的交际工具，也是最为重要的思维工具。本次课程标准单独设置思辨性阅读与表达学习任务群，这一任务

群旨在引导学生在语文实践活动中，通过阅读、比较、推断、质疑、讨论等方式，梳理观点、实事与材料及其关系；辨析态度与立场，辨别是非、善恶、美丑，保持好奇心和求知欲，养成勤学好问的习惯；负责任、有中心、有条理、重证据地表达，培养理性思维和理性精神。

统编版小学语文三年级上册第八单元以"美好品质"为主题，编排了《司马光》《灰雀》《手术台就是阵地》《一个粗瓷大碗》四篇课文。因为这些故事的背景与学生现实生活脱离较远，学生在理解课文意思、体会人物品质时产生诸多疑惑。本单元的语文要素是"学习带着问题默读，理解课文的意思"。围绕语文要素设计学习任务，并让学生提出自己的质疑，通过阅读交流，解答疑惑，是常规做法。但是这还远远不够，要想培养学生理性思维和理性精神，就要发挥教师的引导作用，创设有价值的问题情境，让学生辩论起来，以促进学生深度学习，提升思维品质。

在让学生讲《司马光》这个故事时，有评价的环节，学生对司马光砸的到底是缸还是瓮提出了质疑。这是个很有价值的问题，有一部分学生认为是缸，理由是曾经听过或读过这个故事，说的就是缸；有一部分学生认为是瓮，因为课文里说的是"光持石击瓮"；还有学生认为，缸就是瓮，它们都可以装水，只是古人和现代人说法不一样。学生们各抒己见，观点明确，而且理由充分。在此基础上，让学生对比观察缸和瓮的图片，再次展开讨论。很多同学发现：缸和瓮不一样，缸口大，而瓮口小。这时，我进一步启发学生思考："小朋友掉进缸里和掉进瓮里有什么不一样吗？"有的学生说："如果掉进缸里，因为缸的口大，我直接可以站起来，就不用人救了。""只要水不深，掉进瓮里也可以站起来呀！"有的学生反驳道。"通过看图片，我们知道这个瓮比我还高，里面肯定是装了很多水，站起来也不行。"还有的学生说："因为瓮的口小，站起来容易磕头，本来就害怕，我在水里找不到口，就更慌了。"学生继续辩论道："缸的口大，大家可以一起把他拉出来；因为瓮的口小，司马光只能用石头把它砸破，把水放出来救人。"……学生在你一言我一语中达成了一致意见：文言文中的瓮比故事书中的缸更准确，更符合当时实际的情况。借助问题、图片、假设等方式创设讨论的情境，学生在提出质疑、亮明观点、启发深思、观察辨析、再次讨论中不仅加深了对人物的认识，还提升了思辨能力。

苏霍姆林斯基说过："如果教师不想方设法使学生进入情绪高昂和智力振奋

的内心状态，就急于传授知识，那么，这种知识就只能使人产生冷漠的态度，而不动感情的脑力劳动就会带来疲倦。"因此，在课堂教学中，必须努力为学生营造一个和谐民主的学习氛围，巧妙设计质疑、深思、辩论的学习活动，有效促进学生思维能力的不断提升。

以"戏"养心，与"文"同长

仲　毅

2001 年，国家《全日制义务教育艺术课程标准（实验稿）》首次将戏剧列入艺术综合课程的几大门类之中，并指出"基础教育阶段的艺术课程日益走向综合，不仅音乐和美术开始交叉融合，戏剧、舞蹈、影视等也进入艺术课堂"。目前，我国的一些中小学已经意识到戏剧教育的重要性。首先，如何将综合化、多门类艺术课程与小学语文、英语、思想品德等课程打通，结合成为一个有机体，提升中小学生的学习兴趣与积极性，让少儿在课堂内外及社会化教育中获益，是教育者需要探讨的问题。

一、探究戏剧教学的价值

通过系统的戏剧教学可以帮助学生发展自信和表达能力。与此同时，戏剧教学可以帮助学生克服社交恐惧，提高自信心，同时也能帮助学生学习如何清晰、有效地表达自己的思想和情感。提高学生的创造力和想象力。

戏剧教学可以通过角色扮演、表演和创造角色等方式，激发学生的想象力和创造力，可以通过团队合作，促进学生相互之间的沟通和协作，提高学生的团队意识，帮助学生了解不同文化和历史背景下的戏剧形式和表现方式，提高学生的文化素养。帮助学生更好地理解和体验不同的情感和价值观，提高学生的情感发展和价值观认知。

二、清晰学科之间的联系

第一，戏剧教学可以帮助学生加深对语言的理解和运用，提高语文素养。在戏剧表演中，学生需要理解和运用剧本中的语言，掌握语言的表达技巧和修辞手法，从而提高语言表达能力。第二，戏剧作为文学的一种形式，可以帮助学生更好地理解和欣赏戏剧文学作品，加深对文学形式和文学内容的理解。第三，戏剧教学可以帮助学生学习人物塑造和情感描写的技巧，从而提高作文和阅读的能力。除此之外，戏剧教学可以帮助学生提高表达和交流能力，增强沟通能力。在表演中，学生需要准确地表达自己的意思，与他人沟通和协作，从而提高语言交流能力。戏剧教学还可以帮助学生了解不同文化和历史背景下的戏剧形式和表现方式，提高学生的文化素养。同时，通过表演不同文化背景的剧本，学生可以更好地了解和感受不同文化间的差异和相似之处。

由此可见，戏剧教学和语文教学之间有着紧密的联系。具体来说，戏剧教学可以帮助促进学生的语文素养，包括提高语文表达能力，戏剧教学可以帮助学生提高表达能力，包括语言表达和身体语言表达，从而提高语文表达能力。提高语文阅读能力，戏剧教学可以帮助学生更好地理解戏剧文本，从而提高阅读理解能力。提高语文写作能力，戏剧教学可以通过角色扮演和情境创设等方式，激发学生的创作能力，从而提高语文写作能力。培养语文审美意识，戏剧教学可以帮助学生欣赏戏剧艺术，从而培养语文审美意识，提高学生的文化素养。培养语文思维能力，戏剧教学可以帮助学生思考角色、情节和情感等方面的问题，从而提高语文思维能力。

因此，戏剧教学可以作为语文教学的一种补充和延伸，通过戏剧教学可以更加生动、形象地展现语文知识，激发学生的学习兴趣和主动性，促进学生的全面发展，这也恰恰契合最新颁布的课程标准中的语文核心素养。

三、架起戏剧教学与语文素养的桥梁

利用戏剧教学的一些基本环节来提升学生的语文素养就成为戏剧教学与语文教学整合过程中亟待解决的问题，于是我有了以下一些想法。

（一）语言的建构和运用

角色扮演：让学生在戏剧角色中使用丰富的语言，模拟不同情境下的对话和交流，提高学生的口语表达能力。

情境创设：通过情境创设，让学生在不同的语境下练习语言表达，例如模拟新闻发布会、模拟对话、模拟演讲等，让学生更加自信地表达自己的观点和想法。

语音、语调、语气训练：戏剧教学可以通过练习语音、语调和语气等方式，提高学生的语言表达能力。例如，让学生在不同的角色中练习不同的语音和语调，让学生体会语言表达的表情和语气。

朗诵训练：戏剧教学可以通过让学生朗读戏剧文本，提高学生的语音语调、语气等方面的表达能力，同时也可以培养学生的语感和感染力。

情感表达训练：戏剧教学可以帮助学生通过角色扮演和情境创设等方式，练习情感表达，提高学生的情感表达能力和语言表达能力。

总之，戏剧教学是一个生动、实践性强的教学方法，可以让学生在练习语言表达的同时，更好地体验和感受语言的魅力，从而提高学生的语言表达能力。

（二）思维的发展和提升

角色扮演：让学生在戏剧角色中深入体验角色的思想、情感和行为，从而培养学生的情感认知和情感体验能力。

情境创设：通过情境创设，让学生在不同的情境下思考和解决问题，锻炼学生的问题解决能力和创造性思维能力。

剧本分析：让学生学习和分析戏剧文本，探究文本中的情节、人物、意义和风格等方面，从而培养学生的文本理解和批判性思维能力。

艺术创作：让学生参与到戏剧创作中，例如创作角色、情节、剧本等，从而锻炼学生的创造性思维能力和想象力。

团队合作：戏剧教学中强调团队合作，让学生分工协作、相互配合，从而培养学生的协作和沟通能力。

通过戏剧教学，学生可以通过创造、体验和探究等方式，开发自己的思维能力和创造性潜力，从而更好地应对未来的挑战和竞争。

（三）审美的鉴赏和创造

观赏表演：通过观赏优秀的戏剧表演，让学生欣赏戏剧艺术，感受戏剧的魅力，从而培养学生的审美意识和审美情趣。

角色扮演：让学生在戏剧角色中深入体验角色的情感和思想，从而锻炼学生的情感认知和情感体验能力。

剧本创作：让学生创作戏剧剧本，从而锻炼学生的创造性思维和审美创新能力。

舞台设计：让学生参与舞台设计，从场景、灯光、服装、音乐等方面表现戏剧艺术，培养学生的审美能力和艺术感知能力。

艺术批评：让学生参与到戏剧批评中去，从剧本、表演、舞台设计等方面分析和评价戏剧艺术，提高学生的审美鉴赏能力和批判性思维能力。

通过戏剧教学，学生可以深入感受戏剧艺术的魅力，培养自己的审美情趣和鉴赏能力，从而更好地理解、欣赏和表达戏剧艺术，同时也有助于学生在其他艺术领域发掘和培养自己的艺术潜力。

（四）文化的理解和传承

选取传统剧目：让学生学习和演出传统剧目，如昆曲、京剧、豫剧等，通过戏剧表演深入了解中国传统文化。

探究传统文化元素：在学习和演出传统剧目时，让学生深入了解其中的传统文化元素，如古代礼仪、道德伦理、历史故事等，从而提高学生对传统文化的认知。

剧本创作：让学生创作传统文化题材的剧本，从而让学生深入探究传统文化，提高学生的文化素养和创造性思维能力。

传统文化展演：在学校或社区举办传统文化展演活动，让学生通过戏剧表演、文化展览等形式，深入了解和展示中国传统文化。

传统文化体验：通过参观古建筑、民俗村落、传统手工艺等形式，让学生身临其境地感受传统文化，提高学生的文化认知和情感体验能力。

通过戏剧教学，学生可以深入了解中国传统文化的内涵和精髓，从而更好地传承和发扬中国传统文化，提高学生的文化素养和文化自信心，同时也有助于学生更好地理解和认识世界其他文化。

四、打通学科之间的壁垒

戏剧教学与语文教学中不同体裁文本的融合，可以使戏剧成为更好的教育媒介。戏剧能同时发挥其作为教学工具的属性与作为一种艺术的本质属性，使语文教学从技巧教育发展为全人教育，有效促进了学生和教师的全面发展。

将戏剧教学和语文教学进行整合，以下是一些具体的方法。

戏剧表演中融入语文教学：让学生在戏剧表演中扮演文学作品中的角色，通过表演深入理解文学作品，提高学生的阅读理解能力和语言表达能力。

剧本创作与写作教学结合：让学生创作戏剧剧本时，注重培养学生的写作能力，通过剧本创作，提高学生的想象力、逻辑思维能力和语言表达能力。

角色扮演中融入口语表达教学：让学生在角色扮演中模拟真实情境，通过口语表达锻炼学生的口语交际能力和语言表达能力。

舞台设计与文学分析相结合：让学生参与舞台设计时，注重分析文学作品的主题和情节，从而提高学生对文学作品的理解和分析能力。

语文知识在戏剧教学中应用：在戏剧教学中，注重培养学生的语文知识运用能力，如通过角色表演让学生理解词语的多义性，通过剧本创作让学生理解语法规则等。

通过将戏剧教学和语文教学进行整合，学生能更加深入地了解文学艺术和语文知识，同时也有助于提高学生的综合素养和语文能力，培养学生的创造性思维和审美能力。

随着教育改革的不断深入，戏剧教学和语文教学的发展前景是非常广阔的。

一方面，戏剧教学可以帮助学生提高语言表达能力、思维能力、审美能力等方面的综合素质，符合当今教育培养学生多元化素质的发展趋势。另一方面，随着中国传统文化的逐渐回归，戏剧教学作为一种传统文化艺术形式，可以帮助学生更好地认识和传承中国传统文化，促进中华文化的繁荣和发展。

因此，可以预见，戏剧教学和语文教学在未来的发展中将会得到更加广泛的应用和推广，为培养学生综合素质和传承中华文化做出更大的贡献。

在戏剧课程中培养学生的核心素养

陈　昕

喜欢游戏是孩子的天性，喜欢表演是孩子的特点。在戏剧课程中，孩子的天性与特点得以自由发展，不仅如此，各方面的素养都可以得到锻炼与培养，从而实现全面发展。

一、从《将相和》到将相和

（一）从目标看，戏剧课程更有利于核心素养的培养

戏剧课目标：

1. 深入认识廉颇和蔺相如，了解人物所处的时代、二者的关系；分析人物的行动、任务及贯串线，理解人物的态度和行为方式。

2. 与同学合作，设计人物形象和道具，完成《完璧归赵》《渑池之会》《负荆请罪》等故事的表演，体现蔺相如谦逊忍让，廉颇知错就改的好品质。

3. 多角度评价自己和同伴的表演，正确看待优点和不足。

从教学目标内容来看，戏剧课更注重理解与表现，深度与广度，个体与整体的关系。教师在课程中围绕目标设计过程，开展活动，教学视野更广，教学关注点更明确，教学评价更多元，更有利于培养学生的核心素养。

（二）在实践过程中，学生的思维得到充分锻炼

学生在表演的过程中，要不断地观察理解、分析比较、归纳判断、合作展示，个体时时融入小组。在小组合作中，可以更好地学习语言，运用语言，更好地发展思维。

蔺相如捧着璧，往后退了几步，靠着柱子站定。他怒发冲冠，说："我

看您并不想交付十五座城。现在璧在我手里，您要是强逼我，我的脑袋就和璧一起撞碎在这柱子上。"说着，他举起和氏璧就要向柱子上撞。秦王怕他真的把璧撞碎了，连忙说一切都好商量，就叫人拿出地图，把允诺划归赵国的十五座城指给他看。

在上面片段的表演过程中，"捧""退""靠""举"都是非常好的表演点，它们不再仅作为动词出现，更是一个个小过程。学生在理解4个词语意思的基础上，要结合情境，结合蔺相如所处的环境，以及在"场"中的关系进行表演。表演的时候会注重形象的创造，比如通过表情、动作，运用好肢体语言展示蔺相如的内心感情，同时还要关注和其他表演的同学进行互动，还要设计好出场、进场的路线，考虑镜头感等。这诸多因素，学生都要经过设计、规划、实施，过后还要进行观察（回看表演视频）、对比、分析、反思、改进等环节，在过程中既有分工，又有合作。不仅调动了多种感官，还动用了多种能力，最终的结果是提升了思维水平。

（三）多角度评价，培养学生欣赏自己和他人的意识与能力，提升学生的团队合作意识

表演是理解文本的一种方式，注重的是过程，而非结果。在学生表演的过程中教师要运用评价机制引导学生品味课文、品味语言。在实践过程中，最容易忽视的是品味语言的环节，有的教师让学生演一演就过去，这并非表演的根本目的。

在表演前，教师不能急于分组让学生表演，而要带领学生找到人物语言，引导学生思考：他说的话是什么意思？怎样说的？怎样把他的心情表现出来呢？我们可以关注什么呢？通过这样的提问，让学生明确要表演出正确的语气，可以加适当的动作、表情等。在小组练习中，教师要重点监控学生是否关注到要关注的内容。同时，可以在小组中表扬关注好的学生。

在学生表演过程中，教师要引导观看表演的学生同样进入角色，或者以导演的视角来观看，避免学生充当旁观者的角色。在此环节中，教师要提示：谁演得最好，好在哪儿？她/他做到我们提出的几个关注点了吗？表演完，每个同学都来说一说。这样，将课文（文本）始终摆在学生的面前，根据文本进行评价，不脱离文本。评价的过程也就是品味语言的过程，进行交流的过程，在语境中应用语言的过程。这一点是非常重要的。

在表演之后，组织学生进行评价。受年龄、能力等诸多因素的影响，学生

们的评价往往是感性的，当然随着练习的尝试，他们的评价水平会日益提高，但教师的点评也是非常重要的。教师的评价要直指重点，同时要关注学生的优点，如，这位同学加了动作，把人物着急的心情表现出来了。这组同学把"议论纷纷"演得非常好。

在戏剧课程中，学生清楚地知道，每一部电影或戏剧都是团队合作的结果，如编剧、导演、演员、服装、化妆、道具、摄像、后期工作等。这正好给学生提供了多角度评价的机会。在表演前，给学生适当地安排角色，如导演、摄像、观众等，通过特定角色的设计，给学生不同的关注角度和评价角度。在表演过后，通过不同角度的评价引发学生对自己和他人以及团队的多维评价、多角度评价。

就实践来看，在戏剧课程中学生的提升是非常明显的。学生不仅更自信，而且更大方，学生的关注点变得更多、更全面，学生的思维呈现综合发展的态势，效果非常好。

二、从"小绿人"到感知生命

引导学生观察生活，从生活中挖掘表演元素是戏剧课的一个素材来源，同样也是一种非常好的实践内容。

图 1　生活中的"小绿人"标识

（一）了解相关知识，将知识转化为表演剧本，在转化的过程中培养学生的综合能力，推动核心素养的发展

"小绿人"的名字叫"皮特托先生"，1979年诞生于日本（见图1）。20世纪70年代，日本在两年内连续发生了两起较大的商场火灾。消防救援人员到达现场时，发现许多人已经到了出口边缘，却没有逃出来。经过调查发现，是因为缺少一个明确的指向。在1978年日本举办的紧急逃生出口标志设计比赛中，"小绿人"脱颖而出，后又经过不断的改良，成为我们现在看到的样子。

可爱的"小绿人"——皮特托（原创剧本）

场景一：事故现场

旁白：在我们的生活中，有无数的人在保护着我们，让我们拥有平安、幸福的生活。说到这些英雄，你会想到谁呢？爸爸妈妈、爷爷奶奶、亲人朋友、战士、警察、消防队员！说得对，还有吗？有一个"小绿人"，他在生活中无处不在，时刻提醒着每一个人注意安全。今天让我们来听听他的故事吧。

警察：同志，现在情况怎么样？

救火队员：我们正在努力灭火，伤亡惨重。而且，我们发现一个奇怪的问题。

警察：什么奇怪的问题？

救火队员：有几个人已经爬到逃生门口，甚至已经碰到逃生门了，但他们却没有推开门。

警察（认真思考的样子）：难道他们并不知道那是逃生门？！

救火队员和警察互相看了看，唉口气：真是太可惜了！唉！

记者：各位观众，这是来自失火现场的报道！救火队员已经赶到现场，正在进行搜救工作。多位警察正在查找事故发生的原因。警察同志，现场情况怎么样？

警察：经查是商场三楼一家女装店的装修工人吸烟后丢弃的烟头没有熄灭导致的火灾，我们发现商场未安装喷水灭火系统，同时人们在逃生过程中没有找到安全出口，最终导致118人丧生。真是损失惨重啊！

救火队员：我们提醒大家，一定要注意用火安全。到一个新的地方时，一定要关注安全出口和逃生通道，出现危险情况，一定要最以快的速度从安全出口离开。

（旁白话外音）：咦，这个人活着。这有一个活着的人。快来人，快来帮忙。

救火队员、警察：来了！来了！

实践证实，在剧本的转化过程中，学生在理解内容的基础上要完成多个任务，如设定场景、规划人物、设计语言、合作实践等，每个任务都需要学生运用多种能力，涉及多个思维。

（二）在小组合作中培养学生的核心素养

任何一个小戏剧都需要合作，合作无处不在，合作无时不在。学生会从多个角色中选择一个适合自己的完成表演。此时会出现多个同学选择一个角色的情况，这就需要协调。协调的过程，特别是理由的说明、标准的制定就是一个运用语言的真实情境。事实上学生的选择原因是多种多样的，最终的选择还是由人物特点决定。这也是正确的价值观的体现。诸如此类的事情很多，每个判断、选择、决定都不仅仅是一个人的意愿与决定。最终展示出来的成果不仅仅是一个小剧，更是学生探索创新、积极思考、团结协作的成果。

（三）学生的获得感超出预期，从课程内容到感知生命

就实践效果而言，课堂上的表演，课下的排练使学生收获了很多，不仅是知识上的、能力上的、思维上的，更重要的是他们更加关注生活，更加了解生命的意义，更加懂得安全的重要性。他们化身为安全宣传员，让更多的人了解安全的知识，保护自己的重要性。

三、课程反思

戏剧课程的实践使学生学习汉语言的积极性越来越高，究其原因，是课堂模式的改变、教学理念的改变。课程中，学生的自主性、灵活性、深刻性、独创性需求、能力都得到了满足、培养、提升。

但回归目标，表演不仅仅是一种阅读结果的展示，还是学习语言、应用语言的一个途径，是学生自主发展的一个平台。我们还要关注以下几点。

①表演过程中需要教师全方位地指导，表演是一个全方位的教学。

②教师引导非常重要，要充分、合理地进行评价，促使学生自主发展。

③戏剧课程要基于学生的发展，培养学生的核心素养，发展学生的思维

水平。

④ 教师发挥引导、启发的作用，学生才是主体，教师要逐步走向幕后。

经过实践尝试，我认为表演乃至戏剧课程的构建对学生的发展起着非常重要的作用，学生的喜爱度、获得感远远超出任何人的预期。戏剧课程值得我们投入更多的精力，去开发相关课程内容，去进行实践尝试，搭建学生展示的平台。

体验课本剧，学习添乐趣

果怡麦

《关于全面加强和改进新时代学校美育工作的意见》明确提出"以美育人、以美化人、以美培元"，以教育之美培育人之美。陈鹰在《儿童美育概论》中认为，儿童美育是依据儿童生理、心理的发展阶段特征，采用适当的教学策略，促进儿童审美心理结构的不断完善，培育幼儿具有感受美、欣赏美、创造美的能力。

课本剧在创编表演的过程中包含着丰富的育人内涵。形象生动的角色、精练有趣的语言、优美夸张的动作及表演都能给儿童直观的感受和丰富的情感体验。

芳草地国际学校国际部的学生来自世界各地，语言不同，文化各异。校本教材《芳草汉语》专门为这些学生编写，教材以实际运用为主旨，注重学生语言能力的培养，内容丰富。其中也包含了《龟兔赛跑》《三只小猪》等经典童话故事。

对于中文零基础的外籍小学生来说，课本剧表演是孩子们非常喜爱的教学活动。学生在表演过程中，通过背诵台词，创造性地表现各种角色的神态、表情和动作，制作各种道具，在快乐中体验表演的乐趣，同时能够促进语言的学习和运用。

一、创编剧本，激发表演热情

课本剧的编写主要从场景、人物、语言、道具和配乐等方面进行。《三只小猪》是大家耳熟能详的童话故事，故事中聪明勤劳的老三、凶狠狡猾的大灰狼形象深入人心。但是对于外籍学生来说，课文中叙述性的语言复杂难懂，怎样才能让这些学生用中文来进行表演呢？这就需要教师根据学情，编写适合学生语言水平的剧本内容，简化情节和烦琐的语言，让学生能够接受，激发表演的兴趣。

首先，剧本要清晰，场景精简不宜多。每一幕的设计要有明确的情节内容。《三只小猪》课本剧的内容主要分为三幕。第一幕是猪妈妈的家，第二幕是小猪们造房子，第三幕是大灰狼来了。每一幕都要有清晰、明确的内容推动情节发展，让学生非常清楚自己要表演什么。

其次，通过音乐、道具等尽量丰富舞台体验，给学生更好的视听感受。《三只小猪》课本剧中的每个场景都融入了丰富多彩的舞台道具、人物服饰及屏幕背景等元素，孩子们还积极自主创编各种夸张有趣的动作配合表演，舞台效果更加立体饱满。

最后，场景间的转换，可利用儿歌或音乐，顺畅而自然。音乐的选择与故事情节要呼应，同时推动故事发展。本剧使用歌曲《弯弯的月儿》作为过场音乐，表现夜幕降临，小猪忙了一天睡觉了，烘托出温馨故事氛围。最后故事以《我们不怕大灰狼》歌曲作为结尾，表现小猪们与大灰狼勇敢斗争取得胜利的美好氛围。剧中三个场景简单易懂，清晰展现故事情节，而丰富的道具、背景和音乐又能给学生美好的视觉体验，全方位感受舞台表演的魅力。

二、自主创作道具，感受人物特色

课本剧的表演可以让学生对文本、人物有更好的理解，提高语言表达能力，展现自我魅力。因此，要鼓励每个孩子都参与其中。首先，教师可以根据学生个人的性格特点，通过推荐或者自荐来确定角色。本剧主要人物是三只小猪，选择了中文比较好的三位学生，并且三个学生外形各有特色，老大胖胖的，老二瘦瘦的，老三中文表达能力最好，很符合聪明小猪形象。选择一位高大的男孩来饰演大灰狼。中文表达能力较弱的学生表演三座小房子，另外猪妈妈由中文较好的女孩表演。其次，在确定每个人的角色后，我鼓励学生自主创作服饰、头饰或者道具。孩子们兴致勃勃地动手制作，有憨态可掬的头饰，有各种各样的服饰，还有发挥想象创作出的道具。如小猪们造房子使用的工具、猪妈妈美味的早餐、三种不同材质的房子，以及打跑大灰狼时用的纸团"石头"，大家互相启发、共同创作，深入理解角色，为表演增光添彩。

三、提炼语言，提升表达能力

汉语之美，美在其音，美在其形，美在其意。对于刚刚接触中文的外籍小学生来说，最初体验到的就是汉语的韵律美。综合考虑本班实际情况，我尝试将中文经典儿歌中的句式或者孩子们耳熟能详的歌曲，以及夸张有趣的动作融入表演中，让学生边唱边演，感受汉语韵律之美。

（一）边唱边演，趣味表达

课本剧开场时，小猪进行自我介绍，我将经典英文歌曲 *Mary Had a Little Lamb* 的曲调融入台词中："我是一只小懒猪，小懒猪，小懒猪，我最爱吃大西瓜，大呀大西瓜。"让学生边唱边演，轻松记住台词。大灰狼拜访小猪时，台词改编自中文儿歌《小兔子乖乖》："小猪乖乖，把门开开，我要进来……"剧情结尾，大灰狼被小猪们打跑了，集体合唱《我们不怕大灰狼》，歌词简单易学，在孩子们快乐而自信的演唱中，整个课本剧表演画上圆满的句号。

（二）重复句式，朗朗上口

课本剧的台词不在多，在于精致有韵味。本剧的人物台词有很多重复句式，如三只小猪的自我介绍"我是……""我最爱……"；大灰狼拜访小猪时使用的固定句式"我要把你的房子吹倒""我要把你的房子撞倒"……虽然都是同样的句型进行重复，但是利于学生记忆和背诵，朗朗上口，使学生更加自信地参与表演，达到更好的表演效果。

（三）肢体动作，刻画人物

剧中的每个角色都融入了同学们自主创作的肢体动作辅助表演，如表演房子的学生，手拉手围着小猪转圈，表现热闹的盖房子景象。台词设计为"嘿呦嘿呦盖房子，嘿呦嘿呦盖房子，小猪盖了草（木／砖）房子……"台词说完后，大家举起小手，搭在小猪的头上，表示房子盖好了。再如，为了凸显大灰狼可怕的形象，学生自主创编了大灰狼上场时的叫声、走路姿势以及撞房子的动作，使人物形象更加立体。在大家共同的创作下，剧中人物的动作、神态都生动有趣、惟妙惟肖。

四、搭建舞台，展示魅力

　　经过前期剧本创编、道具制作、台词设计以及反复排练，《三只小猪》课本剧初具雏形。学校专门为学生搭建了展示的舞台。孩子们穿上美丽的服装，戴上可爱的头饰，自信从容地表演中文童话故事，在愉悦中获得了全新的审美体验。课本剧表演不但提高了学生的语言能力，更促进了他们学习语言的兴趣。

　　因为喜爱，所以热爱。相信课本剧表演活动能够在孩子的心中种下一颗美丽的种子，引导他们体验快乐，向阳生长。

用趣味活动点亮课堂教学

李佳玲

对于小学生来说，什么是学习最重要的部分呢？当然是有趣了。孩子注意力时长短，通常也只喜欢学习自己感兴趣的东西，怎样让平淡的课堂变得具有吸引力呢？这就需要教师利用自己的智慧和经验，开发有趣的课堂教学活动。

一、课堂活动的定义及分类

儿童的发展阶段特点决定了儿童的课堂有别于成人课堂。如何通过课堂活动设计实现科学用脑、友善用脑，是教师需要关注的重点。本文所提到的课堂活动主要指国际学校中文教学的课堂活动，文中涉及的具体案例和操作方法，主要针对零起点的中文学习者，即学生不具备中文听、说、读、写的技能。

芳草地国际学校国际部大部分学生的母语不是中文，因此，我们从中文作为第二语言教学的研究成果中获得启发。姜丽萍（2011）将课堂活动定义为"教师在课堂上指导学生积极参与的学习活动，是将客观的学习内容转化为主体的运用能力和素养的中介与载体"。王巍（2012）认为对外中文教学中，常规教学环节和单纯的游戏如导入、讲解、问答等不属于课堂活动，课堂活动主要包括语言游戏活动（如击鼓传花）和任务式中文语言实践活动（如制作中文海报）。这些定义主要从活动的有效性进行考虑，即是否有明确的教学目标，是否能帮助学生更多地掌握知识或提升技能。

有效性当然是我们定义和研究课堂活动的重中之重。但近年来关于游戏教学的研究及心理学成果也使我们能从不同角度去看待问题。

尚俊杰、肖海明（2014）在国际教育游戏实证研究中得出结论：尽管教育电子游戏对提升学习效果的验证性研究仍然是焦点，但其对学习者高阶思维能力、情感、态度、价值观的培养都有显著的积极效果。他们也指出"结构化评价方法相较于书面测试提高了学习效果的全面性"。对于游戏教学效果的验证，也应该考虑更为全面的评价方式。

Lawrence J.Cohen（2016）从心理学角度阐述了游戏的功能，他认为游戏是儿童的语言，游戏不但能帮助孩子建立与成人的情感联结，也是儿童及青少年依附感的来源，能帮助孩子建立自信，获得快乐，并从中学习规则。

综上所述，笔者认为，帮助学生学习中文知识、习得中文技能，不光需要从活动的有效性层面进行考虑，也需要考虑学生的情感、态度和价值观。对于那些能够促进学习者动机、更好地建立学习者与教师、与中文课堂的情感联系的活动，即使不涉及具体的语言知识技能或教学目标也应该划为课堂活动的范畴。因此，本文将国际学校中文教学的课堂活动定义为：教师在课堂中开展的一系列有组织有目的的活动，包括常规教学活动、游戏活动、语言实践任务等。这些活动应该具备以下功能：能够帮助学生习得语言知识、技能，或能够促进学生的学习动机、加强与中文课堂及中文教师建立更好的情感联结，或有助于组织课堂秩序、调节课堂氛围及学生情绪。

因此，本文将课堂活动分为两大类：第一类是非知识技能类的活动，包括123木头人、破冰游戏、分组游戏等；第二类是知识技能类的活动，包括常规教学活动（听力训练、朗读、替换练习、对话练习、听写等）、语言游戏（萝卜蹲、卡片游戏、击鼓传花等）、语言实践活动（制作主题画报、撰写旅行日志、角色扮演等）、语言类视频游戏、项目式学习活动等（见图1）。

课堂活动的分类

- 非知识技能类活动
  - 123 木头人
  - 破冰游戏
  - 分组游戏
  - ……

- 知识技能类活动
  - 常规教学活动
    - 听力训练
    - 朗读
    - 替换练习
    - 对话练习
    - 拓展阅读
    - ……
  - 语言类视频游戏
  - 语言游戏
    - 卡片游戏
    - 击鼓传花
    - 萝卜蹲
    - ……
  - 语言实践活动
    - 制作汉语主题画报
    - 撰写旅行日志
    - 角色扮演
    - 情景对话
    - ……
  - 项目式学习活动
    - 课本剧 / 戏剧化教学活动
    - 主题式教学活动
  - 其他活动

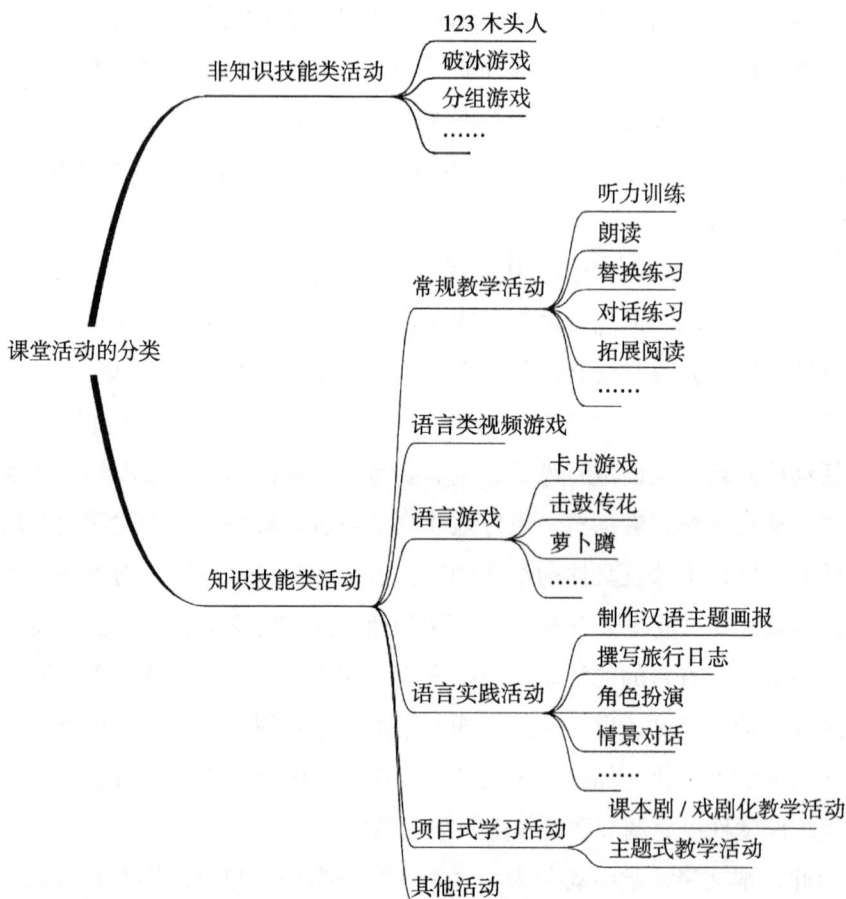

图 1 课堂活动的分类

二、课堂活动设计的原则

课堂活动设计应该遵循一定的原则。一是有目的性，如为了调节沉闷的课堂气氛，缓解学生学习的疲劳，或者让失去秩序的课堂恢复秩序，或为了具体的教学目标而设计活动。二是遵循学生的年龄、已有的语言水平等，做到因材施教。三是课堂活动的设计要多元化。根据加德纳的多元智能理论，学生可能适应或偏好的学习方式并不相同，在设计教学活动时应该兼顾视觉、听觉、动觉等多元感官的启发。四是趣味性，有趣的课堂活动可以吸引学生主动积极地参与课堂。五是难度适当，根据最近发展区理论，过于简单的任务对于学生而言没有挑战与吸引力；太难的活动可能导致学生因无法完成而感到沮丧继而失去学习的信心，因此要开发难度恰当的课堂活动。六是可操作性，这里包括两个方面的内容，一方面教师需要设计合理的讲解语言，简洁可懂，另一方面，若很难讲解如何操作，教师应当设计好示范环节。

三、课堂活动设计举例

本文将整理、归纳多个具体的课堂活动设计案例。这些课堂活动都是对零起点中文学习者适用的。我将从活动目的、应用场景、活动步骤等方面逐一描述。这些课堂活动不但涉及组织课堂、调节气氛的目标，也包含单项语言技能的训练，如拼读、认读、综合语文素养的训练。

（一）非知识技能类的活动

1.123 木头人

活动目的：维护课堂秩序。

适用场景：当课堂秩序过于活跃或学生不能专注学习时，也可用于教学环节之间的过渡。

活动流程：教师发出指令"123 木头人"，学习者停止说话、动作并保持一段时间，违规的学习者被淘汰并需要立即回到座位坐好。可以根据具体情况进行 2—4 轮游戏，胜出者可以得到口头荣誉称号如"超人"等。

2. 小鸡做操

活动目的：调节沉闷的课堂气氛，缓解学生长时间的读写疲劳，或刺激学生较低的参与欲望，使之恢复活力，主动参与课堂。

适用场景：课堂开始 20 分钟后或更长时间，或学生情绪较低落、整体课堂氛围沉闷时，也可用于教学环节间的过渡。

活动流程：教师播放卡通动画小鸡做操（见图 2），学生起立，并跟着一起坐。在实际操作中，低段学生尤其容易被可爱的小鸡吸引一起舒展身体，并达到重新融入课堂的目的。

图 2 小鸡做操视频截图

3. 分组游戏

活动目的：吸引学生主动参与小组活动。

适用场景：需要进行分组活动或训练时。

活动流程：打破常规的分组方式（如分一、二、三、四组），以更加活泼、有趣的方式分组。例如以衣服颜色、头发长短、家庭成员的数量来分组，也可以教师给定一组卡通形象，学生根据喜好来选择，教师根据学生的选择结果来分组。

以上试举几例说明非知识技能类的课堂活动是什么、怎样开展。在实际教学中，教师还应该控制这些活动的时间，为主要的教学活动留下充足时间。尽管这些活动不涉及或较少涉及语言知识，但实践证明，对于维护课堂秩序、调节课堂氛围、促进学生学习动机，甚至对学生的学习态度、情感都有积极影响。

此外，我们也可以借助这些活动的框架及其中蕴含的师生创造力、想象力来改造我们的常规教学活动。

（二）知识技能类课堂活动

这类课堂活动是针对明确具体的教学目标而设计的，是用时最多的课堂活动。教师需要根据自己的教学目标精心设计。一个课时内可能有多个教学目标，但一个教学活动不可能完成所有目标，因此教师需要将不同的活动合理安排，有机结合，以达到最佳的教学效果。

1. 常规课堂活动游戏化

听力训练、拼读、认读、听写等常规课堂不可或缺，但因为其趣味性低，形式单一，又具有一定的难度，学生往往很难长时间积极主动参与。教师可以利用非知识技能类的课堂活动来对这些常规活动进行改造，以下试举两例。

（1）词语超人。

活动目的：让学生积极主动读词语。

适用场景：齐读、带读、指名读。

活动流程：教师可准备一个哈利·波特魔法棒、超人披风、功夫熊猫头饰等道具，指定一名学生上台带读。因为道具赋予了学生特殊的身份，所有学生都希望能够成为词语超人。教师可以根据学生读词语的准确程度、积极程度来挑选"超人"。

（2）听写超人。

活动目的：让听写变得更有趣。

适用场景：听写词语或句子。

活动流程：教师可用上一个游戏的道具，在听写时，改变教师读词语或句子的规则，而指定某一学生来充当超人或教师角色。这名学生可以是上一次听写正确率最高的同学，也可以根据实际情况设定其他规则，但需要确保该生能使用较为标准的语音进行朗读，如有错误，教师需要及时纠错或范读。

2. 语言游戏

（1）拼音名牌游戏。

活动目的：练习拼读。

适用场景：破冰，分组，指名。

活动流程：课前教师准备好印有学生姓名的拼音名牌，课中根据需要，由教师或学生抽签，指名或齐读拼音姓名。

（2）卡片游戏——找朋友。

活动目的：巩固、检验拼读、认读，帮助进行词语搭配或理解课文内容等。

适用场景：课堂进行15—20分钟后，学生有一定的知识储备和学习准备。

活动流程：A.学生分别拿到声母韵母卡片，根据教师说出的音节，进行声母韵母配对。B.学生分别拿汉字和音节卡片配对。C.学生分别拿不同的汉字，根据图片提示或课文内容进行配对。

注意事项：学生可以将卡片贴在胸前，也可以贴在黑板上；配对后要有展示和小组齐读环节。

在《荷叶圆圆》的家长开放课中，老师运用卡片游戏帮助孩子理解课文的重点句子。

①小水珠说："荷叶是我的摇篮。"

②小蜻蜓说："荷叶是我的停机坪。"

③小青蛙说："荷叶是我的歌台。"

④小鱼儿说："荷叶是我的凉伞。"

将画线词语制作成彩色纸卡，学生、家长抢读并获得纸卡贴在胸前。教师提问："荷叶是你的什么？请你找一找你的朋友。"学生、家长根据课文内容两两配对。由于人数较多，一个词语可以印制多张卡片。如果人数为单数，教师也可以参与活动（见图3）。

图3 统编教材《荷叶圆圆》开放课课堂实录

（4）萝卜蹲。

活动目的：训练听力、认读。

适用场景：词语教学或复习环节

活动流程：一组学生5—7名，学生抽取词语卡片贴到胸前，教师说："××蹲，××蹲"，相应词语的同学要蹲下并大声跟读词语，教师继续说"××蹲完××蹲"。没有及时蹲下并跟读的学生被淘汰，最后可以保留2—3名获胜者给予口头奖励或贴纸奖励。

3.语言实践活动

（1）角色扮演。

活动目的：训练朗读，多种方法识词，巩固词语，理解文意。

适用场景：词语教学环节，朗读环节，巩固检验环节。

活动流程：① 课前需要准备一定的道具，如绘制头饰、准备服装。② 学生自愿选择喜欢的角色进行扮演，并按要求读词句，最好做出相应的动作、表情等。

图 4 是在教学《荷叶圆圆》一课时的读课文环节，学生佩戴头饰扮演相应的小动物，并读出课文中的语句。

图 4　《荷叶圆圆》角色扮演活动

（2）TPR 全身反应法读儿歌。

活动目的：帮助学生理解儿歌内容，促进学生积极参与朗读活动。

适用场景：读儿歌、读古诗、读韵文等。

活动流程：① 在学生语言基础较弱的情况下，教师主导设计动作，学生跟着做，边做动作边朗读。② 学生语言水平提高后，可以共同设计动作，边做动作边朗读。

校本教材《芳草中文》中有大量儿歌，笔者通过主导设计、与学生共同设计动作的方法，帮助学生快速理解儿歌内容。如《小金鱼》和《小蝌蚪》文本如下。

小金鱼，没有腿。　　　　小蝌蚪，在长大。

摇摇头，摆摆尾。　　　　伸伸腿，乐哈哈。

一串泡泡吐出嘴。　　　　呱呱呱，变成一只小青蛙。

根据文本内容我们设计了完整的动作，并让学生进行展示。

图 5　读儿歌《小青蛙》

四、小结

本篇是笔者对零起点学生进行中文教学的课堂活动研究，包括定义、分类、设计原则及设计举例。这些例子是过去教学中的实例，遵循儿童发展规律，尽量做到丰富翔实，有代表性。但由于篇幅限制和经验，无法做到全面罗列和陈述。游戏化的课堂活动如何在情感、态度、价值观等方面影响学习者，如何对学习者的学习效果进行多元化评价，值得教师进一步研究，以期能够客观、全面地对多元课堂活动的效果进行反馈。

试论课本剧表演在小学语文教学中的优势

张 燕

　　小学语文的内容丰富多彩，课堂组织的活动也应该是多元化的、有趣味性的，所以，小学语文教学就不能仅局限于语言能力的教学，更应该包括对人文素养、情感能力、审美情趣、良好个性的培养以及健全人格的塑造。教学中应以学生为主体，引导小学生创新思维，勇于展示自己，鼓励学生个性化发展，鼓励学生勇于参与到表演的学习活动中来。

一、有利于激发和培养学生学习语文的兴趣

（一）遵循天性，带着孩子走上创造之路

　　求知是孩子的天性，好表现是孩子的需要，爱动是孩子的特点。课本剧的编演过程是一种思维碰撞和心灵交流的动态过程，教师在编剧、导演、演出等过程中引导学生去主动创造，启发他们在读中找戏，激发阅读兴趣，发展其形象思维及合理想象，将静态的符号语言转化为动态的情境语言，让学生以最大的热忱投入表演，是教学过程优化的关键所在。

（二）趣味性引导，培养孩子健康心理

　　轻松、愉快、乐观的良好情绪，不但能使人产生超强记忆力，而且能活跃创造性思维，充分发挥心理潜力。教育家巴班斯基认为："趣味性应该是课堂上掌握所学材料的认识活动的积极化。"就是说，学生在戏中不仅要寻觅情趣，还要获得意趣；不但要注意积累，更要注重开拓，变封闭为开放，将探索某种事物或活动的心理倾向，积极转化为获取信息，有意识收集信息、有主见处理信息的能力。

课本剧表演为学生提供了自由发挥的实践空间。小学生好动，好奇心强，爱好游戏，喜欢参与，不喜欢传统的"你教我学"式的机械教学方式。课本剧适应了小学生的年龄特点，为他们提供了一个表演的舞台，使同学们在参与表演、游戏的过程中自觉地产生了学习语文的积极性。

二、有利于促进新课程标准在日常教学中的落实

2022年版《义务教育语文课程标准》指出："义务教育语文课程实施从学生语文生活实际出发，创设丰富多样的学习情境，设计富有挑战性的学习任务，激发学生的好奇心、想象力、求知欲，促进学生自主、合作、探究学习""引导学生注重积累，勤于思考，乐于实践，勇于探索，养成良好的学习习惯""关注个体差异和不同的学习需求，鼓励自主阅读、自由表达"。课本剧实际上就是立体的直观教学，具有戏剧强烈的愉悦性、观赏性及形象性，它能有效地激发学生的学习兴趣。它可以根据课文性质的不同编成小品、相声、戏剧等，内容丰富，形式活泼。它可以是整篇课文进行演编，也可以是课文的部分内容进行改编；可以是形、声、色等俱全的综合表演，也可以根据课文内容，只做动作表演、神态表演或声音表演等的专项表演。

把课本剧引入语文课堂中，可以活化教学模式，使课堂教学充满活力和魅力。如《陶罐与铁罐》一课的对话较多，我在教学时采用了相声形式表演。《从现在开始》一课趣味性浓，有故事情节，我采用了童话剧表演。《晏子使楚》一课故事情节跌宕起伏，人物鲜明，我通过独白、表演、描绘、使用道具等手段，把学生带入"真实"的场景中，让他们感受体验，在活动中引导学生对课文内容的理解和记忆。孩子们在戏中觅趣，在趣中显智，从而加强对课文内容的理解，加深对语文学习的认识和参与热情。

三、有利于学生语文综合运用能力的提高

（一）提高学生对课文、词语的理解能力

针对小学生活泼好动、模仿能力强的特点，在讲读课文时，我经常让学生充分"动"起来，模仿文中人物的神态、动作，以加深对重点字词的准确把握。在教学《我不是最弱小的》一课时，我让学生读书后质疑，有的孩子问：

"什么是'簇拥'？"我问："有人能解释吗？"孩子们面面相觑。于是，我请同学们读了读描写铃兰花簇拥蔷薇花的句子，然后我两手放在腮两边比作花样，说："现在我就是那朵娇嫩的'蔷薇花'，谁可以做'铃兰花'来簇拥我？"接着我又提示道："看看'拥'这个字对你有什么启示，请你做着动作来。"话音刚落，有个小姑娘张着两个手臂走过来围在我身旁，我急忙说："对呀，一朵'铃兰花'还不能把我'簇拥'，我们需要更多的'铃兰花'。"受到启发的孩子们纷纷张着双臂围拢过来，"这就是'簇拥'大家懂了吗？"孩子们笑了。

在接下来的学习中，有的孩子提出不理解"随风舞动"，有的孩子提出要演给他看，还提出要合作，于是，一个孩子演"风"，一个孩子演"花"，俩人一个吹，一个"随风舞动"，问题迎刃而解。在以后的学习中，孩子们很喜欢用表演来表达自己的理解。

（二）培养学生的语感，提高朗读能力

朗读课文时，语气的掌握是很重要的，但对低年级学生讲解陈述句、疑问句、反问句、感叹句是比较抽象的，往往得通过老师示范和学生自己反复朗读体会出句子的不同语气。在《要下雨了》这一课中，有以下几个句子："你为什么飞得这么低呀？""我正忙着捉虫子呢！""是要下雨了吗？""今天怎么有空出来呀？""我正忙着搬东西呢！"文中多次出现了语气词"呀""呢""吗"，在讲读课文时，我先指导学生分角色朗读，重点示范以上句子的不同语气。为了调动学生的学习积极性、巩固学习效果，进一步让学生分角色表演。学生感情丰富，表演得有声有色，对话时不但语气读得好，而且表情也恰到好处，取得了很好的教学效果。教学中如果经常开展这样的口语训练，不仅可以培养学生大方表达、语言流畅的言行习惯，还可以很好地提高学生的朗读能力，增强语感。

（三）提高学生的想象力和创造力

作为教师，在完成课堂教学语文知识、能力传授的同时，要引导学生正确把握课文的内容，训练学生的想象力、创造力，进而把语文知识向课外拓展延伸。

有些课文的结尾很含蓄，这给我们创造了"补白"的机会。通过改编文本、续编结尾、内化思维，把握文本主题、故事情节、人物之间的各种矛盾冲突，教师要有意识地向学生提供课本剧的范本，在学习借鉴中转化为自己的写作能力，有所创新。总之，课本剧表演可以一个或几个人表演，也可以全班参与。课本剧的编演过程是一个充满了新奇、智慧、刺激、挑战的创造之旅，需要学生积极主动地创造，展开想象和联想，对课文内容进行再现和加工。比如在学习表演完《坐井观天》后，孩子们又续编了另一个版本。青蛙听了小鸟的话跳出了井口，看到了真实的天空，感慨道："小鸟说得对呀！我不能再做那只'井底之蛙'了！"它还交到了许多新朋友。

在表演时，老师既可做导演，又可做演员，学生们分成小组，自己分配角色，活动形式灵活多样。此外，还可以给主要人物在语言、动作、神态、心理活动上，进行艺术的再加工，发挥学生丰富的想象力、创新能力，给学生插上艺术想象的翅膀，进而使课本剧情趣合一，吸引学生运用所学语文知识，发挥想象，与生活实际相结合。例如，我在二年级的一次家长开放课时，尝试让孩子们分组展示课本剧表演的内容，在《从现在开始》的表演中，扮演"狮子大王"的同学一登场就为自己加上了这样的台词："我是人见人爱、花见花开的'狮子大王'！"自创的台词、自编的动作姿势引来了家长的欢笑与掌声。可见，孩子的想象力与创造力是极强的，表现欲也是极强的。

（四）课本剧表演，有利于提高学生的艺术品位和审美水平

课本剧表演是语文教学中的一种艺术熏陶教育，它能帮助学生进行艺术感知、科学思考。课本剧以其生动的艺术表演形式陶冶学生的情操，感悟真善美，抨击假恶丑。经过艺术熏陶的学生，品味艺术生活，具备更高的精神境界，不断开阔胸怀、拓宽视野，以丰富他们的生活经验和人文修养，更富有活力和魅力价值人格，更具有进取精神，这也是课本剧在语文教学实践中的魅力价值所在。

我们不仅带领孩子们编演课本剧，还开展课本剧的观赏活动。在欣赏表演的过程中，学生沉醉在剧中人物的人格魅力之美、语言之美、道具服装之美、场景之美、人文思想之美，这些无不影响和提升学生的审美水平，进而认识美、鉴赏美，丰富情感生活。随着课本剧表演研讨的步步深入，学生在直觉美、发现美、赏析美的能力上会大幅度地提高。对于常参加课本剧表演的学生而言，他们会自觉地去阅读文本，感悟文本中美的素材，欣赏美、挖掘美，通过表演的形式，受到美的熏陶。在观赏课本剧演出中，学生耳濡目染，自然而然就会喜欢上课本剧、戏剧了，更能够提升学生的文化底蕴和审美水平，这也是课本剧最大的魅力之所在，也是语文教学的美丽所在。

　　小学语文教师要能够认识到课本剧表演在教学中的优势和特点，并积极创新教学活动展开的形式，鼓励小学生积极参与到阅读活动的表演中来，激发小学生的学习兴趣，引导学生以表演的形式展示对阅读内容的理解。以此提高学生的阅读理解能力和情感表达能力，提高学生的语文核心素养。

诵读经典　提升核心素养

——语文学科经典诵读课程的开发与实施

李　婕

《义务教育语文课程标准（2022年版）》（以下简称《语文新课标》）中提出，"义务教育语文课程培养的核心素养，是学生在积极的语文实践活动中积累、建构并在真实的语言运用情景中表现出来的，是文化自信和语言运用、思维能力、审美创造的综合体现"，如何核实？仅依靠统编版教材呈现的经典作品是远远不够的。在学习《语文新课标》的过程中，聚焦"围绕创造性转化和创新性发展要求，确定中华优秀传统文化内容主题"，力争通过诵读经典课程，助力学生核心素养的培养。在多次教研的基础上，开发了主要以"中华优秀传统文化、革命文化、社会主义先进文化"为主题的"诵读经典"拓展课程，提高了学生的文化自信，培养了语言运用能力、思维能力、审美创造能力。

一、构建原则

（一）思想性原则

经典诵读课程中的所有经典阅读篇目的选择，遵循《语文新课标》提出的"通过语文学习，热爱国家通用语言文字，热爱中华文化，继承和弘扬中华优秀传统文化、革命文化、社会主义先进文化，关注和参与当代文化生活，初步了解和借鉴人类文明优秀成果，具有比较开阔的文化视野和一定的文化底蕴"。力争使学生在诵读经典时，培养坚实的文化自信。

（二）因材施教原则

考虑到儿童身心发展特点，所选编的古文篇目皆是篇幅短小、含义浅显、内容简单、富有情趣，适合儿童阅读与学习的文言文。在编排课程时，考虑学生的年龄、认知特点，低年级以"趣"为先，编入朗朗上口的《三字经》《笠翁对韵》《绕口令》等篇目；中年级逐步拓宽学生视野，补充了教材中相关的篇目；高年级则以《论语》《现代诗篇》等思想内涵和文化价值有一定深度的经典作品为主，丰富学生的内心世界，同时也为初中语文学习打下基础。

（三）整合原则

一是人力资源的整合，晨读的负责教师不再只是本班语文教师，还可以是班主任、本年级的语文教师、诵读"小达人"。依据不同的诵读目标，选派不同的人员进行培训。二是学习方式整合，根据年级学生特点，设计适合学生发展的诵读方式，不仅有各个班级对读、比读、领读、齐读等方式，也有年级诵读大课，激发学生兴趣的同时，注重培养他们的分享与交流能力。

二、课程目标

经典诵读课程指向核心素养，体现语文课程性质，反映课程理念，确立课程目标：在诵读中，培养学生爱国主义、集体主义情怀、提高思想道德修养，逐步形成正确的世界观、人生观、价值观；热爱国家通用语言文字，感受语言文字及作品的独特价值，认识中华文化的丰厚博大，汲取智慧，弘扬社会主义先进文化、革命文化、中华优秀传统文化，建立文化自信；感受多国、多样文化，吸收人类优秀文化的精华；能借助工具书阅读浅易文言文，积极进行诵读。

三、课程内容

结合学生阅读能力，以独特的视角和方式创编教材、确定内容（见表1），设计方案，指导学生积极阅读经典诗歌、古文，从小感受中华语言文化的魅力，培养文言文阅读兴趣和能力。每次教研活动都有主题，围绕古文阅读理解，进行"1+N"式创编课堂教学目标制定、内容选择、教学策略和评价实践，拓展学生写作视野，提升学生言简意赅地对问题展开研讨的能力，促进学生思维品质、审美鉴赏能力、表达能力。

表1　诵读经典课程内容及编写意图

学段	诵读内容	编写意图
第一学段	《弟子规（节选）》 《笠翁对韵》 《绕口令》 《中外现代儿童诗歌》 《中外经典现代儿童散文》	低年级段诵读内容以篇幅短小的经典古文为主，穿插趣味性较强的内容，激发学生的诵读兴趣
第二学段	《声律启蒙》 有关四季的诗词 现代诗歌精选、毛泽东诗词 文学名著片段	中年级段诵读内容结合教材相关推荐融入了现代诗歌精选、文学名篇，逐步拓宽学生阅读视野，弘扬社会主义先进文化、革命文化、中华优秀传统文化，初步建立文化自信
第三学段	《论语》 《孟子》 《诗经》 现代诗歌精选	高年级段选择内容的思想内涵和文化价值都有一定的深度，学生可以在诵读的基础上，结合自己的经验，理解、欣赏和初步评价经典文学作品，丰富自己的情感体验和精神世界

四、课程实施

（一）课程时间

在课程实施时间上，以长课、短课的形式进行。在保障语文课教学时间的基础上，利用早晨进校、课后辅导时间开设20分钟的诵读短课，一周保证不少于四次，且一周内至少保证一次40分钟的经典诵读长课。

（1）晨诵时间，每周保证两次早上诵读（8：00—8：20）20分钟。

（2）暮读时间，每周保证两次下午诵读（15：30—15：50）20分钟。

（3）在每周一节的语文综合实践课进行经典诵读。

（二）课程教研

各学段诵读内容不同，诵读的标准、要求不一，所以各学段语文教师在指导前、诵读后都要开展专题教研。教研的内容主要以诵读技巧、指导要点、评价方式为主，保障经典诵读课程的实施质量。

（三）实施策略

1. 多种形式诵读，以趣为先

所选的经典诗、文大都具有音韵美和节奏美，特别适合朗读。在诵读中注意通过声调、节奏等体味作品的内容和情感。因此，诵读课程应以诵读教学为主要途径。而诵读的形式可结合学生的实际诵读水平和作品文体特点灵活选择，如对读、比读、合作读、表演读等形式，激发学生主动诵读的热情。

2. 多种策略引读，以读为本

在诵读指导中，教师可结合作品特点和学生实际，采用不同的方式进行引读，在反复诵读的基础上，创设情境，可以采用如下方法。

（1）"读咏结合式"教学，做到读、诵、唱三结合。

（2）"读演结合式"教学，在表演中培养阅读的兴趣。

（3）"读问探究式"教学，在研究发现中感知文学的魅力。

（4）"读赏想象式"教学，在读中赏析，想象画面与意境。

（5）"读写促进式"教学，在读后进行仿写、续编、创编等。

3. 注重评价指导，以评促读

根据诵读的内容明确诵读要求，低年级需要教师具体指导，而随着诵读作品的丰富、语感的提升，高年级学生可以在初读感知的基础上，先谈一谈诵读的标准、注意事项，而后教师再点拨难点。低年级评价侧重"大声、大胆、大方"，只要求敢读、大声，读正确、读流利，中高年级逐步发展到"读出节奏美、读出音韵美、读出意境美"，在生生评价、师生评价中不断提升。注重激励性评价机制的研究，形成学校、家庭、社会的评价综合体。

五、课程评价

以营造良好的课程环境为目标，在课程评价中，以激励为主要的评价方式，结合各学段特点，在各班评价标准相对统一的基础上，可结合班级特点、学生喜好，确定评价方式。如低年级段可采用争"诵读星"的方式，中高年级段可争当"诵读达人"。且在年段评选的基础上，学校会召开诵读大会，为学生创建展示交流的课程环境，激励学生的同时，促进课程的可持续发展。

（一）自评与互评相结合

各年级结合年段诵读目标制定评价表，以自评互评相结合的方式开展评价，如中年级主要以"语音、语速、仪态"为评价项目，并设定五星等级（见表2）。自我评价主要是学生对自己诵读的一个主观评价；学生之间的互相评价主要是同桌之间依据评价标准打分或奖励星星。自评和互评的结合能够促进学生更加客观地了解自己的诵读水平，在展示的同时不断提升自己的表达能力。

表2　中年级"诵读经典　传承文化"评价

项目及标准	五颗星（★★★★★）	三颗星（★★★）	一颗星（★）	评价	
				自评	互评
语音	无错音，声音洪亮	有错音1—2处	错音较多	（　）颗★	（　）颗★
语速	语速适中，停顿正确	语速不稳	停顿有误	（　）颗★	（　）颗★
仪态	自信、大方、站姿端正	站姿端正	站姿不佳	（　）颗★	（　）颗★

（二）过程性评价与阶段性评价相结合

过程性评价主要指每节课中的自评、互评及师评；阶段性评价主要指在年级、学校开展综合展示性诵读活动时基于个人、集体的评价。评价指向对学习成效的评估、激励，也是对学生团队协作能力的一个很好锻炼。因此，这既是对课程实施的一种评价，同时起到反馈、激励作用，以保证课程的有效、持续开展。

只有重视诵读课程的开发和实施，不断提升师生的文学素养，激发学生的文化自信，才能使学生感受语言文字中蕴含的中华优秀传统文化，促进学生语文学科核心素养的提升。经典诵读课程的开发和实施，不仅促进了学生素养的提升，也促进了学校教师队伍的专业发展，形成了精益求精、团结协作的教研文化，提升了教师队伍的精神面貌。

激发"说"的愿望 提升学生自信

高 静

口语交际是人们交流思想、传播信息、表达情感的重要形式。口语交际能力是一种综合能力，它涉及知识、思维、性格、人文精神等多方面，是智慧的反映。因此，加强口语交际能力的训练和培养是小学语文教学的重要任务，是提高小学生语文素养的重要组成部分。小学是一个人发展语言的黄金时期，尽快让孩子的嘴巴活动起来，敢于发表自己的意见，培养口头表达能力，是我们教师刻不容缓的任务。

叶圣陶先生曾指出，语文就是语言，"语"指口头语，"文"指书面语，学语文就是学口头语和书面语，提高口头语交际和书面表达能力。"文本于语"，口头语又是书面语的基础，因此口语交际能力的培养直接影响学生的语文学习效果。

一、消极表达的成因

我们经常会发现有不少学生在课堂上"金口难开"，有的是因为老师过于严厉不敢发言，有的是因为怕答不好会被同学笑话，有的是因为准备不充分无话可说，还有的是对话题或说话缺乏兴趣而甘于"默默无闻"，这些都是消极的表现。学生的这些表现也是困扰我们老师的地方。

经过思考和查阅相关书籍及收集网络资料，我找到造成学生发言消极的原因可能有以下几点。

第一，因害怕出错而不敢发言。对于那些胆子比较小、缺乏自信的孩子来说，他们害怕自己回答错误招来同学的异样眼光等而不敢举手发言。

第二，对某一知识点确实没有熟练掌握。有些孩子在课上听讲时，并没有完全理解知识点，从而不敢回答问题。

第三，因缺少发言机会而失去积极性。在课堂上，老师总是关注积极发言的学生，忽略了胆子小、举手慢的孩子，这些孩子逐渐失去了发言的积极性。

第四，老师提问的内容或方式不妥。老师提出的核心问题不准确，学生无法理解，从而无法回答。

第五，老师的评价不恰当、不及时。老师的评价要有针对性，不可泛泛，泛泛的评价没有指导性。

长此下去，必会阻碍学生口头语言表达能力的发展。老师应该在课堂教学方式上突破、创新，创设平等、民主、和谐的氛围，鼓励广大学生大胆交流。这是学生进行口语交际的前提。

二、改变课堂促发言

在实践中，我发现在课堂上积极发言对学生的学习有着很大的帮助。这样可以使学生注意力集中、听课效果提高、加深对内容的理解，提高学生的思维和语言表达能力等。课堂发言表面是说，实际上是听、说、思维、表达等多方面的集中反映。因此，针对二年级学生的认知特点和心理特点，我做了以下尝试。

（一）重建课堂，调动激情

1. 改变角色，心心相印

口语交际是面对面地进行交谈。在口语交际的过程中，我们可以尝试扮演学生的朋友或家人，使他们可以毫无顾忌地与我们交谈，发挥最好的水平。比如教学《小柳树和小枣树》时，我就会选择扮演心理比较丑陋的小柳树，让学生充当小枣树，和学生一起表演，拉近和学生的心理距离，这样与他们沟通起来就更顺畅。

2. 创设情境，调动热情

宋朝人张载说："学至于乐，则自不已，故进也。"由此可见，教学的关键在于激发学生兴趣。激发学生兴趣的关键在于要创设一个良好的教学氛围，如讨论对话、参观访问、课堂表演等，使内容和形式达到有机统一。实践证明，采用情景化、活动化的教学方式会收获意想不到的效果。比如教学《坐井观天》时，我创设情境游戏化活动，让学生联系生活体验说一说小青蛙和小鸟看到的天有什么不一样，然后观察课文插图想一想他们有什么不同，最后创设动手实践，将语文书卷成筒状看一看天花板。这些有趣的情境和游戏化的动手操作，层层深入地培养了学生观察、思维、想象的能力，注重让学生在活动中理解与积累，读懂了寓意，同时学生们积极踊跃地表达自己的想法，课堂气氛十分活跃。

3. 问题精准，方向明了

在学生默读课文或细读语句前，教师常常会提出要求或问题。在教学时，我改变方式，让学生质疑，鼓励学生进行小组合作，学生们积极讨论，效果显著。

4. 精心安排，创造机会

在课堂上，可以根据教材的需要，调整学生的座位。有时根据上课需要，把教室布置成不同的场地，让学生参与游戏或扮演角色，学生放松下来更愿意与老师交流。

5. 争分夺秒，见缝插针

课间十分钟，我常常坐在孩子们中间，听他们讲有意思的事情。比如"我昨天和××一起写作业""我的好朋友是××""我最喜欢吃的水果是××""我最喜欢的运动是××"等。在交流中因材施教。如面对语言基础不扎实的同学，可以在知识掌握的基础上多加强指导。面对性格内向的同学，带动他们多与他人交往，克服自卑、羞怯的心理，创造条件多让他们表现，增强他们的自信心……

（二）营造环境，促进表达

英国科学家洛克说："儿童学习任何事情，最合适的时机是当他们兴致高的时候。"低年级学生对于形式新颖、生动活泼的教学形式总会产生浓厚的兴趣。因此，我在课堂上力求做到结合教材，根据学生的实际，营造不同的环境，调动学生交际的积极性。

1. 宽松环境为"说"助力

生活是口语交际训练的广阔天地，是口语交际的源头、活水。新带班一年级时，我主动跟孩子们介绍"我叫×××，是你们的老师，也是你们的大朋友。我喜欢看书、唱歌、画画，但我最喜欢的还是和小朋友在一起。谁愿意做我的好朋友呢？"孩子们的眼睛亮亮的，扬起小手，嘴里"嗯嗯"地抢着要发言。我发现一个小男孩有些羞涩，于是走向他并握住他的手说："你好，请问你叫什么名字？我可以和你做朋友吗？"在我的引导下，旁边的小孩子也跟他热络起来。孩子们彼此敞开心扉，大胆表达，好不热闹。

2. 自己当家做主人

在有些课堂上，老师可以试着全程退出舞台，采用独自练说、同桌帮忙、小组讨论表演、全班交流等形式，使师生之间、生生之间都能进行交际。如教学《落叶》，让学生组合成不同的小组，如小虫组、蚂蚁组、小鱼组、燕子组，进行讨论。然后上台汇报表演，其他组当小评委进行点评，最后评出"最佳表演组""最佳小评委"。这样的形式，把课堂还给学生，老师只是一个听众或观众，而且每个学生都有交际、表演的机会，学生是在轻松、自由的氛围中互动的，乐趣无穷。

3. 评价创新有包容

在对学生的学习情况进行评价时，教师不要简单、泛泛地进行评价，尤其对回答错误的学生要包容，同样给予恰当的正面评价，积极引导，循循善诱，保护孩子的求知欲。如此，孩子们才会愿意发言、敢于发言、乐于发言。

三、提出目标，点明方法，使学生善于说

在学生敢说、乐说的基础上，老师应该对学生提出交际的目标，并且教给学生一定的方法，如此才能有目的地进行训练，使学生掌握正确的交际方法，善于交际。

规范口头语言。低年级的学生词汇不多，而且语言组织能力比较差，经常说话不完整。老师应该注意倾听，随时规范学生的口头语言。老师由"扶"到"放"，循序渐进，指导学生从说一句完整话开始，然后表达逐渐具体，逐步过渡到说几句话或一段话。例如教学《我最喜欢春天》时，我先让学生说"我最喜欢春天的……"然后说"因为春天的……"接着让学生互相交流。虽然不是每位学生都能说好，但是我们有了好的开始，我也适时地进行鼓励，让学生找到了自信，乐于发言。

总而言之，口语交际课是一种全新的课型，培养学生的语言运用能力是新时期教育的一个重要目标。在实践中，我们也发现积极发言是学生上课认真听讲、认真思考、积极学习的表现，它会使学生处于一种活跃的思维状态，更好

地锻炼其逻辑分析能力、口头表达能力等。不但如此，积极发言还可以不断提高学生的自信，为将来走向社会做准备。因此，培养学生积极发言的习惯，提升学生的口语表达能力，不但是新课程改革的需要，更是立足于学生未来生活交际的需要。

项目式学习让课后服务课程异彩纷呈

刘　爽

为落实"双减"政策，学校作为课后服务的主体，要充分利用资源优势，不断提升课后服务的质量，以满足学生多样化的需求，提升学生综合素养。将项目式学习方式融入小学课后服务资源的开发与实践过程中，让学生凸显学习主体地位，让课后服务课程更加异彩纷呈。

一、基于项目式学习课后服务课程开发的背景

（一）时代的召唤

2021 年 7 月，中共中央办公厅、国务院办公厅印发《关于进一步减轻义务教育阶段学生作业负担和校外培训负担的意见》，要求通过提升学校教育教学质量和课后服务水平，减轻义务教育阶段学生过重作业负担和校外培训负担。同时，在明确学校作为课后服务主体时提出："学校要充分利用资源优势，有效实施各种课后育人活动，在校内满足学生多样化学习需求。引导学生自愿参加课后服务。"要求学校提高课后服务质量，制定课后服务实施方案，增强课后服务的吸引力。充分用好课后服务时间，指导学生认真完成作业，对学习有困难的学生进行补习辅导与答疑，为学有余力的学生拓展学习空间，开展丰富多彩的科普、文体、艺术、劳动、阅读、兴趣小组及社团活动。充分利用社会资源。发挥好少年宫、青少年活动中心等校外活动场所在课后服务中的作用。学校课后服务不能满足部分学生发展兴趣特长等特殊需要的，可适当引进非学科类校外培训机构参与课后服务，整合多方资源。

由此可见，在"双减"政策背景下，充分发挥学校的主渠道作用，积极

利用各类社会资源，有效地统筹学科、教师等资源，实现"五育"并举，构建以学校为主导，以学生发展为核心的协同课后服务体系，是一件迫在眉睫的事情。

（二）面临的挑战

基于"双减"政策落实的需要，我针对北京市 10 所学校课后服务资源开发情况进行调研。

调研结果发现，10 所学校共开设课后服务内容 245 项，其中技能类为 238 项，占比 97%；思维类服务资源为 7 项，仅占比 3%。由此可见，目前学校开设的课后服务资源的类型较为单一，提升学生思维品质的综合类服务资源较少。

（三）项目式学习

项目式学习是一种以学生为中心，以解决问题为核心的教学模式，学生从真实世界中的基本问题出发，围绕复杂的、来自真实情境的主题，以小组的形式进行周期较长的开放性探究活动，并完成一系列如设计、计划、问题解决、决策、作品创建以及结果交流等学习任务，最终达成知识建构与能力提升的目标。项目式学习的特点是注重学生实践参与，注重项目整合，注重激发学生内在动力，引导学生合作探究，从而提升学生高阶思维。基于项目式学习的特点，本研究组将项目式学习融入小学课后服务资源的开发中，以丰富现有的课后服务资源类型，满足学生多样化的需求。

二、基于项目式学习课后服务资源开发的过程

在基于项目式学习课后服务资源开发的过程中，教师在设计与实践中也应注意以下方面的内容。

（一）主题的选择要基于儿童视角，以学生为中心创设情境

项目式学习的核心理念是：学生是学习的主体，学习要真实发生在学生身上，教学要帮助促进学生实际的发展。因此，在项目式课后服务课程的开发过程中，项目的主题就要用孩童的眼睛看世界，选取儿童感兴趣的话题、事件，运用所学知识，开展项目式探究学习。在主题确定的过程中，加入学生选题以及学生评审，关注学生生存质量和个性需求，引导学生从实际生活中挖掘素材，丰富教材，迁移情境，使项目主题成为学生生活问题的聚焦。如，在开展

"'酸奶杯大变身'——废物巧利用"课程中，学生关注到每天加餐时被丢掉的酸奶杯，融入美术、劳动、数学等学科知识，可以变身为花灯、盆栽等创意物品（见图1）。

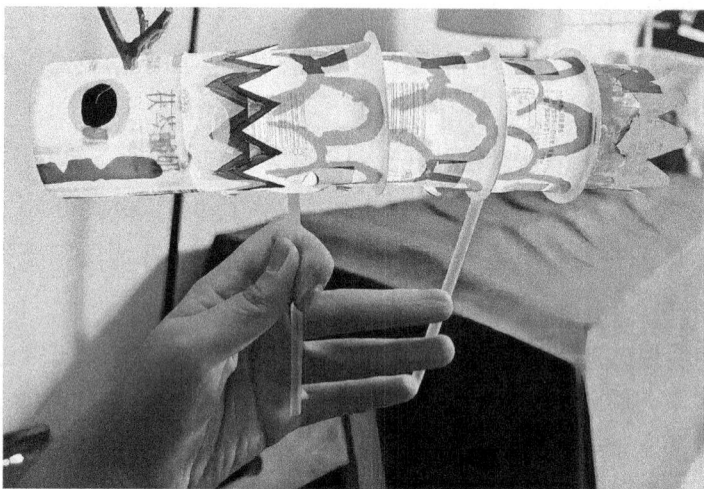

图1 学生作品

（二）课程学习中学生明确目标，任务驱动，有效评价

项目式学习的本质是探究和解决问题。在学习过程中，学生进行团队合作，调查提出问题，学习知识和技能，给出答案或解决方案，最后得出高质量的成果并公开展示。从始至终，学生对于课程各个阶段的学习目标都非常明确，通过这种任务驱动学生深入学习。学习成果是运用知识和技能所产生的结果，是衡量项目质量的重要标准。

例如，在"小小联合国环保大会"这一主题课程中，教师以撰写环保倡议书为任务驱动，融合语文、科学、劳动、美术等学科，学生从关注的环保问题出发，通过调研、查阅资料、绘制、辩论等形式，加深对环保理念的理解，丰富倡议书的内容，并在环保大会上以代表的方式进行环保倡议。

不仅如此，项目式学习所提倡的科学性评价也在课后服务课程中起到积极作用。首先，评价主体多元。将教师评价、学生自我评价、学生互相评价有机结合，这样的评价才是全面、客观的，也更能帮助学生发现问题、解决问题。其次，注重评价过程。要非常注重对合作学习过程的评价，我们的课堂评价从倾听、规则、合作三个维度进行。例如，在二年级开展的故事大王课后服务课程中，教师就设计出这样一个闯关评价图（见图2），激发学生兴趣的同时，关注学生过程性评价。

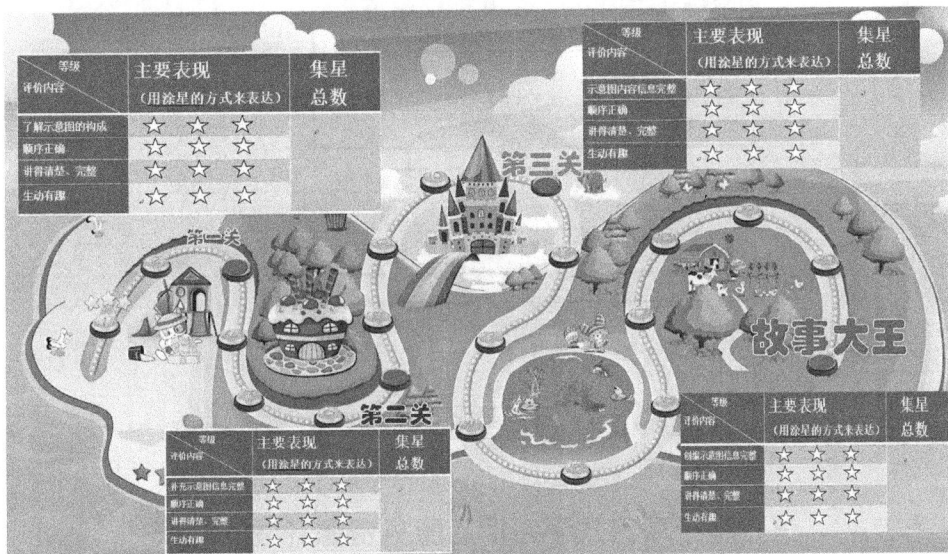

图2　闯关评价图

（三）推进过程中学生自主探究，注重高阶思维发展

围绕"问题解决、方法探究、成果展现"进行项目推进，在这个过程中，教师的主要任务是组织引导学生通过深度合作、深度探究，增长知识、提升能力。在内容上，课后服务不能仅停留于让学生被动接受学习，还应以课程的多样性、选择性、体验性为目标引导学生重新认识学习的意义，激发学校教育的魅力。在形式上，学校教育须重构教与学的方式，鼓励学生动手、参与、表演、展示、合作分享等，引导学生感受校园生活的美好。例如，在"阅读《昆虫记》策划昆虫博物馆主题展览"这一项目课程中，教师设计了这样一个问题：在《昆虫记》中采集昆虫信息，设计一个尊重法布尔意愿的昆虫博物馆主题展览。为了更好地引导普通民众了解法布尔笔下的昆虫，作为策展人，我们需要设计什么？学生很熟悉昆虫主题展览的情境，但真正去设计、策划这样的展览，对学生来说却富有挑战性，不是简简单单靠读书就可以完成的，还需要观察博物馆的展览包括哪些部分，是怎样的顺序布展，每部分具有怎样的特点等（见图3）。学生围绕着明确的学习目标进行小组合作探究，在过程中经历信息的筛选、加工、整合、重组、创意等过程，在探索过程中，不断促进学生的高阶思维发展。

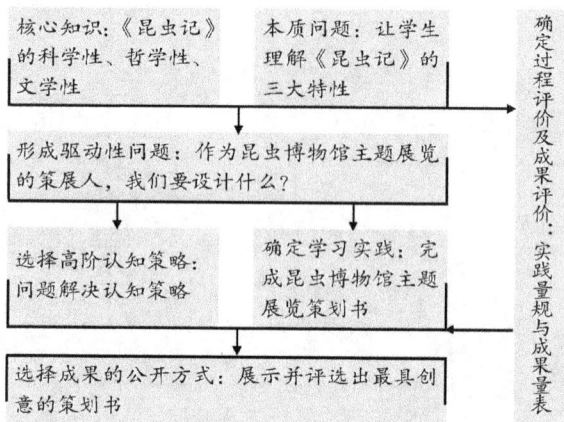

图3　策划思路

三、基于项目式学习课后服务资源开发的收获

在项目式学习课后服务课程的开发与实践过程中，可以切实感受到当项目式学习与课后服务资源相融合时，能够有效地解决目前课后服务的一些问题。

（一）学习需求的真正落实

教师充分了解学生已有的学习基础和能力水平、现有的学习需求和学习期待，这是项目学习有效开展和推进的前提。教师需要思考，把学生已有的知识作为学习新知识的"向导"或"着力点"，使新知与旧知关联，通过同化与顺应，激发学生由"原认知"走向"元认知"，促使学生的学习需求真正落实。

（二）学习态势的多向并行

如课堂上的文本分析、比较思考，课后的拓展阅读、视频观看，线下实地观察、线上研讨交流。多向并行的学习，丰富了学生的学习方式，调动了他们的学习兴趣，激发了他们的学习潜能。在学习态势的多向并行中，教师要注意把握项目目标和方向。确保学生的自主学习聚焦项目目标，聚焦语文学科素养。否则，语文项目化学习很容易陷于大杂烩式的综合性学习或探究性学习的泥沼。

（三）学习过程的流动推进

项目化学习以学生为主体，以"自主学习"为特征，这决定了其学习过程有生成性。教师需要根据学生的实际状况，及时调整学习内容，调整学习走向，促使项目学习有序开展、有效推进，使项目的学习过程性生成更有意义。否则，项目化学习容易成为一个个叠加的碎片化活动，失去项目整体性学习下的生成性推进的优势。

（四）高阶思维的逐步提高

项目的学习过程重视学生的发现、参与，指向学生的整体思维、实践思维和创新思维的发展。

总之，在"双减"背景下，项目式学习为小学高质量的课后服务提供了更加高效的模式。项目式学习使学生真正成为学习的主人，教师成为学习的组织者、引导者和合作者，让学生在安全、友好、快乐中学会学习，发挥每个个体的才能，如此才能真正实现学生核心素养的提升。

"双减"背景下小学低年级段语文识字教学途径多样化探究

王婷婷

一、研究背景

（一）教育发展的需要

汉字博大精深，它承载着中华文化源远流长的重要职责，小学低年级的语文课堂是学生接触汉字、学习汉字的主要阵地。阅读文章、乐于习作，是学生必备的语文素养，然而阅读写作的质和量都与识字量的多少密不可分，小学低年级承担着大量的识字任务，是学生识字的初级阶段，"九层之台，始于垒土。"如何让小学生在低年级牢固掌握所学汉字，并能正确书写、准确运用汉字，是每个语文教师都要面临的严峻课题。

（二）课程发展的需要

《义务教育语文课程标准（2022年版）》明确指出："识字、写字是阅读和写作的基础，是一二年级的教学重点。"低年级识字教学的目标，首先是要让学生喜欢学习汉字，有主动识字的愿望，让学生体验到识字的快乐。课堂无疑是学生识字的主渠道。

目前的低年级段识字教学有以下特点：从课堂教学上看，忽视学生内在的兴趣和感悟；从教学内容上看，识字内容局限于教材，没有引入学生对生活的认识、对生活的体验；从教学形式上看，学生的主体性和交互作用没有达到应有的水平。从上述三个特点看出，当前的低段识字教学还存在着过于强调接受学习、死记硬背、机械训练的现状，这与"双减"政策是不契合的。这样的识字教学制约着学生情感和思维的发展，忽视学生的心灵体验，学生对学习汉字就会缺乏浓厚的兴趣，识字教学的效率就低下。

（三）适应部编本新教材识字模块变化的需要

部编本新教材的产生，符合新课程理念的需求，不难发现，部编本新教材的识字模块有了很大变化：它要求我们注重对学生学习兴趣、学习方法与学习能力的培养；它要求我们站在教材上用教材，注意挖掘，注重铺展到日常生活；它要求我们更注重实质性的运用与实践。新教材分为识字、拼音、课文、口语交际几大模块，细观之下，你会发现几个模块不是割裂开的，而是紧密融合在一起的。识字贯穿于语文学习的各个模块中，识字的大环境更宽广。

基于以上情况和在低年级教学的一些思考，我试图通过一系列的实践与探索寻求到一条适合低年级识字教学的有效途径，使教师对识字教学更加得心应手，孩子们也更加喜欢识字，为学生未来的读写能力和综合素质的发展奠定基础。

二、必要核心概念界定

低年级学生指小学一、二年级的学生，本课题主要针对这一群体进行研究。

识字教学多样化，指教师在进行识字教学中，转化观念，创设生动有趣的学习情境，充分调动生活学习的经验，运用符合儿童心理特点的、儿童喜闻乐见的教学方法，让学生有主动识字愿望，喜欢学习汉字，培养学生主动识字的能力，来帮助学生更好地阅读。

三、研究目标与内容

（一）研究目标

（1）改变学生的学习方式，使语文课堂教学真正成为学生喜爱的，激发学生的识字兴趣，提高学生识字的效率和识字能力，促进学生整体素质的主动发展。

（2）探索适合低年级学生特点的有效的多样化识字方法，学生在老师的指导下，在预期时间内能够比较自由地阅读短篇文章。

（3）通过课题研究的实施，培养学生积极主动学习的态度和能力，并提高学生在学习和生活中与人合作交流、探究学习的能力。

（二）研究内容

（1）如何在课内课外进行多样化识字教学，激发学生识字的兴趣，让学生在游戏中学、活动中学、情境中学，不断被新鲜的刺激吸引，变枯燥乏味的识字为快乐识字，以增加识字的趣味性、参与性和可接受性。

（2）教给学生识字方法，开发学生身边的汉字学习资源，以便快捷、高效地进行识字教学，逐步培养学生独立识字的能力。

四、研究成效

（一）研究发现或结论

经过半年多的研究实践，我探索出了一些低年级多样化识字教学的有效策略，同时也取得了一定的成效。促进了教师教育理念的转变，提高了教师的科研意识和能力，提高了学生的识字兴趣和能力，总结出了一些具有实践性的识字方法。做识字研究课 1 节，撰写优秀教学设计 1 篇，撰写结题报告 1 份。

课题研究伊始，我对学生进行了识字现状调查，随机抽取一（1）班的15 位学生作为调查对象，并从一年级上册生字表（一）中选取易读错的生字："四、耳、鸟、虫、草、船、星、莲、黄、牛、尘、森、影、伞、彩、绿、睡、蓝、群、旁"，让他们认读，记录结果，分析学生易错原因。之后我又给学生下发了识字途径调查问卷，对学生的识字途径进行分类。

从调查情况来看，上小学之前，学生的识字量并不大，而丰富多彩的生活环境和家庭教育是学生识字的重要资源，这和我们新教材鼓励学生自主到课外识字的特点不谋而合，社会和生活在种种并非刻意的安排中，为我们构建了一个认读汉字的生态环境。所以，我设计了如下多样化的识字教学方法。

1. 依据教材特点，拓展学生的识字途径

新教材在识字方面最突出的特点是鼓励学生自主、主动地到课外识字。学生识字的载体不仅仅是教材，周围的一切或者说生活中凡是有文字的地方都是学生自主识字的源头活水。教学中，我们根据教材的特点给学生提供，或引导学生自主探究出课外识字的途径。

（1）利用姓氏识字。实践证明，一年级新生在入校一个月后都能互相叫出对方的姓名，大部分学生都能在作业本上认出同学的名字，这说明学生已经在课外开始识字了，但这种识字是无意识的。在教学中教师要进一步扩大巩固学生识字成果，告诉学生谁认识了班里小朋友的名字最多，就让谁来发作业本和点名，当老师的小助手，激发学生识字的兴趣，我们还在班级的学习园地上制作姓名树，把全班小朋友的名字写在一片片叶子和果实上，让学生去找自己和好朋友的名字，让学生不知不觉学会了许多生字。

（2）利用电视、广告及街头标语识字。让学生展示自己从电视上认识的汉字，目的是使学生养成通过各种途径自主识字的好习惯。教学完这部分内容后，可依次类推，让学生收集认识各种广告及街头标语上的字，并随时做好记录，拿到班里交流。

（3）利用实物识字。我把教室里的物品，如多媒体、净化器、讲台桌、黑板等贴上标签，让学生在无意中识记。再如学习《我的家》时，我让学生在自己的玩具上贴上标签带到学校里来交流，也可以用卡片的形式介绍一下自己家里的家具和家用电器。学习《操场上》时，我带孩子们到操场上开展跳高、跳远、跑步、拔河、跳绳等活动，让学生在活动中识字。

（4）在课外阅读中识字，这是一种轻松有效的识字方法。所谓在课外阅读中识字，就是让学生在读课外书时，注意圈画，积累不认识的字，并通过请教别人、查字典等方法识记生字。让学生在阅读活动中和生字见面，对一个个生字从陌生到熟悉，最后达到识字的目的。现在年级组都在读《言语识字》这本书，让孩子在读中识字，效果良好。

（5）低年级的孩子基本是以形象记忆为主，我们的汉字很多都是象形字，如课本中的"日、月、目、木、禾、羊、鸟"等字都是由古代的象形字演变而来的，这些字都和实物有相似之处，所以让学生观察实物或图片后再识记，就轻松多了。低年级学生的形象思维能力比抽象思维能力要强得多，所以识字教学与具体的事物和形象相结合，有利于学生识记。如，学习"禾"这个字，首先要想到"木"，但是"禾"比"木"还要多一撇，这一撇可想到稻穗的头是弯弯的，学生这样一想这个字就会深深地印在脑子里，学生的想象力和创造力也得到了发展。

2.注重复现策略，有效巩固汉字

汉字是一种单调的符号，怎样让学生将枯燥的符号与意义关联起来，怎么让索然无味的汉字变得生机盎然，让孩子学得兴致勃勃，从而提高识字效果与能力呢？我认为采取多感官参与、多形式复现的策略是很必要的。

（1）多种形式的活动中复现。如猜谜法，把学过的生字编成字谜，让学生在课间活动既玩了游戏，又复习了生字。

（2）巧利用班级展示栏。因为是一年级学生，所以我留了一块识字的展板，学生可以把课内外认识的字用自己喜欢的方式呈现出来，卡片、小报、画作都可以。通过展示，孩子们的兴趣被激发出来，主动识字的欲望增强了。

（3）儿歌法。把学习过的生字进行整合，创编成儿歌，带着学生拍手读或者配乐读，让学生熟读成诵。

研究结论：在识字教学中，我们要做到以学生为本，站在学生的角度去进行有效识字教学。低年级段学生好动，注意力、持久性较差，通过孩子们感兴趣的教学方式进行识字教学能够激发学生的识字兴趣。让识字走入生活课堂，让学生到社会的大课堂中去学习识字，掌握识字方法，探索识字规律，提高识字兴趣，让识字更好地为阅读服务，促进了学生的全面发展。

（二）研究的理论创新和实践创新

1. 融合字理和传统文化元素，把汉字教厚实

汉字经历几千年的发展历程，背后有深厚的民族灿烂文化作为支撑。所以，我们要引导学生发现汉字的构字规律，尽可能展现汉字传承的文化底蕴，让学生感受汉字的迷人之处，激活孩子探索汉字、了解汉字文化的欲望。在教学中，恰当引入传统文化元素，如在教学《金木水火土》一课时，通过图片让学生猜谜，随即展示生字，融入象形、汉字演变等方面的传统文化元素。

2. 关注识字写字的细节

新教材中识字量减少，那我们就应该从识字量转向方法的指导，提高学生自主识字的能力。此外，还要重视对学生写字的指导，关注笔画和笔顺、执笔姿势和写字姿势。

学习进阶视角下的小学语文作业设计

魏玺郦

作业设计是教学设计的有机组成部分，具有重要的功能与价值。为贯彻落实"双减"工作有关要求，有效引导教师实现作业的减量增质，在保障与提升教学质量与育人水平的同时，切实减轻义务教育阶段学生作业负担，教师应把作业放在提升教育教学质量的整体体系中优化设计。注重提高作业质量，丰富作业类型，提高学习效率，达成"减负提质"的目标，才能在减轻学生课业负担的情况下提高效率，更好地满足学生个性化需求。

反观目前的作业设计，不难发现确实存在一些问题，比如，作业缺乏设计，随意性大，形式单一；作业分层分类存在困难等。然而，如何更好地设计优秀的作业，凸显语文学科特点呢？作为一名语文老师，我认为从学习进阶视角系统设计作业是十分科学合理的，符合学生的学习规律，同时可以规避作业布置随意性的问题。

一、学习进阶理念

作业的根本目的是培养自主学习者，而不是培养一个完成作业的人，作业是老师给学生的一种设计和指引，希望他凭借写作业养成自主学习的习惯。

美国国家研究委员会指出，学习进阶是对儿童在长时间围绕某一个主题学习或者探索过程中，逐渐形成的复杂思维方式的描述。一般呈现为不同学段的孩子在学习同一核心概念时展开的一系列由简单到复杂、相互关联的概念序列。学习进阶研究的特点可以概括为：围绕核心概念建构，刻画学生知识和能力的不同层级，通过学习表现呈现层级发展的证据，体现课程和教学的影响。

因此，在"双减"的背景下，依托学习进阶理论，充分考虑单元教材内容和学生实际情况，从宏观层面规划整合大单元体系，设计单元作业目标、单元作业、作业评价，对探究活动等方面进行细化设计，将语文学科的基本思想、思维方法与实践能力具体化，有效促进学生思维进阶的发展，从而提升学生的科学素养。

二、学习进阶视角下的小学语文作业设计实践

在学习进阶视角下设计作业，笔者也在积极实践，下面以统编版教材四年级语文下册第三单元为例，进一步阐述。

（一）依据单元特点整体设计作业

该单元是现代诗歌单元，选编了不同作家、不同风格的四篇中外现代诗歌作品，安排了一次主题为"轻叩诗歌大门"的综合性学习，要求学生根据需要收集资料，初步学习整理资料的方法。活动依托课文学习展开，与阅读教学相辅相成，分步推进。本单元的三个语文要素密切相关。一是"初步了解现代诗的一些特点，体会诗歌表达的情感"。旨在让学生通过学习感受现代诗节奏感强、表达独特、情感真挚的特点，感受诗歌中蕴含的情感。另外两点要素为"根据需要收集资料，初步学习整理资料的方法。合作编小诗集，举办诗歌朗诵会"。提示了学生进行综合性学习的方法和学习成果呈现的形式。

基于以上单元教学内容和要素，围绕学习进阶，我将本单元的单元作业目标设定为创编班级诗歌集。为了达成这一单元作业目标，笔者将教学分为三个阶段：感受特点品诗歌、读写结合编诗歌、精彩活动课外延伸（见图1）。

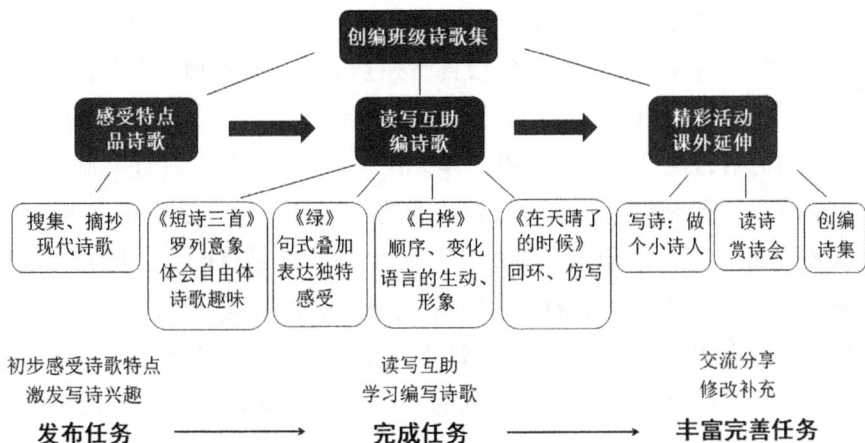

图1　统编版四年级语文下册第三单元作业设计框架

（二）作业过程精细指导，提供支架

在整个单元作业设计中，读写互助编诗歌无疑是重点，在创编班级诗歌集的单元作业目标下，根据每篇课文的特点布置了每课的作业，在课上通过读写互助，为学生完成课时作业，以及单元作业提供相应支架。

《繁星》作为单元起始课文，形式上看是自由体短诗，篇幅短，区别于以往学习的诗歌，学生会很感兴趣。从表达上看，三首诗中出现了结构相同的短语、连续反问、比喻，除此以外，还有标点符号和语气词的使用，让学生初步感受诗歌语言的独特。基于以上，单元作业在本课的落点是仿照《繁星》，学习运用罗列意象的方法写诗，从仿写入手，体会自由体诗歌表达的趣味，激发学生对读诗、写诗的兴趣和信心。

《绿》表现的是大自然的景象，更是诗人的感觉。诗词以虚写实，比较抽象和梦幻。阅读的重点在于引导学生通过朗读和想象加以感悟，体会诗人独特的感受。诗歌就是诗人自己的感受，写诗时就是在表达自己的感受。教学时重点抓住前三小节，尤其是第三小节，利于学生模仿。单元作业在本课的落点是体会诗人独特的感受，学习富有特点的表达，学生可以拓展开，表达对大自然中"红""黄"等其他颜色的喜爱之情。

如果说《绿》像一幅意象画，《白桦》这首诗就如同工笔画，诗人善于运用优美的词汇，融入自己的想象和感受，才将白桦描写得如此高洁优美。学生学习词语，想象画面，感受白桦的过程，正是学生体会诗人独特表达的过程。除此之外，诗歌描写的顺序同样值得学生关注，从全景到特写，再到写朝霞出现后白桦的光泽变化，诗人从不同角度描写出了白桦的特点。因此，本课作业目的是引导学生对句式仿写，如学会自己独立描写一处景物。因此，本课的阅读重点在于抓住描写白桦树颜色、姿态、周围环境，以及白桦树在环境作用下色泽变化的词语，通过朗读和想象，体会作者丰富的情感，在此基础上学习诗人的表达顺序。课时作业落点学习诗人富有特点的表达，学生用诗歌的形式，从不同角度写一写自己印象深刻的一处景物，可以通过比喻、拟人、展开想象、融入感受等方式，写出景物的特点，体现语言的特点。

《在天晴了的时候》是一篇略读课文，整首诗贴近学生生活，学生容易产生共鸣，容易完成在阅读导语中提到的"有兴趣的同学，还可以用诗的形式，写写自己看到过的雨后天晴的景象"这一目标。这首诗在语言表达方面的特点是在真实景物的描写中加入想象，写出诗人自己漫步在小径中的独特感受。"炫耀着新绿的小草""不再胆怯的小白菊""自在悠闲的凤蝶儿"等拟人、比喻的运用，让诗歌充满生机。第二小节的回环，体现了诗人悠闲愉悦的心情。学生要通过反复的朗读和想象体会这首诗在表达上的特点。

由于本篇课文是略读课文，可以放手让学生进行小组合作学习，自读自悟，从节奏、表达、情感三个角度阅读诗歌，交流感受。课时作业重点应该学习诗人在描写真实景物时加入想象，让表达更为生动。创作诗歌时从内容上也可以为学生打开思路，比如：天晴了的时候，你想走到哪里？你又会看到什么？或者在一场蒙蒙细雨中，一场冬雪后，你想到哪里去看看呢？引导学生回顾自己的生活实际，把观察到的景物融入自己的想象，尝试运用比喻、拟人、回环，还有以前学习的方法，写出自己独特的感受。

通过将创编诗歌集这一单元作业的目标分散到课时中，学生从态度上易于、乐于接受写诗，愿意运用诗歌的形式抒发真情实感；从写作技巧上学会了通过加入自己独特的感受，丰富的想象呈现独特的表达，读写互助，突破了作业的难点。

（三）作业标准与作业评价标准一致

北京教育科学研究院基础教育教学研究中心公布"义务教育阶段教师优化作业的十条建议"指出，"对作业的批改既要判断正误，还要根据学生的不同能力水平分层分类批注错误点，提出具体的学习方法建议""教师要针对每一位学生的作业完成状况进行发展性记录，掌握学生学科学习情况与知识能力水平的全时段发展情况，使作业成为洞悉学生成长进步的窗口"。因此，老师布置的作业要有明确的作业完成标准（见图2）。

《短诗三首》评价标准:

序号	评价标准	评价结果
1	能够罗列景物	☆☆☆
2	表达出自己的真实情感	☆☆☆

《绿》评价标准:

序号	评价标准	评价结果
1	语言表达有独特之处（相同句式叠加、连续运用词语、比喻……）	☆☆☆
2	想象丰富，融入自己的感受	☆☆☆

《在天晴了的时候》评价标准:

序号	评价标准	评价结果
1	语言表达有独特之处（描写景物时加入了自己的想象……）	☆☆☆
2	融入自己的感受	☆☆☆

《白桦》评价标准:

序号	评价标准	评价结果
1	多角度写出了景物的特点	☆☆☆
2	语言表达有独特之处（比喻、拟人……）	☆☆☆
3	想象丰富，融入自己的感受	☆☆☆

诗歌创作评价标准

序号	评价标准	评价结果
1	语言表达有独特之处	☆☆☆
2	融入自己的感受	☆☆☆

图2 统编版四年级语文下册第三单元课时作业评价标准

单元作业和课时作业的设计都融入了生生评价、师生评价、家长评价等多元评价、多形式评价，让学生从中获得学习的成就感。在成果展示阶段，要求学生进一步根据需要整理资料，并通过合作编诗集，举办诗歌朗诵会等方式展示收集和整理资料的成果。

三、反思

在以学习进阶为理念设计作业的过程中也发现了亟待解决的问题，比如：如何分层设计作业，促进不同阶层学生达成作业目标？如何满足家长对学习的不同需求？如何评价学生完成作业过程中的实际获得？这些也都是未来研究实践的方向。

总之，国家"双减"政策的出台是时代发展的必然趋势，也是教育改革发展的必然选择，更是广大人民群众的热切期盼。笔者认为，"双减"的关键不在于"减"，在于提高效率。遵循学生发展规律，在学习进阶视角下优化作业设计，课内提高课堂效率，课外激发学生的阅读积极性，丰富课余生活，提高学生语文素养的同时，让"提质减负"真正落地。

多元评价助力习作发展

吴冠霏

一、小学阶段习作评价主体多元化的实践分析

（一）教师：评价的组织者和引导者

每当收到学生的习作，很多教师便拿起红笔认真修改。改错别字、改病句、改材料……好不容易才改成一篇"像样"的文章，却已不是学生自由自主的表达。这不仅增加了教师的负担，也对培养学生的习作能力极为不利。教师要充分发挥评价的组织者、引导者的作用，应"重视引导学生在自我修改和相互修改的过程中提高写作能力"。

学生习作后，应对本次习作情况进行一个总的分析评价，对典型的问题组织全班学生就具体的作品进行评价和修改，重在方法引领；就个别学生的突出问题，既可以当面评价，又可以书面评价；但重在指出需要修改的地方，提出一些参考性的建议。要尊重学生的意愿，具体如何修改由学生自行把握。

教师要把习作教学环节和习作的评价与修改紧密地结合起来。既要培养学生习作的能力，又要培养学生自己修改习作的能力；既要教给学生写好习作的技能、技巧，同时也要教给学生修改习作的方式、方法。我们要认真上好习作讲评课，让学生在讲评课上注意倾听老师和学生对习作优、缺点的评价，仔细阅读自己的习作，全面理解教师批改的意图，找出自己习作中存在的不足，认真进行修改。把修改习作的权利还给学生。

（二）学生：评价和修改的主体

叶圣陶说过："学生须能读书，须能作文，故特设语文课以训练之。最终目

的：自能读书，不待教师讲；自能作文，不待教师改，教师之训练必做到这两点，乃为教学之成功。"只有调动学生的参与兴趣，教给学生实实在在的修改习作的方法，培养学生自改互改的能力，才是习作教学的根本出路。

而我们的学生往往习惯于依赖教师的评定来判断一篇文章的优劣，却不懂得如何去评价别人的文章，如何去欣赏和修改自己的作品，这实际上是一种能力的缺失。学生始终是学习的主体，也是评价的主体。习作完成后，应先让学生自己读一读语句是否通顺，找一找有没有错别字，想一想详略是否得当，结构安排是否合理……边读边思边改，既加深了印象，又培养了自改习作的能力。[①] 在教师的统观下，可以组织学生互评，或圈点好词好句，或写下读后感受，或提出修改意见。也可以班级集体或学习小组为单位，由同学点评、提议后自己尝试修改。如此让学生自评和互评相结合，不仅减轻了教师的负担，更为重要的是发挥了学生习作评价的主观能动性。学生在互为"小老师"的习作评价过程中，学会了评价，学会了修改，学会了取长补短，从而逐步培养了自改习作、自能习作的能力。[②]

（三）家庭、社会：评价的拓展资源

《义务教育语文课程标准（2022年版）》提出：积极利用网络资源平台拓展学习空间，丰富学习资源，整合多种媒介的学习内容，提供多层面、多角度的阅读、表达和交流的机会，促进师生在语文学习中多元互动。有条件的学生，还可以把文章挂在网上、发表在校刊上，多一个读者，就多一个欣赏的角度，多一种思维的启发。

二、小学习作评价内容多元化的实践分析

《义务教育语文课程标准》指出："写作评价要根据各学段的评价目标，综合考察学生综合水平的发展状况，应重视对写作的过程与方法、情感与态度的评价。"

（一）重视过程与方法的评价

重视对写作材料准备过程的评价。不仅要具体考察学生占有什么材料，更

① 江苏母语课程教材研究所 . 当代外国语文课程教材评介［M］. 南京：江苏教育出版社，2004.
② 王景英 . 教育评价理论与实践［M］. 长春：东北师范大学出版社，2002.

要考察他们占有各种材料的方法。要用积极的评价，引导和促使学生通过观察、调查、访谈、阅读、思考等多种途径，运用各种方法收集生活中的材料。

重视对文字形成前的取材、列提纲、口头表达和初稿等环节的评价，以及时地发现和纠正学生的错误理解，引导学生正确的思路，从而有效地为文字形成做好铺垫。

重视对习作修改的评价。习作的评价和修改不是一次性完成的，而是一个动态发展的过程，应鼓励学生在教师、同学的指点下，反复地修改自己的习作。教师对学生自己的修改评价，哪怕一句话、一个词，都要给予充分的肯定，善于挖掘学生习作中的闪光点，从而不断地激发学生的写作热情。通过"习作—评价—修改提高—再评价"，并多次反复，不断加强习作的交流、反馈和引导，不断地发挥学生习作评价和修改的主体作用，不断地提高学生自能习作的能力。

（二）重视情感、态度与价值观的评价

评写作态度。看学生是否认真对待每一次习作，能否按时完成习作，书写是否工整，能否虚心听取他人的合理意见并积极参与评价和修改。主要评价学生是否体验到习作的快乐，是否乐意写作，写完后是否乐意与他人分享，乐意与他人合作探讨，积极参与评价、修改和欣赏自己或他人的习作。

评写作诚信。看学生是否诚实写作、说真话、表真情，不请人代写，不摘抄或改编他人的文章。

心理学认为，兴趣是学生进行学习实践活动的内在积极性。作为一名小学教师要认识到小学生习作是一项练笔活动，是书面表达的最基本训练，而并不是艺术，不是文学创作，只要学生能正确、清楚地表达自己的思想就行。

三、小学阶段习作评价手段和方式多元化的实践分析

习作教学评价的手段应该是多种多样的，传统的习作评价，总是学生习作后教师评价，"等级＋评语"成了习作评价的机械模式，总结性的评语千篇一律。因此，对学生习作的评价，应"综合采用多种评价方式"①。

---

① 王荣生．新课标与"语文教学内容"[M].南宁：广西教育出版社，2004.

（一）"等级＋多处评语"评价与形象符号相结合

习作评价若只有一个单纯的"优"或"良"甚至"不及格"，总让人感到缺乏人情味，忽视了习作背后学生所付出的艰辛劳动，忽视了学生翘首以待的那份热情。因此，教师应附以通俗易懂的评语：或激情昂扬的褒奖，或诙谐幽默的调侃，或具体明白的点拨，或尊重理解的心灵对话，或恳切由衷的商榷意见……眉批与总评相结合，让灵动的、富有人情味的评语出现在学生习作的每一处，使学生不仅学习作，而且明事理、学做人。

例如，在为学生《秋天的雨》写评语时，一位老师是这样写的："读了你的文章，我深深地感受到了秋天的气息，原来秋天是那么诗情画意，谢谢你，谢谢你让我感受到了这么美好的秋天。"在续写《牛郎织女》的评语中，她写道："你的想象力真丰富呀，从你的文字中，我感受到了你对嫦娥的想念和赞美，继续努力吧！"

除此之外，还可以通过多种形象符号或者简笔画评价激励学生。给好句子画上"～"，给好词标上"▲"，给好段注上"★"，低年级学生可以敲上笑脸、小红花、跷起的大拇指等图章。特别优秀的习作，还可以突破"优秀"等考核形式，同时附以"多星级"奖励。简单的符号中，蕴含的是他人的欣赏、鼓励和引导，给予学生的是信心和动力。

（二）口头评价与书面评价相结合

在具体的评价操作中，口头评价主要为：朗读优秀习作，在课堂上全班欣赏、点评，以取长补短；共性问题引领全班集体评价，可以就典型的文章进行师生共同讨论，修改，从而掌握评价和修改的方法；个别问题宜当其面提出修改意见，往往采取现评现改的操作方法，见效较快。而书面评价，以教师初评、学生修改后定评为主。同学互评则以口头评价为主、书面评价为辅。

（三）即时评价与延时评价、重新评价相结合

学生拿到批阅的习作后，总是先看等级，再看老师的评语，之后便兴奋地相互攀比："你得了几颗星？""你是'优'还是'良'？"学生得到了老师的夸奖后，往往沾沾自喜，却很少理会教师建设性的评价意见。也有一部分学生习作态度不端正，字迹潦草，错别字连篇，描写不具体……针对这些情况，可以采取延时评价和重新评价。对于优良作品，让学生把习作暂时放在身边，要求根据老师和同学的评价意见进行自悟自改。在学生自我修改的基础上，教师给予重新评价，酌情加分或提高等级、星级。而对于那些"及格"或"不及

格"的习作，老师则慢点打上等级，先进行当面的口头评价和具体指导，批改时，错别字用"○"画出，不通顺的句子用"——?"标出，补用"∨"注明……要求学生在他人的帮助和自身的努力下认真、及时地进行修改，等有了进步后再打上等级。根据不同程度的学生，即时评价、延时评价和重新评价结合起来，让评价和修改时时进行，增加习作欲望，从而不断地提高学生的习作水平。

（四）直接评价与间接评价相结合

除了口头评价、书面评价、星级和评语这些直接评价之外，还可以巧用间接评价——"展示"，激发学生的写作兴趣和欲望。如充分发挥学校校刊、广播的作用，为学生提供一个施展才华的平台；利用学校宣传橱窗、校刊、墙报、公众号等，展示学生的优秀习作；将班内的优秀日记、周记习作装订成册，在学校之间传阅；让优秀作品走出校园，鼓励学生向报纸杂志积极投稿……

综上所述，实施习作教学多元评价，要坚持以人为本的教学理念，传递人文关怀；要注重体现学生在评价中的主体地位，发挥学生在评价中的主体作用，构建多元开放的评价环境，创设交流互动的评价氛围。这样，才有利于学生在自主、合作、探究的学习中提高写作能力，才能充分发挥评价功能，改进习作教学，回归教学本质，落实减负提质。

浅谈疫情下的小学语文教学存在的问题及解决策略

——以部编版语文教材为例

郝盼盼

己亥之末，庚子之初，突如其来的新冠疫情打破了人们平静的生活。各地教育部门、学校积极响应国家政策，认真落实教育部部署要求。在这篇文章中，笔者将列举"停课不停学"过程中出现的个别问题，并提出自己的一些解决策略。

一、居家学习存在的问题

随着时代的进步和发展，线上教学成为现代教育中不可忽视的一部分，尤其是疫情之下的网络授课，打破了时间、地点、人物之间的限制，具有可暂停、可反复等诸多优点。但在居家学习期间，还是暴露了一些问题。

（一）授课节奏快，任务量较大

受疫情影响，线上网络授课和线下到校上学反复不间断地交替。线下教学时，老师们做好随时转为线上的准备，为了保障教学效果，势必会利用线下时间多赶赶课程。转为线上课程时，为了完成正常的教学进度，同时又不给学生造成过重的学业、身体、心理负担，我们压缩了每节课的时长，由正常的40分钟压缩到25分钟左右，这势必会造成教师授课节奏快、学生任务量大的问题。

（二）重知识传授讲解，轻方法、能力训练

教师在教学中，重点、难点知识的讲解和训练是一节课的关键。但特殊时期，受课时影响，我们往往只能把重点放到知识的讲授上，尤其对于低年级语

文教学来说，方法的总结和训练很容易被忽略，而且在线上教学这样一对多的模式下，方法的训练较难实现。

（三）重书本内容学习，轻阅读习惯养成

市级网络课开放后，大多数教师在指导学生看课、反馈等方面都是非常尽职尽责的。然而，受课业压力影响，很多教师放弃了阅读内容的安排和指导，只有在每一单元语文园地"快乐读书吧"这一环节，才会引导学生开展部分阅读，而且，很多后续的反馈和交流是缺失的。

（四）重市级课程资源，轻教师自主创新

北京市统一推出的课程资源，都是由全市各区优秀教师讲授的，对于教师和学生来说，都是极好的学习内容。在线上教学过程中，教师积极组织学生对课程进行学习、练习，却忽略了自己对内容的改进和创新。教师转变成学生的身份，但不能忘记自己的教师本职。

除此之外，还有其他问题出现，比如：部分学生居家学习无人辅导，教师对这部分孩子的关注不够，无法因材施教；还有学生本身存在的诸如自主性差，自律性不强等；无法开展正常的实践活动、小组学习等，不再一一列举。

二、针对问题的解决策略

针对以上存在的问题及现象，笔者在实践中探索出一些解决措施和策略。

（一）有效整合资源，突破重点、难点

部编版语文教材的一大特点是"人文主题"和"语文要素"双线组织单元，突出了单元整合教学的优势。疫情之下，时间紧、任务重，要想保质保量完成教学内容，我们就必须进行大单元教学设计，利用任务群，把能整合的课程资源整合在一起，这不仅符合部编版以单元整合教学的特点，也优化了课堂教学，帮助老师和学生整体地解读教材，系统构建知识体系。整合资源时，我们可以采取以下几种方式。

1. 同一主题下的课文整合

部编版语文教材三年级上册第二单元的三首古诗：《山行》《赠刘景文》《夜书所见》，描绘的都是秋天的景色，学生很容易就可以捕捉到。但这三首诗所表达的情感却又截然不同，所以我们可以把三首诗整合对比教学，引导学生抓住关键词，如"二月花""橙黄橘绿""萧萧""寒声"等，体会作者或喜秋或

悲秋的情感，品味古诗意蕴。

2. 课文写法与习作的整合

部编版语文教材三年级上册第六单元的主题是"自然风光"，语文要素是借助关键语句理解一段话的意思。习作的时候，试着围绕一个意思写。教师在《富饶的西沙群岛》这篇课文中，引导学生找到中心句，并学习围绕中心句写作的方法，同时还可以练习用排比、对比、比喻等多种修辞手法表达事物的丰富多样。在《美丽的小兴安岭》这篇文章中，我们学习按照春、夏、秋、冬这样的时间顺序描写景色。这样的写作方法都可以灵活应用到本单元的习作"这儿真美"中，所以教师在讲授这几篇课文时，可以有针对性地引导学生思考如何描写"这儿真美"。

3. 口语交际与习作的整合

部编版语文教材六年级下册第二单元为我们呈现了几篇外国文学名著的节选和梗概，这一单元的语文要素便是：了解作品梗概，把握名著的主要内容，就印象深刻的人物和情节交流感受；学习写作品梗概。在《鲁滨孙漂流记》中，学生已经初步了解了故事梗概的作用、特点及写梗概的要求。本单元口语交际的要求是同读一本书，学生可以围绕"这本书讲了一个什么样的故事？""你怎样评价主人公？"等问题展开交流。对于"这本书讲了一个什么样的故事"这一主题交流，其实就是故事梗概的一个再压缩，教师可以引导学生按照故事梗概的特点和写法，引导学生进行梳理。梳理的过程就是清晰梗概内容和写作方法的过程，为习作"写作品梗概"奠定了基础，两部分可以很好地整合起来。

除此之外，我们还可以尝试把课文内容与语文园地内容整合、课内知识和课外拓展整合等。当然，除了要适当地整合课程资源之外，还要求教师对教学重点、难点把握准确，有效突破。这就要求教师对学生学情有充分的了解，根据教学内容和学生实际情况，制定教学重、难点，做到教学内容"少而精"，教学方法"广而活"。

（二）立足语文要素，全面讲解训练

部编版教材中双线结构已为我们提供了非常明确的语文要素内容。所谓的"语文要素"，就是指语文训练的基本要素，包括语文知识、语文能力、学习方法和学习习惯等。所以语文知识只是其中一小部分，语文能力、学习方法等同样是教师在课堂中需要关注的内容。如部编版语文教材一年级下册第二单元中，第一次出现了较长的句子，教师要指导学生读好长句子。同学们纷纷支招儿，有的同学说"要多读几次，把它读准确读通顺读流利"；有的同学说"我们还要看他的标点符号，要有停顿"；还有的同学说"我们可以借助停顿符号，在句子中画一些停顿"……

教师根据大家的回答梳理并总结了五个要点：读准字音，词语连读，读出停顿，反复练习，读出情感。接着，教师又给出了几个课外的长句子，引导学生根据总结的方法，自己试着读，效果非常好。以后再遇到长句子，学生都可以运用这样的方法练习读好长句子。教师的"教"是为了"不教"，这样，学生不仅更好地巩固了基础知识，也掌握了学习的方法，培养了学习能力，最重要的是，教师引导学生树立起在面对困难时总结梳理方法的意识。所以，我们在日常教学中，一定要兼顾语文要素的多个方面。

（三）借助实践活动，培养阅读习惯

阅读习惯的培养一定是一个长期坚持的内容，只有坚持做下去，才能从量变达到质变的效果，教师不松懈，学生才会坚持。笔者经常和学生说，书山有路勤为径，学海无涯苦作舟，读书可能无法给予你快速的效益，但它的妙处，更像甘露滋润万物后，万物所呈现出的那种清新、生机，是一种无形之用。它融进你的血液、精神、行动之中，从而改变你的人生轨迹。

笔者所教的一年级班级，从一年级入学开始，就一直保持着每天阅读的习惯。寒假中，我们借助"阅读存折"，开展了"师生同读一本书""和爸爸妈妈一起读"等形式多样的阅读活动。疫情期间，这个活动仍在坚持。为了更好地指导学生阅读、拓展阅读量，我们借助节日、天气、时事等多个方面，开展阅读实践活动。

比如，清明节时，我们一起背诵、阅读、欣赏关于清明的古诗、故事等，师生交流感受收获，学生既觉得有趣好玩，又扩大了阅读内容，积累了文学常识，感受了中华传统文化。再比如，4 月 23 日"世界读书日"，以此为契机，我们开展了"和爸爸妈妈共读一本书"的活动。这些形式多样的阅读，都能更好地促进学生阅读习惯的养成，对学生核心素养的养成有着极大的益处。

（四）结合市级资源，积极主动创新

在新的课改中，我们对如何使用教材提出了很多新观点，如，教师在教学中要"走进教材，走出教材"；要"用教材教"，而不是"教教材"；要"用好教材，超出教材"。教材只是教师教学内容的载体，是教学的基本内容，不是

全部。教材如此，市级资源也如此，它只是学生学习的基本内容，不是所有。教师要根据本班学生的学情，有自己的创新和扩展。如三年级学生在学语文园地三的古诗《九月九日忆山东兄弟》之后，学生能很流利地背诵古诗，也能简单说出诗意和自己的感受，但对诗人内心的情感体会不是很到位。针对以上的情况，笔者组织学生对古诗内容和写诗背景进行了查阅、补充，开展了"杜甫的自述"口语交际活动，学生结合了杜甫写诗时的历史背景、个人遭遇及古诗内容，把自己想象成杜甫，为他加上了语言、动作、心理、形态等的描写。这样，学生对杜甫思乡思亲的感受就更深刻了，也树立起在学习古诗时要联系社会背景、人物遭遇等内容的意识。

疫情之下，线上教学为我们传统的教学方式注入了新的活力，创新了教育理念和教育方式。线上教学作为一个新兴事物，注定存在很多不足，但随着社会的进步和教育改革的推进，我们也会有越来越完善的线上教育体系，为教师和学生更好地服务，全面提升教学质量和教育水平。

教学《动物儿歌》的新思考

张宝荣

《义务教育语文课程标准（2022年版）》颁布以来，辛勤耕耘在课堂中的老师不断探索新课标如何落实。前不久，我执教《动物儿歌》之后，有了一些收获，在此分享给行走在教育改革之路上的追梦人。

《动物儿歌》是一年级下册第五单元的首篇课文，以儿歌的形式承担着识字任务。

一、挖掘习题价值，理解教材有新意

以往的教学中，语文教材之后的习题很少引起执教者的关注。"双减"背景下，它逐渐走进教师的视域。

本课的课后习题如下所示。

1. 朗读课文。

教学中教师应采用多种形式的朗读，在读中感受形声字的构字特点，不断复现生字，巩固生字，感受儿歌的节奏美和韵律美。

2. 读一读，记一记。

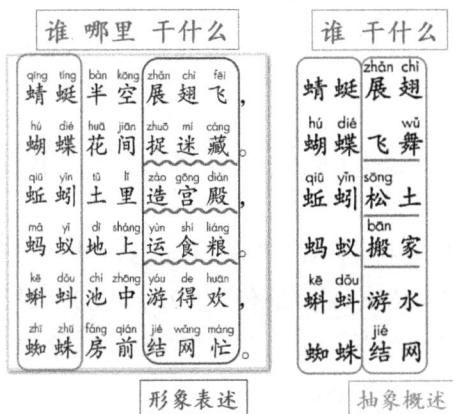

图 1 习题示例

本题六个短语与儿歌内容紧密相连，将儿歌拟人化的形象表达用抽象的词组概括出来，有助于学生理解儿歌内容，了解小动物的生活习性，丰富表达形式，积累语言（见图1）。

课后习题是根据本课应达成的教学目标而制定的，是实现教学目标的一种教学方式或教学载体。明确了课后习题的作用和价值，清楚了它与教学内容、教学目标的关系，教学会更加有的放矢，提高实效。

二、梳理教材内容，学习凸显结构化

"语言文字积累与梳理"基础型学习任务群在第一学段（1—2年级）学习内容中提示：初步体会汉字结构的主要特点，试发现汉字的一些规律，发展独立识字能力，养成自主积累的习惯。

教师分别从学段教材、本册教材、单元教材、单篇教材的角度将教学内容逐层了解，进行横向、纵向的分析，发现"形声字"三个字不断映入眼帘。因此，这部分教材特点以及教材编写者的意图旨在借助《动物儿歌》中的10个形声字，引导学生发现形声字的构字规律，利用表义偏旁归类识字的方法，发展独立识字能力，同时感悟语言之美，感受生活之美。

于是教师将教材内容由宏观到微观地思考分析之后，依据基础性学习任务群中学习内容的提示，努力将有关联、有规律的内容整合在一起，呈现有深度的结构化的学习内容。最终，将《动物儿歌》第一课时的学习内容定为：朗读儿歌，了解、积累儿歌的语言；学习"虫"字旁、走之旁、"米"字旁的形声字，书写走之旁的字。

三、明确任务要求，学习目标清晰化

作为基础性学习任务群，"语言文字积累与梳理"贯穿义务教育语文课程学习的始终。《义务教育语文课程标准（2022 年版）》对每个学段的语言文字积累与梳理都提出了要求，学段要求前后衔接，相互关联，由易到难，层层递进。各学段的课程目标与之相对应。

教师依据任务群要求和学段课程目标，结合教材特点、学习内容、学情分析，围绕核心素养的培养，制定了单元目标，以及如下的《动物儿歌》第一课时的学习目标。

（1）利用形声字的构字规律归类识记"蜻""蜓""蚂""蚁""蜘""蛛""粮"7 个生字，会写"迷""造""运"3 个生字，提高识字能力，初步感受汉字的形体美。

（2）正确、流利、有节奏地朗读儿歌，感受语言的音韵美，感悟和积累儿歌中拟人的表达句式。

（3）朗读、借助资料了解小动物的生活习性，激发了解小动物的兴趣。

建立学习目标与学习任务群的关联，使得学习目标更加清晰，学习更加有方向，将隐性的目标转化为学习者的可视化的行为，学习更加具有可操作性、可检测性。

四、创设学习情境，学习活动任务化

《义务教育语文课程标准（2022 年版）》中指出，设计语文学习任务，要围绕特定学习主题，确定具有内在逻辑关联的语文实践活动。语文学习任务群由相互关联的系列学习任务组成，共同指向学生的核心素养发展，具有情境性、实践性、综合性。

为此，教师设计了单元学习主题：把握汉字规律，轻松归类识字；围绕主题创设了"走进汉字世界，争当汉字小老师"的学习情境。此情境旨在在情境中发现汉字的规律并迁移运用规律识字，感受汉字的文化内涵。在情境中设置的单元系列学习任务，分别在本单元的 4 篇识字内容中完成。任务如下所示。

（1）《动物儿歌》：能将汉字进行归类，引导学生了解形声字的特点，利用形声字的特点识字；在朗读中感受儿歌的韵律，获得归类识字通关卡。

（2）《古对今》：能借助韵语规律识字，学习韵文中意思相对的词语，抓住词语相反和相对的规律进行背诵，闯关获得联想识字通关卡。

（3）《操场上》：能借助插图，联系生活，了解认识文中的各项体育活动，连贯地读好词语，有节奏地朗读儿歌。最后结合插图介绍体育活动，获得生活识字通关卡。

（4）《人之初》：能根据韵文三字断句，结合语境认识生字。正确流利地朗读韵文、背诵韵文，获得古文识字通关卡。

学生沉浸在情境学习中，一个个的任务驱动着他们不断发现规律，运用规律掌握知识，提升能力与核心素养。

五、建立内在关联，实践活动趣味化

将"语言文字积累与梳理"学习任务群的要求与教材对接，深入思考之后，教师围绕《动物儿歌》的任务，设计了内在逻辑关联的语文实践活动。在活动中，引导学生观察、发现形声字的特点，利用汉字的构字特点识字，感知汉字的文化内涵，培养语感，提升核心素养。活动如下所示。

（1）读儿歌，观察动物朋友的名字，说说你的发现。（学习带有"虫"字旁的生字，发现识字规律。）

（2）读儿歌，观察动物朋友在做什么，说说你的发现。（学习带有走之旁的生字，运用识字规律。）

（3）读儿歌，帮助小蚂蚁找到"米"字家族的生字。（联系生活拓展学习"米"字旁的生字，巩固识字规律。）

（4）比较朗读，尝试介绍自己喜欢的动物朋友。（比较发现不同的表达方式，积累语言，培养语感。）

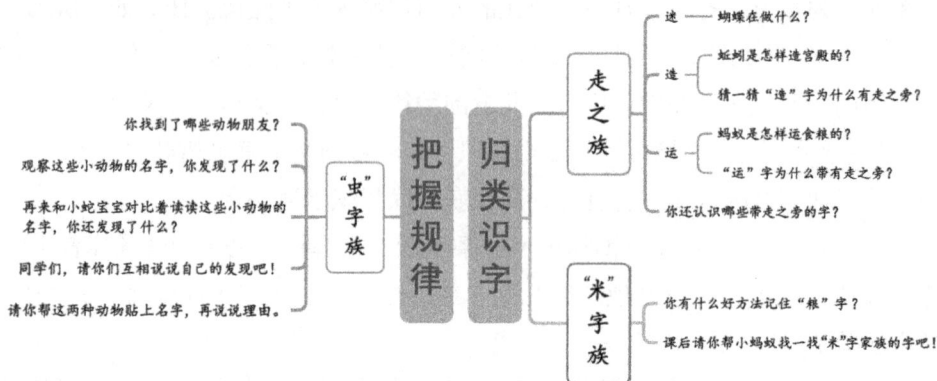

图 2 　认识偏旁的问题框架

本节课共设计了 4 个学习活动，从图 2 的问题框架中可以看到，其中的 3 个学习活动都在引导学生不断地观察、发现构字规律，运用规律，逐步形成独立识字的能力，致力于培养与发展学生的语言表达能力。此教学意图是依托以上实践活动，递进式发现。

归类识字的有序梳理以"发现"为路径。递进式的发现是教师引导学生自主探究发现规律的过程，学生主体性得以发挥，规律的掌握便更加扎实。学生交流生活中认识的带走之旁的字，拓展的带"米"字旁的字，都是在运用规律，巩固规律，学生体味到了知识的生活价值，感受到了在生活中独立识字的乐趣。学生还能举一反三模仿儿歌的表达形式，为小虾、蜜蜂、青蛙创编儿歌，语言表达生动有趣，实现了语言的积累与运用。

总之，教师需要引导学生在识字、写字、语言积累中感受中华文化的魅力，激发热爱中华文化的情感，增强学习意识，习得学习方法，养成学习习惯，奠定语文基础。

依托情境教学感知传统文化魅力

袁　芳

中华诗词源远流长，是我国古代文化艺术殿堂中的瑰宝。古诗词是小学语文教材必不可少的重要内容。所谓"熟读唐诗三百首，不会作诗也会吟"，学习古诗的作用，可见一斑。《义务教育语文课程标准（2022年版）》在课程目标中也提到，"通过语文学习，热爱国家通用语言文字，热爱中华文化，继承和弘扬中华优秀传统文化"。学习传统文化的意义深远，但在学生学习的过程中如何能让学生更喜欢传统文化，感受古诗文中的美？如何能够让学生感受到传统文化的魅力传承至今？基于以上的思考，在实际教育教学中也做了很多的尝试，下面就以《诗经》的情境教学和吟诵为例，通过多种形式和内容，引导学生感知传统文化魅力，探索教育教学活动中美的精神。

在教育教学活动中通过课堂教学、综合实践活动、学科融合活动、调查研究、学科展示等多种形式帮助学生学会正确的吟唱方法；逐步利用情境教学以及吟唱帮助学生理解《诗经》创作背景以及文化，从而深入感知传统诗词的意境，展示学生对《诗经》以及诗词文化理解的成果，激发学生学习古诗词的兴趣。

一、敬之敬之，天维显思——探寻礼乐歌谣的时代

初次活动我们一起追根溯源，走进《诗经》的源头，探寻古代《诗经》的模样，初步对《诗经》有所了解，并且为今后的学习做好铺垫。

什么是《诗经》？常见的定义是"中国古代第一部诗歌总集"。然而学生通过语文学科的横向知识对比，渐渐有了新的思考，这个"集"与李白诗集、杜

甫诗集是否一样呢？于是我们展开了关于《诗经》特点的探究。大家查阅资料，收集自己喜欢的篇章和历史小故事、典故、传说等，用故事交流会的形式开展交流，大家还利用周末的时间来到历史博物馆，参观周代青铜器展览，观赏周人生活彩绘图卷，了解他们的社会生活方式，从衣、食、住、行几个方面来走进古人的生活，他们是如何祭祀，战争情境如何？这些远离我们现实生活的片段都——呈现在了我们眼前。同学们观察古代生活，拍摄各种有意思的照片，用笔记录下珍贵的资料，吟诵"彼路斯何？君子之车！""采采卷耳，不盈顷筐"。仿佛真的穿越回古代，置身于广袤的周代大地上。引导学生从那些奇特神秘的青铜纹理中选择自己喜欢的图案，或者选择一种青铜器造型设计自己的文明标志，并和家长一起完成设计创作寓意讲解。

通过这些活动，孩子们了解了周代文化的特点，了解了《诗经》的创作起源，通过观察和欣赏，感受到了古代文化的魅力、生活的美好，养成了留心观察、提出问题、勇于探索的习惯。同时，他们用自己的笔和手中的相机、拓印的工具，将自己眼中的美景保留下来。通过《诗经》的朗读和创作，孩子们更加热爱中国的传统文化。

二、南有乔木，不可休思——《诗经》中的追远之情

通过第一阶段的学习，同学们都对周代文化有了一定的了解，其中"祭祀"这个环节吸引了很多同学的目光，时至今日，我们仍能在古诗中找到一些与追念祖先节日有关的内容，"春城无处不飞花，寒食东风御柳斜。""遥知兄弟登高处，遍插茱萸少一人"，为什么要祭祀？中国人慎终追远的文化基因从何而来？带着这样的问题我们围绕"祭祀"这一话题，从《周颂》一篇展开了新的主题学习。

学生们分小组收集有关《周颂》的资料，并在课堂上进行汇报。有的同学聚焦祭祀这一历史文化；有的同学关注祭祀仪式的特点；还有的同学关注有关祖先的传说"思文后稷，克配彼天"，绘声绘色地讲起了后稷的英雄故事，后稷就是周人的祖先，他为人民带来了农业技术，得到了充足的粮食，是不是和我们今天的袁隆平院士很像？他们都靠自己的才能为人民解决粮食的问题，得到了百姓的爱戴！我们了解到，《周颂》大多数都与"鬼神"有关，我们不由得联系起以前学过的《山海经》，有的孩子拿着《山海经》去寻找《诗经》中

古人神奇的想象，与大家展开了交流；又例如我们了解到，《诗经》中"三颂"除了《周颂》以外，还有《鲁颂》和《商颂》两篇，"颂"在这里是把国家的美丽盛大告诉祖先，令他们安心；喜欢音乐舞蹈的同学在网上找来了现代人根据史料还原的舞蹈和音乐，现场欣赏，边看边学，从语文的《诗经》融合到歌唱、舞蹈、音乐等其他学科，不仅学习了知识，更感受到了艺术魅力的乐趣。热爱朗诵的同学，为大家介绍了《思文》这一篇，并现场交流这一节的含义。而后，教师适时进行了总结、提升，配乐朗诵了《思文》选段，让孩子们在直观的感悟中领略了英雄传奇。最后，孩子们在精美的古风纸上书写《诗经》，并朗读交流，分享自己的作品，继续感受书法这一文化的魅力。

三、红笺纸上吟秋韵——《诗经》中的节气

"蒹葭苍苍，白露为霜，所谓伊人，在水一方。"秋风渐起，白露将至，这也是诗人触发秋思的时节。经过一段时间的研究，学生对《诗经》中二十四节气文化以及相关的古诗词作品产生浓厚兴趣，大家收集资料，结合学校特色校本课程的积累，已经有了一定的了解，并且能够就部分节气的特点创编诗词。于是，我带领孩子们开展了"红笺纸上吟秋韵"，创作白露诗集的活动。

孩子们收集整理了有关白露时节的多首古诗词，并将这些诗词分类整理，以手抄报、诗词讲解、朗诵展示、自编小剧等方式在课堂或主题活动中进行交流汇报。通过交流分享，大家确定了诗词创编的方向——秋雨。之后，学生以小组为单位，拍摄有关白露时节雨景的照片，并展开想象，把它们改编为诗词，最后将大家的诗词张贴于班级中进行展示，同学们不仅互相分享了作品，还为他人的创作提出了修改建议。在大家的互评互改中，作品也越发成熟。

四、昔我往矣，杨柳依依——《诗经》中的家国情

新冠疫情肆虐时，日本作为邻邦，给我们送来了不少援助物资，细心的网友在这些箱子上发现了一些十分引人注目的诗句，引起了极大反响。这些来自日本的物资为何会写上中国的诗句？它们是由谁创作的呢？学生发现，《诗经》在异国他乡也焕发出了新的生命。一句简单的诗，为何生命力竟然穿越千年仍如此坚韧，它表达了中国古人什么样的思想感情呢？

这一活动是在"南有乔木，不可休思——《诗经》中的追远之情"的基础上，对《诗经》进行的扩展研究。

活动准备过程中，各个组长带领本组同学对各个名篇的文化背景、历史常识以及诉说情感的了解情况进行全面调查，设计调查问卷和访谈提纲，并针对组员所了解的情况制定研究方案。之后，同学们设计相应的PPT，收集影视音频资料，根据研究方案收集了有关的知识以及相关风俗文化、古诗词等，并结合抗击疫情的实时报道进行一些一线抗疫人员以及幕后志愿者的动人事迹收集。

《诗经》中记载了大量的战争情节，这些篇章就像一首首赞歌，歌唱着诗中的人物，有像《钟鼓》之类的挽歌，也有如《无衣》那样的战歌，还有如《采薇》那样的咏叹曲。通过走进诗歌的世界，同学们渐渐领悟了《诗经》背后的动人故事，为了抵御外来入侵，保卫自己的家园，人们奋起反抗、万众一心，这不正和众志成城抗击疫情如出一辙吗？怀着对祖国和家园深深的热爱，在潜移默化之中引导学生感受《诗经》中的爱国之情，伴随着雄壮的军乐曲，男生女生分角色用喜欢的各种形式朗读《诗经》。通过设置情景：男生，此刻你就是上战场的那些战士，你要离开家人，离开朋友，带着亲人的不舍与嘱托，和生死相依的战友连夜出征，你想要怎样读？女生，此刻如果你就是这些战士的亲人、朋友，即将要送他们踏上可能一去不复返的险恶的征程，你想怎么读？

朔风猎猎，军旗飘扬，一群衣衫褴褛的西北大汉，在黄土高原上誓师出征，外敌的暴行点燃了他们的怒火。军官三声喝问："岂曰无衣？"士兵们纷纷大吼："与子同袍！""与子同泽！""与子同裳！"军官又大声说："王兴于师！"士兵们举起兵器："修我戈矛！""修我矛戟！""修我甲兵！"通过这种形式使学生领悟家国情怀。

我们总说中华文化源远流长，如何能够通过多种形式让学生真正感受这源远流长，真正感受古诗文中或含蓄或直接的美，真正能喜欢我们的古诗文、我们的传统文化，是需要我们不断努力和尝试的。

立足单元整体　创设学生活动　落实习作教学

——统编版语文教材六年级上册第五单元
《围绕中心意思写》教学思考

田杨意

写作是运用语言文字进行表达和交流的重要工具，是一个人认识世界、认识自我、创造性表述的过程。写作能力是语文素养的一种综合体现。统编版教科书的编写更是突破了传统语文教科书的编写体例，从三年级开始便在每册都编写独立的习作单元内容。该单元的编写目的是以学生的写作能力发展为主线，突出不同年龄段学生应该达到的重点写作能力，使写作教学过程更加清晰化、系统化。因此，在今天的写作课堂中应更加强调在自主、合作、探究的学生活动中，教师引导学生有步骤、有梯度地完成课堂教学内容，从而实现学生写作能力的提升。下面，我将以执教的统编版语文教材六年级上册第五单元《围绕中心意思写》一课为例，谈一谈我在课后的一些思考。

一、从单元整体教学的角度

《围绕中心意思写》的语文要素是"体会文章是怎样围绕中心意思来写的"，习作要求是"从不同方面或选取不同事例，表达中心意思"。目的是引导学生体会怎样表达中心意思，帮助学生掌握围绕中心写作的方法。本单元由两篇精读课文、一个交流平台和初试身手、两篇习作例文和一次习作组成。

因此，为了实现最后习作方法的运用就应该从单元整体教学的角度去考虑本单元的教学问题。李怀源老师在《小学语文单元整体教学理论与务实》一书中谈到：教师需要实现三个方面的整合：①教学内容的整合；②教学目标的整合；③教学方式的整合。基于以上三个方面的内容，在执教本单元时我首先将教学内容进行了整合，将《夏天里的成长》与《小站》两篇（从不同方面围绕中心意思写的文章）和《盼》与《爸爸的计划》两篇（选取不同事例围绕中心意思写的文章）进行比较阅读。同时将"交流平台"和"初试身手"也进行了整合教学，在回顾方法的同时实现了学与用之间的转换。统编教材的特点之一就是语文要素非常清晰，因此，在以单元为整体的教学过程中教师应给学生留下学习的空间，在教学中充分借助课后习题并运用"预习、小组合作学习、展示交流"等自主、合作、探究的学习方法，实现学生充分自主的学习。

二、从习作教学的角度

学生习作需懂得写作是为了自我表达和与人交流。因此，在本次习作教学中无论是表达还是交流，一定要让学生有明确的目的，而这个目的其实就是他表达的中心。因此，通过对本单元课文内容的学习以及"初试身手"的选材训练，教师都引导学生明确每一篇文章都应该有明确的中心意思，并明确所选材料是为中心服务的，是中心的具体呈现。

写作教学应抓住取材、立意、构思、起草、加工等环节，指导学生在写作实践中学会写作。因此，教师应该通过习作教学逐步帮学生建构独立习作能力。在学生完成一篇习作的过程中，他应当学会：明确文章中心—选取典型材料—编写习作提纲—确定材料详略等一系列构思的过程，让学生在教师的指导下、在写作实践中学会写作，因此在本节课的教学中教师有意识地设计了两个学习活动。

活动一：请上来交流习作提纲的同学，盖住前面你选择的汉字，只说后面的材料，看看你们能不能猜中他的中心意思是什么？

活动二：请你根据刚刚的学习修改自己的习作提纲，之后根据修改后的提纲选择习作例文或前面的课文，找到对你完成本次习作有帮助的地方，继续完善你的习作提纲，过后大家交流。

以上两个活动是学生自主、合作、探究的过程。在活动一中，学生通过"猜字"的环节不仅明确了写作前想清楚自己要表达的中心意思，并围绕着这个中心意思选取典型材料，打好文章的基础；同时也训练了学生的表达能力与思考能力。在活动二中，学生通过自主阅读习作例文，感悟、借鉴其方法，再对照所列提纲思考如何将材料合理安排，这一过程提升了学生围绕中心意思写作的能力。两个活动按照教学进度有层次、有梯度地落实完成后，学生绘制了以下习作提纲（见图1、图2）。

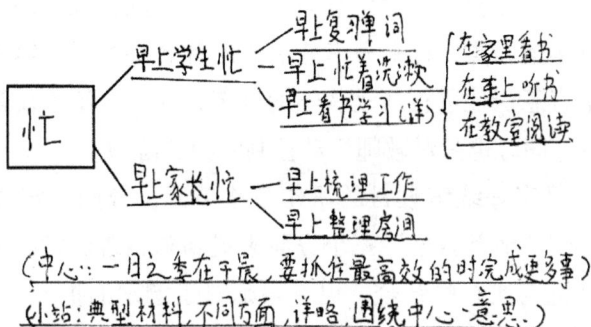

图1　学生围绕"忙"字，从不同方面绘制提纲

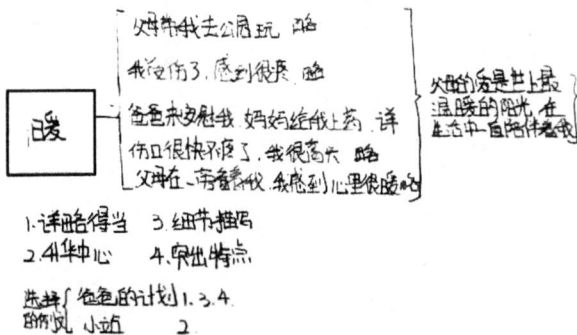

图2　学生围绕"暖"字，选择不同事例绘制提纲

三、从活动教学的角度

　　语文课程应当爱护学生的好奇心、求知欲，鼓励自主阅读、自由表达，充分激发他们的问题意识和进取精神，关注个体差异和不同的学习需求，积极倡导自主、合作、探究的学习方式。基于这种理念的指导，在自主活动中全面提高语文素养。佩兰老师在《语文"活动式"教学》中也指出，"活动式"教学是一种富有时代精神的现代科学化的教学方法与教学形式，是对点拨教学的开拓与进一步发展，对深化语文教学改革是极有意义的，能够真正实现把"教师课堂"转变为"学生课堂"。但是"知道"和"能做到"之间是有距离的。想

要设计出丰富多彩的学生学习活动，至少需要三个方面的基础：第一，教师心中有明确的目标意识，这个目标不仅包括本节课的教学目标，更包括本年段的目标、本册教材和本单元的教学目标以及每个小环节学生应具体落实的目标；第二，教师应当建立充分的"学情意识"，在一遍遍的磨课、备课中反复推敲、思考学情，并将学情归类，逐一思考应对策略和解决方法；第三，教师应当在平时的常态课中有意识地进行活动教学的训练，这个训练不仅是对学生的活动操作能力的练习，同时也是对教师活动控制能力的练习。

综上所述，落实好统编教材的习作策略单元，教师一定要从"单元整体教学""习作教学""活动教学"三个方面来提高和完善课堂。一堂优质课的背后一定有教师理论与实践的结合，更有教师对于宏观的把握以及细节的关注。《礼记·中庸》中写道："博学之，审问之，慎思之，明辨之，笃行之。"这是古人谈学习的五个方面，虽今已为师，但学习之法尚需日日谨记。

读写生辉

——浅谈读写结合对提高习作教学的实效

马　岩

古人云："蜀道难，难于上青天。"而目前小学语文习作教学对有的师生而言，也颇有"难于上青天"之势。老师头疼，是因为不知如何让学生乐于习作，写好习作；学生头疼，是因为他们在习作时往往是绞尽脑汁、胡编乱造还是只能挤出那么几句干巴巴的话来。让学生"读中悟写、以读促写、以写促读"，才能激发学生习作兴趣，提高习作水平。

一、阅读教学渗透写法，润物细无声，以读促写，提高读写能力

崔峦先生说："在我们语文教学中，一方面要加强阅读教学，另一方面要加强读写联系，做到读写渗透，读写结合。""阅读好像蜜蜂采花，作文好像蜜蜂酿蜜。读和写是相辅相成的，犹如一对孪生兄弟。"叶圣陶先生也曾明确指出："阅读是'吸收'的事情，从阅读，咱们可以领受人家的经验，接触人家的心情；写作是'发表'的事情，从写作，咱们可以显示自己的经验，吐露自己的心情。"所以，阅读教学和习作教学是密不可分的。在实际教学中如何找准结合点呢？

（一）根据教材特点找读写结合点

新教材在编排上和旧教材有很大的区别，去掉了原有的读写例话，但并不意味着忽视习作表达方法的指导。而在实际的教学中，往往存在只管阅读，忽视习作，读、写分家的问题。具体表现为阅读教学中关注内容的分析和理解，忽视对作者习作方法的感悟和渗透，在习作指导课上再来生硬地进行习作方法

的指导，老师花了很多精力，却事倍功半。

其实，新课本中的文章文质皆美，经过教育专家认真筛选，最后录入课本中，在表达方法、语言运用、内容方面都有很大的学习意义。这些文章不仅适合学生进行阅读练习，也是学生学习写作的很好的范文。教材编排也是非常合理的，尽管文章是以"组"或"单元"的形式出现，但每一组或每一单元文章的思想表达还是有着不一样的表达特点。

课本中一些文章内涵深刻，适合再三品味；一些文章语言生动形象，很适合学生积累词汇；一些文章结构十分合理，对学生在布局谋篇上有很大帮助。教者就要根据教材的不同特点进行习作方法的渗透，寓习作指导于阅读教学的过程之中，把读和写有机结合起来。

如五年级第七组课文侧重感悟人物形象，但除了要引导学生感悟丰富的人物形象外，更要在教学过程中渗透刻画人物形象的表达方法。作者在刻画"凤辣子"的人物形象时，抓住她的语言、外貌、动作、神态，就把她的泼辣、虚伪、好做表面文章等性格生动地展现在我们面前。学生在感悟人物形象的过程中习得描写人物的方法。

总之，教材的编排向我们传递着读写结合的信息：有的侧重语言的表达，有的侧重布局谋篇，有的侧重深刻含义的理解……这要求我们在细心地去捕捉、研读教材（文本）特点的基础上，寻找"读写结合"的点，并在阅读教学中润物细无声地引导学生感悟，把习作方法的渗透孕育在每一节阅读教学的课堂中，在阅读教学中提高学生的读写能力。

（二）根据不同年段特点找读写结合点

读写结合点要根据不同年级段的学习特点来选择。由于学生处在不同的学习阶段，对知识的了解和学习基础不同，所以各个年级的读写内容也不相同，对不同年龄段学生应该区别对待。

（三）根据学生的特点找读写结合点

读写结合最终目的是要促进学生理解课本并掌握课本写作技巧，促进学生读写能力的提高。根据学生实际情况制定阅读和写作的内容十分重要。学生习作中有什么优势，有什么不足，还需要完善哪些能力，教师必须掌握这些内容，并能综合学生情况、教材特点、年龄段要求确定比较合理的读写结合点。

例如，在习作教学中，我发现很多学生在习作时都存在写得不具体、不生动的问题，针对这一普遍现象，根据教材特点，我设计了"细致入微写具体"

的教学策略。比如学习《爬山虎的脚》一文，引导学生学习作者描写叶子的颜色、样子，以及爬山虎是怎样一脚一脚往上爬的，感悟作者观察的细节，以及又是怎样把观察到的事物写具体的。围绕这个问题，我设计了"细致入微写具体之多问几个怎么样"的练习，学习使用《爬山虎的脚》中的写作方法来修改一段话，再把一段话写具体的课后练笔。在学习《开国大典》一文时，感受点面结合是把场面写具体生动的好方法，我又设计了"细致入微写具体之点面结合话场面"小练笔，指导学生明确"点"与"面"，写出"面"的整体概括和"点"的具体生动。选取日常生活中看到的各种场面，如升旗仪式、联欢会、运动会……运用点面结合的办法进行重点段的练习，使学生运用这种写作方法形成自己的习作能力。经过这样长时间的读中悟写法、习作中用方法的练习，学生在如何写具体这个问题上有了比较明显的进步。针对学生的特点，找出读写结合的点，使读写结合更有针对性，更具实效性。

二、以仿写为手段，从模仿到创造，
实现读写迁移，提高习作水平

新课程实施以来，由于我们对课标的理解失之偏颇，在很长一段时间里我们盲目地摒弃了传统教学中的精华。在习作教学中，老师不敢大胆地进行习作方法和技巧的指导，不敢给学生提供范文仿写，怕被扣上"束缚学生的思维，扼杀学生个性地表达"的帽子，以致后来很多学生不知如何表达，更不用说有创意地表达了。这就让我们习作教学从传统过分地"导"的极端走向过分地"放"的另一个极端。我们都忽略了一个"度"的问题。

叶圣陶曾说过："语文教材无非是例子，凭借这个例子要使学生能够举一反三，练成阅读与作文的熟练技能。"想让学生学会举一反三，仿写无疑是一条很好的捷径。老师特别需要给学生提供仿写方面的引导，引导他们仿照优秀的文章、作品来进行写作练习。这样会更好地激励他们产生学习写作的兴趣，促使他们自主学习、自主练习，形成灵活运用的技能。

小学语文教材中的很多课文都可以作为模仿的好范文。几年来，同学们从《四季的脚步》《假如》中获得做小诗人的成就感；从《北京亮起来了》感受到家乡的夜景和北京的夜景一样迷人；从《美丽的小兴安岭》中学会了可按季节的顺序来写自己喜欢的景点；从《彩色的非洲》学会了总—分—总的布局谋篇，知道段与段之间的连接用上过渡句会更自然……从句式的仿写，到段落的仿写，到布局谋篇的仿写，从语言的积累到习作方法的运用，随着年级的升高循序渐进，学生由无从下手的茫然到有法可循的从容，从"愿写"到"会写"再到"善写"，经历了一个读中学写、读后仿写的过程。读写的迁移实现了学生由模仿他人到创造自己作品的美好愿望，在仿写的过程中品味到习作的成就感，让学生不再对习作望而生畏。仿中练功，仿中求异，从仿到创，由俗入雅，从感悟到模仿，从吸收到运用，使阅读和习作相得益彰，发挥整体作用，从而逐步使所学的知识内化为学生自己的文学素养。

三、课内外结合、拓展读写时空，以写促读，让读写成为一种愉悦

读写的结合仅局限在语文教材上的课文是远远不够的，必须拓展学生读书的时间和空间，把读书的时空延伸到无限的课外去。唐代大诗人杜甫曾经说过："读书破万卷，下笔如有神。"言下之意，多读书对写作大有好处。书读得越多，写起文章来就越得心应手。而作为他们的老师，我们有责任让他们走近好书，和好书交朋友。但如果只是走马观花、囫囵吞枣地读书，读完后没有任何印象，那书就白读了。

我们如何提高读书活动的有效性？在班级开展"小书虫书吧"，由同学们捐出好书供分享。为了鼓励同学们看有价值的好书，我把挑选出的好书拍成照片贴在墙上的"好书栏"里，作为一种引领。同学们都以捐出的书能上"好书栏"为荣，于是班上涌现出了大量的经典好书：如《吹小号的天鹅》《天蓝色的彼岸》《吹牛大王历险记》《夏洛的网》《一百条裙子》……这些世界经典文学为孩子们打开了一扇神奇的窗户，让孩子们看到了更广阔的世界。因为这些书本身有着深厚的文化内涵，故事生动、引人入胜，使读好书成为同学们的一种自觉行为。

孩子们的读后感记录下了他们心灵成长的足迹。《书的味道——读〈窃读记〉有感》《珍惜你拥有的幸福——读〈天蓝色的彼岸〉有感》……孩子们的写作水平快速提高。这样的读写结合，让阅读和习作都成为一种愉悦，让读与写到广阔的时空去自由驰骋，这又何尝不是一种提高习作水平的好办法呢？

总之，读写结合作为一条行之有效的教学原则一直以来广受重视，在提高

学生读写能力、陶冶情操方面有着重要作用和现实意义。在读写结合的习作教学之路上，阅读为基础，从读中学写，写中促读，多读多写，把读与写相互沟通、有机融合，让学生从"怕写"到"愿写"、从"愿写"到"会写"、从"会写"到"善写"；把学生从自己艰辛的摸索爬行变为站在无数"巨人"的肩膀上攀登。就如同从蜗行于山间小道一下跨上宽阔的高速公路一样，学生的习作之路不再"难于上青天"，读写结合会让他们走得更稳、走得更快，也走得更远一些。

整本书阅读课程探索

——以中国神话传说为例

史小玉

统编教材建构了"精读—略读—整本书阅读"三位一体的阅读体系。整本书阅读，应该是在教师指导下的学生半独立阅读课程形态。学生整本书阅读现状如何呢？教师该如何有效干预，以实现整本书阅读价值的超越呢？我们以四年级上册"快乐读书吧"板块为研究对象，进行现状了解与课程实践。

统编版语文教材四年级上册第四单元"快乐读书吧"与神话故事单元一脉相承，在学生学习《盘古开天地》《精卫填海》《女娲补天》等神话故事之后，推荐、引导他们阅读中国古代神话故事，使他们感受神话永恒的魅力。在诸多版本中，我们选择了曹文轩、陈先云主编的《中国神话传说》一书。

一、聚焦整本书阅读现状

中国古代神话内容丰富，人物众多，但大多篇幅短小，故事情节性不强；同时，中国地域辽阔，各民族文化不同，没有固定的主神和完整的神灵体系，因此显得有些零散。整本书的"整"字，除去显性可见的篇幅之长外，更在于其整体的艺术架构，整体上把握一本书的艺术架构，有助于学生走进其完整的艺术世界，获得更为全面、深刻的思考。

《中国神话传说》一书以天方五帝和人间五帝为纲，努力构建神话故事的总体框架，对零散的神话故事进行了整合。同时，在叙述神话故事的过程中，这本书进行了必要的阐释，以帮助读者更真切地感悟中国神话传说的艺术魅力，了解中国神话传说的意义。

　　然而，在独立阅读过程中，一小部分学生认为这本书生僻字较多，影响阅读兴趣；大部分学生采取跳读的方式，只读自己感兴趣的故事情节，忽略不感兴趣的章节以及编者较为理性的分析与阐释，他们认为这部分内容不容易懂，没意思。在交流阅读收获时，学生交流的内容也仅仅停留在认识了某个原来不知道的神仙，掌管了什么，有什么本领等。获得的是简单而零散的神话知识、粗浅而零星的阅读感悟，编者"整"的良苦用心难以实现，成了学生忽视的精彩。

二、实现整本书阅读价值

　　整本书的教学价值包含语文知识积累、语文阅读能力提升、语文阅读策略建构和学生精神成长四个维度。基于《中国神话传说》的编写特点以及学生的阅读现状，我们采取"整"着读的策略。基于整体架构的半独立阅读，我们对《中国神话传说》这本书的内容进行重整，设置阅读专题，引领学生从泛读走向研读、从感知走向思辨，实现阅读价值的超越。

（一）归纳阅读议题，构建整本书阅读体系

　　神话，是人类童年时代飞腾的幻想，是智慧的古代先民以极其丰富的想象对世界做出的解释。神话传说凝聚了远古先民的信仰、道德、哲学、科学和历史，蕴含早期人类的生存智慧，更是孕育民族精神的文化源头。中国古代神话，是中华民族优秀传统文化的根。阅读中国古代神话传说，不仅仅是为了了解神奇的神话事件，感悟先民丰富的想象，更是为了增强民族自豪感与文化自信。

　　我们以"倾听远古的声音"为母题，开发了六个议题，形成《中国神话传说》整本书阅读课程体系架构（见图1）。

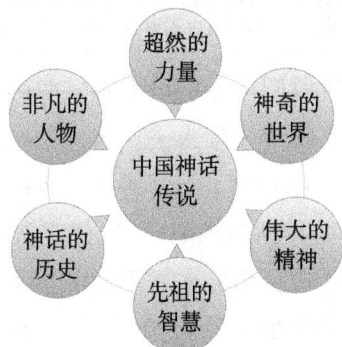

图1　《中国神话传说》整本书阅读课程体系架构

前三个议题"超然的力量""神奇的世界""非凡的人物"着眼于神话的"神奇",而后三个议题"伟大的精神""先祖的智慧""神话的历史"则旨在引导学生探究神话传说背后的秘密。六个议题紧密围绕母题,由浅入深、由表及里,循序渐进,形成具有逻辑关系的任务群。

(二)推动深度阅读,探索整本书阅读的策略

一个议题就是一项阅读任务,需要引导学生在通读全书的基础上,围绕议题,运用多种阅读策略,进行有选择的再阅读。为更好地促进学生的深度研读,我们采取问题驱动的方式,每一个议题设置一个核心问题,明确阅读主要内容,在此基础上进行有针对性的策略指导(见表1)。每个议题在学生自主阅读的基础上,开展一次阅读交流活动。

表1 阅读策略指导

议题	核心问题	阅读内容	阅读策略
超然的力量	神话里有着怎样超然的力量?	《盘古开天辟地》《女娲造人》《颛顼与共工之间的战争》《断绝天地交通》	预测、检索、提问、推断
神奇的世界	神话里的神仙世界是什么样的?	《神话时代的宇宙景观》	预测、联结、释疑、图像化
非凡的人物	神话里的人物有哪些非凡之处?	《东方天帝伏羲》《中央天帝黄帝》《帝喾时代的神话传说》	检索、联结、推断、图像化
伟大的精神	神话里蕴含着怎样伟大的精神?	《盘古开天辟地》《女娲补天》《炎帝的功绩》《阏伯盗火》《羿射九日》《遍治天下渚河,丈量天下》	联结、综合、评价、审辨
先祖的智慧	有关发明的神话里蕴含着怎样的先祖智慧?	《天神帝俊和日月神话》《伏羲的文化发明》《燧人氏钻木取火》《炎帝的功绩》《黄帝及其下属的文化发明》	联结、综合、评价、审辨
神话的历史	神话中的尧舜禹与历史上的尧舜禹有哪些不同?	《尧帝时代的神话传说》《舜帝时代的神话传说》《大禹时代的神话传说》	联结、比较、组织、审辨

前三个议题,教师在阶段阅读导引单上不仅明确提出驱动问题,而且提出成果呈现建议,以学生交流阅读成果为主。如,议题二"神奇的世界"给出如下学习建议:"畅游了天地、昆仑山、海洋神仙世界的你,对哪儿最感兴趣?拿起笔,把你想象到的神仙世界画出来吧。"这样,引导学生借助想象,把从书中检索到的信息以图画的形式呈现出来。阅读交流课上,学生结合自己绘制的图画进行讲解。议题三"非凡的人物",导引单提示学生以表格的形式梳理神话人物的出生方式、个人形象、所吃食物、超凡本领等,并要求学生收集古籍

上的神仙画像，课堂上请小伙伴猜一猜他是谁。课堂上，学生兴趣盎然地交流各路神仙非凡的出生方式、长相，对先民瑰丽而丰富的想象充满钦佩之情。此时，教师适时抛出一个问题："我们的祖先为什么要把女娲想象成人首蛇身或人首龙身？"这样，学生的思维立即被激活，他们进行了各种有意思的推断。在此基础上，教师出示书上的原话："古代先民既惧怕蛇，又崇拜蛇……"学生顿悟，理解了古人塑造形象的缘由。先民把神的形象动物化，正反映了先民对自然的崇拜和对美好生活的向往；先民在创造神灵形象时，还会联系他们的身份、贡献等，这样既能显示人物的非同一般，又让人觉得合情合理。这样，书上那些原本被忽视的精彩部分成了学生争相阅读和讨论的焦点。

后三个议题旨在探究神话创作背后的秘密。在阅读交流课上，教师应充分发挥引导作用。如议题四"伟大的精神"阅读交流课，我们以"来自远古的精神力量"为课题，精心设计驱动问题，帮助学生领悟神话中蕴藏的无私奉献、乐于创造、勇于抗争、追逐梦想等民族精神。

（三）创设思辨点，提升整本书阅读的思维含量

余党绪先生认为："面对整本书，必须改变我们的阅读习惯和思维方式，从感性走向理性，从混沌走向清明，从感知—印证式阅读走向分析—论证性阅读，即思辨性阅读。"阅读《中国神话传说》的过程是学生思维发展的过程，也是学生精神成长的过程。积极的思辨能帮助学生从困惑走向顿悟。以"来自远古的精神力量"一课的教学为例，我们设计了如下思辨点。

1.刚才我们研读了《阏伯盗火》的故事。火，是人类一项极其重要的文化发明。希腊神话里普罗米修斯盗火的故事，也编进了我们的课本里。其实，在中国，流传最广的关于火的神话是《燧人氏钻木取火》。比较这三个故事，想一想为什么《燧人氏钻木取火》的故事流传最广。

2.《夸父逐日》《精卫填海》是两个有些悲情的故事，为什么却蕴含着积极的精神力量？

对第一个思辨点，学生通过比较故事、小组讨论，很快找到了答案。《阏伯盗火》《普罗米修斯盗火》这两个故事中，火都是盗来的；但在《燧人氏钻木取火》这个故事中，火是燧人氏靠自己的智慧和坚持不懈的精神发明出来的。再综合书上说到的其他发明，学生很快就总结出先民乐于创造的精神。

在此基础上，适度链接夸父计划、嫦娥五号、祝融火星车等航天事业的中国式浪漫表达，让学生发现这种来自远古的精神力量不仅陪伴中华民族至今，

而且还将继续陪伴我们走向更加美好的未来。

整体架构下的半独立阅读课程，使整本书阅读超越基于感觉和兴趣的课外阅读，走向深度研读、思辨阅读。这样，使整本书阅读直抵学生思维与心灵深处，让学生获得真正意义上的语文核心素养的提升。

儿童哲学课程建设促进数学课堂教学方式的转变

辛士红

儿童哲学缘起于 20 世纪 70 年代，是由美国哥伦比亚大学哲学教授李普曼制订的一项以儿童为对象的哲学教育计划。这项计划关注儿童思维特性，激发儿童原有的思维潜能，培养儿童哲学性推理、判断及创造性思维能力，帮助儿童发现事物的关系，练习辨别力，培养洞察力。儿童哲学如今已成为一门新兴的哲学分支，被一些学者认为是"儿童学"，即以儿童为研究对象，研究儿童身心发展、人格特质、行为表征和思想的一门有组织、有系统的学问。芳草地国际学校历时十余年的时间进行了儿童哲学课程的研究与实践，取得了显著成效。在儿童哲学课程建设的过程中，哲学的诘问、思辨、平等对话的方式，拓宽了老师们教学方式的视野，促进了老师们转变教学观念，从而也促进了老师们课堂教学方式的转变。

一、学校儿童哲学课程建设

（一）课程总目标

遵循立德树人的根本任务，芳草地国际学校的《儿童哲学》读本以马克思主义哲学为指导，借鉴西方儿童哲学，以故事为载体，以期对学生进行世界观的启蒙教育和初步教会学生运用辩证思维认识问题和解决问题，提高思维品质。通过群体探究的课堂教学模式，训练儿童的思维能力，尤其是创造思维能力，培养学生的创新精神，让学生掌握科学的思维方法和学习方法，全面提升学生的综合素质。我们把儿童哲学的核心目标定位在：适应儿童思维发展，培养学生学会运用辩证唯物主义和历史唯物主义，树立正确的世界观、人生观、价值观；培养学生学会运用辩证法去发现问题、解决问题的科学思维方法，认识自己和世界，成为有社会责任感、创新精神和实践能力的时代人才。

（二）课程内容

儿童哲学课程是依托学校开发的《儿童哲学》读本开设的，这套读本内容始终坚守立德树人的根本目标，将培育和践行社会主义核心价值观精神贯彻始终。培育学生树立家国情怀、大国责任担当意识和国际主义精神，同时也体现了学校"培养有中国情怀、国际视野的学子"的办学理念。课程内容具体到实际问题包括："我从哪里来""喜、怒、忧、思、悲、恐、惊""好和坏、美与丑""自由与规则、科学与艺术、自然和宇宙"……通过儿童哲学，引领孩子走进多彩的世界、丰富的生活。

（三）课程实施原则

1. 哲学概念儿童化

儿童学哲学必须把高度概括的哲学概念转化为学生可以认知的语言，把哲学概念儿童化，他们才能够接受。这个问题关系到课程目标的达成程度。例如，关于物质和意识的关系，我们表达为"先有实物后有认识"，把"意识"表达为"人会思考"，把"实践"表达为"自己事自己做"，把矛盾双方相互转化的原理表达为"换个角度思考"……

2. 哲思哲理故事化

哲学思想和道理对于儿童来说较为晦涩难懂，为此我们寓哲理于故事，使学生在故事中明白道理。在故事选取方面，注重情境性强，富含哲理又是学生喜闻乐见的故事，如"小蝌蚪找妈妈""小马过河"等；有中国优秀传统的哲理故事，如"拔苗助长""刻舟求剑"等；有语文课文，如"画风""玲玲的画"等；还有外国的哲理故事，如"骗人的广告"等。

3. 教学过程讨论化

儿童性，是一种没有经过后天知识训练的纯然的精神特质，天性的好奇，使儿童对世界充满了探索的热情，人之初的原始思维，使他们对所遇到事情喜欢刨根问底地追问。有学者说，这是苏格拉底式的"傻问"，对事情的来源有无限的兴趣。海德格尔认为，这种原始性的追问，才是真正哲学的追问。哲学就是要说明世界的本源问题，儿童追问是对本源的追问，是无先人之见、对真善美的天然渴望与执着，这是哲学思考的基本品质。

（四）课程实施模式与策略

经过十余年的实践探索，我们的哲学课堂已形成了较为成熟的课程实施模式。首先，围绕教学的主题，用小实验、小游戏等情趣引入，提出问题引发思考。其次，通过蕴含哲理的故事进行深入的讨论分析，启发得出哲学观点。最后，通过拓展故事，由观点转向想问题做事情的方法（见图1）。

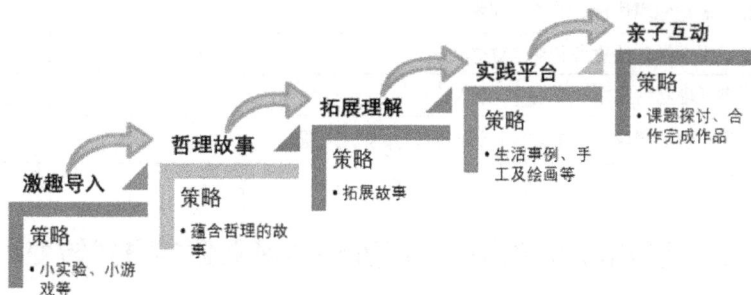

图 1　哲学课堂课程模式

儿童哲学课上，教师也是这个群体的一分子，和大家一起提出认为感兴趣、有疑问或者值得讨论的问题，并做一个简短的说明，引导从一个特定的角度展开讨论。通过集体探究的方式，对具体问题进行讨论，指导形成课程主题的概念，得出有创意的结论。

（五）课程评价

儿童哲学课不同于其他学科课程，它不是以传授知识为主，因此，以往的评估方法不能用来评估它的教学效果。为此，我们依据学校"五有"思维课堂的基本观点，专门制定了儿童哲学课堂学生评价量表（见表1）。

表 1　儿童哲学课堂学生评价量表

评价要素	评价内容	评价方法		
		学生自评	学生互评	教师评价
思维	1. 善于动脑，积极思考。			
	2. 思维敏捷，能举一反三。			
	3. 学习兴趣浓厚，思维得到一定的训练与提高。			
倾听	1. 认真听讲，及时回应教师及同学的发言。			
	2. 能认真倾听完其他同学的发言后，再表达自己的不同意见。			
	3. 能积极参与小组活动，并愿意倾听、吸收别人见解中的可取之处。			

续表

评价要素	评价内容	评价方法		
		学生自评	学生互评	教师评价
表达	1. 敢于提出问题，对不理解的内容能不断追问，直至明白为止。			
	2. 能有理有据反驳别人的观点。			
	3. 能有逻辑地表达自己的不同见解。			
运用	1. 能运用哲学方法思考和参与课堂讨论。			
	2. 能辩证地看待生活和学习中的问题。			
	3. 能用哲学的科学的思维方法认识问题，并解决问题。			

二、以儿童哲学为依托促进数学课堂教学方式转变

经过对儿童哲学的理论学习和实践探索，教师的教育理念发生了明显的变化，"把课堂还给学生，让学生成为学习的主体"成为教师的共识，学生思维能力的发展成为学校教育教学的重要目标。

（一）在探究教学中发展学生思维

探究式教学又称"做中学"、发现法、研究法，是指学生在学习概念和原理时，教师只是给他们一些事例和问题，让学生自己通过阅读、观察、实验、思考、讨论、听讲等途径去主动探究，自行发现并掌握相应的原理和结论的一种方法。它的指导思想是在教师的指导下，以学生为主体，让学生自觉地、主动地探索，掌握认识和解决问题的方法和步骤，研究客观事物的属性，发现事物发展的起因和事物内部的联系，从中找出规律，形成概念，建立自己的认知模型和学习方法架构。

例如，小学数学六年级《圆锥的认识》一课教学中，在探究圆锥的特征时，教师设计了让学生利用圆锥模型和材料，以小组为单位进行探究。学生们借鉴之前学习圆柱特征的探究过程，进行了两层探究。第一层初步探究，梳理出圆锥有一个顶点；圆锥有两个面，其中一个面是圆形的，另一个面是曲面，但是对于曲面到底是一个什么样的面（三角形？半圆？扇形？）还不能够直接确定；圆锥有高，但不确定是一条还是无数条。第二层深度探究，在探究圆锥的高时，学生借助"高"的定义，最终将顶点到底面圆上的侧面线段与圆锥的高做出了区分，最终确定从圆锥的顶点到底面圆心的距离才是圆锥的高，所以

圆锥的高只有 1 条；在探究圆锥的侧面到底是什么样的图形时，学生利用手边的纸张和剪刀，通过围一围和剪一剪的方式，得到了圆锥的侧面展开图，最终确定圆锥的侧面是一个扇形。

在上述这样的探究教学过程中，学生能够借鉴以往探究的经验开展本节课新内容的探究，在观察、思考、操作的过程中，自主研究出了圆锥的特征，形成对圆锥的认识，建立自己的认知模型和学习方法，学生在这样解决问题的过程中思维得到了发展。

（二）在体验教学中发展学生思维

体验式教学是指根据学生的认知特点和规律，通过创造实际的或重复经历的情境和机会，呈现或再现、还原教学内容，使学生在亲历的过程中理解并建构知识、发展能力、产生情感、生成意义的教学观和教学形式。体验式教学以人的生命发展为依归，尊重生命、关怀生命、拓展生命、提升生命，蕴含着高度的生命价值与意义。它所关心的不仅是人可以经由教学而获得多少知识、认识多少事物，还在于人的生命意义可以经由教学而获得彰显和扩展。

例如，小学数学二年级《克与千克》一课教学中，教师采用体验教学方式，给学生准备了天平、砝码、硬币、黄豆、大米、袋装盐、袋装绵白糖等学习材料，让学生通过掂一掂、估一估、称一称、说一说等方式，在自己亲自操作、体验过程中，感知克与千克这两个质量单位，使学生从不同的角度建立了克与千克的质量概念，明晰了它们之间的关系，帮助学生完成了对质量单位概念从感性认识到理性认识的过程，同时为今后学习吨打好了基础。

在上述这样的体验教学过程中，学生亲自动手操作进行体验，不仅激发了学生的学习兴趣，更重要的是给学生自主探究的空间，让学生在操作、记录、思考的体验教学中，思维得到发展。

（三）在活动教学中发展学生思维

活动教学是指围绕教学目标，将活动的形式融于教学之中的一种教学活动类型（洪子锐等，1999）。活动教学兼具活动和教学的双重特点。具体说来，活动教学具有以下特点。第一，活动教学由教师根据教学目标和教学内容设计，它以服务教学内容为目的，也就是说，活动教学不仅有娱乐的目的，而且有认知挑战的作用，是为了促进学生的认知发展。第二，活动教学通常以教学内容为素材设计假想情境。活动教学由活动形式和教学内容有机构成，活动任务和教学任务基本吻合，教学任务在活动中以隐藏的方式得以实现。

　　例如，小学数学三年级《两位数除以一位数》一课教学中，在学生用口算解决 42÷2 之后，教师设计了摆小棒的活动，让学生用摆小棒的方式边摆边说 42÷2 的思考过程，学生们在边拼摆边表达的过程中，清晰了要分的是 42，它是由 4 个 10 和 2 个 1 组成的，把它平均分成 2 份，可以先把 4 个 10 平均分成 2 份，每份是 2 个 10，再把 2 个 1 平均分成 2 份，每份是 1 个 1，分得的 2 个 10 和 1 个 1 合在一起是 21，所以，把 42 平均分成 2 份，每份是 21，也就是 42÷2=21（学生在平均分和表达过程中，也可以先分 2 个 1 再分 4 个 10）。在学生能够用语言把平均分的过程表述清楚之后，教师又设计了让学生自主尝试用竖式解决 42÷2 的活动，在交流分享的环节，教师引导学生将拼摆小棒的过程与竖式计算的每一步建立起联系，给抽象的竖式算式赋予了摆小棒过程直观的表象支撑，帮助学生深刻理解两位数除以一位数笔算的算理，在理解算理的基础上掌握了两位数除以一位数的算法。

　　在上述这样的活动教学中，活动的设计紧紧围绕教学目标和教学重、难点开展，学生在小棒拼摆活动中积累了活动经验，在勾连摆小棒与竖式之间联系的过程中，发展了学生的运算能力，在用语言表述两位数除以一位数的计算过程中，学生的思维能力和表达能力得到了发展。

"翻墙"问题中的数学秘密

乔海燕

大家都说数学是枯燥的，其实数学是好玩的，学生可以玩中学、学中玩，不断享受问题解决带来的乐趣。作为教师，要善于捕捉学生课堂上童真童趣的语言，有意识地引领他们深入浅出地探究数学问题的核心本质，打造童真视角下的真实课堂，让数学探究与儿童本性和谐共生、共同发展。在一堂课上学生精彩的童真语言可以引领全体学生深入探究数学的核心本质。

一、整体单元设想

探究环节 1：周长一定，面积的变化规律

在三年级学习完长方形、正方形周长和面积之后，我们通常安排一节周长和面积关系问题解决的训练课。探究用长度一定的篱笆围成长方形、正方形，怎样围面积最大呢？对于这一知识训练点，学生通常能够根据原有的学习经验，通过不断的猜想、验证、观察、比较得出这样的结论：周长一定的情况下，长和宽的差越小，长方形面积越大；如果能够围成正方形，则正方形的面积最大。

探究环节 2：一面靠墙，面积的变化规律

得出这一结论后，学生更换结论中的要素，会提出新的探究问题：当篱笆一面靠墙的时候，是不是围成的正方形面积最大？运用原有的学习经验，学生会继续用列表、计算、枚举等方法不断地尝试，寻求验证结论的方法。在探究的过程中，孩子们又发现：当一面靠墙的时候，面积最大的图形是长方形，而不是正方形，完全不符合原有结论，难道说我们研究的结论是错误的吗？

探究环节3：面积变化规律的核心问题

针对这两种不同的结果、相互矛盾的结论，学生展开深入的交流，从而探究知识本质之间的联系。

二、课前构思困惑

在上课之前，对于这部分设计的整体构建仍有两点困惑，一是如何用一种易于学生理解的儿童语言，来解释这两种情况之间知识的本质联系，让每一名学生都能够构建相关的知识体系？因为只有用深入浅出的生活语言代替抽象的数学语言，三年级的学生才能够很好地理解，并关注到这两种不同表象背后的本质联系。二是在探究过后，他们是否能够运用不同结果背后相同的知识本质，继续探究下去呢？如何引导学生迁移原有的学习经验和问题解决策略，继续展开新的探究和思考？

针对这样的思考和困惑，我设计开放的活动任务，给予学生更大的舞台和空间，让他们自己去主动思考，主动创新，从而自己解决问题。

三、探究环节呈现

师：在探究一面靠墙的问题过程中发现：围成宽是长一半的长方形面积最大。这为什么与我们之前研究的，当长方形的周长一定时，正方形面积最大的结论不一致呢？

生1：之前我们研究的是没有靠墙的情况，今天研究的是图形一面靠墙了。

生2：之前我们研究的是有4条边的长方形，今天我们研究的是少一条边的长方形。

师：两位同学从不同的角度看出了这个问题的不同之处，他们一个是用生活的眼光，一个是用数学的眼光，对你有什么启发吗？

生3：虽然他们都发现了不同之处，但是用数学的眼光更容易发现它们之间的联系。

师：的确，数学使得很多事情变得简单，也更容易让我们在众多的不同之中发现相同之处。用数学的眼光仔细观察，我们的研究结论错了吗？小组讨论一下。

小组讨论，汇报。

生4：我们今天研究的不是完整的长方形，如果我们将这个长方形翻墙过去，用这两部分组成一个完整的长方形，就会发现，面积最大的这个长方形的宽乘以2，刚好与长相等。这两部分就组成了一个正方形，符合我们之前研究的结论：周长一定，正方形面积最大。

师：他用了两个特别好的词语说明他的观点，是哪两个词语呢？

生5：他用的两个词语是"翻墙"和"完整"，就是说，把图形在墙的另一边画一个一模一样的图形，就组成完整的4条边的长方形，就符合我们之前研究的结论了。

师：这次你们没有用抽象的数学语言，而是用了两个生活中的词，就解释了这么复杂的数学问题，让大家一下子就明白了其中的道理，你又得到什么启发呢？

生6：数学语言更容易发现知识之间的联系，用生活语言更容易让大家理解。

师：在横向、纵向的观察比较中发现两个问题中的相同点和不同点，然后沟通了知识之间的本质联系，真棒！那么，接下来还可以研究点什么呢？

生7：当篱笆两面靠墙的时候，什么图形的面积最大？

生8：当周长一定的情况下，哪种图形的面积最大？

生9：当面积一定的情况下，什么图形的周长最小呢？

……

四、开放中拓展思维空间，迁移中激发创新思维

学生的讨论与课堂生成，不由得让人惊喜。备课之初，一直思考如何借助几何直观说明其中的道理，但课堂上学生用"翻墙""完整"两个童真童趣的词语一下子就打开了所有学生面前的这扇"窗"。那么，数学课上怎样才能引导学生用自己的童言，借助数学的语言（图形、符号等）深入浅出地进行解释，展开说理呢？

（一）开放任务设计，预留思维空间

在课堂教学中教师应当适时地创设学生的数学思维空间，启发学生积极思维、主动探索、独立思考，让学生去想、去说、去做，逐步养成从直观到抽

象，从特殊到一般，从简单到复杂，从未知到已知的思维习惯，逐步学会自觉运用数学思想和数学方法来思考问题。本节课设计了开放的教学任务，通过已经学过的知识之间的联系作为切入点，让孩子自己提出想要解决的问题，目的在于帮助学生积累活动经验，培养学生应用意识和创新意识。教师在教学中应强调用篱笆围田地的真实情境，使其与学生所学的周长、面积等知识和生活经验相结合，鼓励学生独立思考、合作交流，自主设计解决问题的思路，给每一名同学预留了思考的空间。

（二）迁移问题策略，构建知识联系

学习迁移的实质是将学习过的东西在新情境中应用。通俗地说，就是举一反三，触类旁通。从孔子的"举一隅不以三隅反，则不复也"到今天的学会学习，学习迁移能力成为学生可持续发展的重要条件。在数学教学中应用迁移规律指导教学，培养学生的学习迁移能力，不仅可以提高课堂教学的效益，而且能为学生的终身学习和解决实际问题打下良好基础。从促进有效迁移的过程来看，学习情境和学习主体都会影响到学习迁移。本节课引导学生感悟数学与生活实际、与其他学科，以及数学各部分内容之间的联系，加深对所学数学内容的理解。教师应该准确探寻开放任务的内容，制定有效的活动策略，迁移原有的知识认知、活动经验，在不断更换要素的过程中提出新问题，通过猜想验证，比较新旧知识之间的相同点和不同点，从而引导学生关注知识的本质，构建知识之间的联系。

（三）培养问题意识，推进课堂深度

问题是推动学习进程的必要条件，能够在学习的过程中发现问题、提出问题是一种重要的能力，孩子们的困惑点、模糊点、思考点都是他们学习过程中的重点、难点。问题意识是人们在认知活动中经常遇到的一些难以解决的、疑虑的实际问题或理论问题，并由此产生一种怀疑、困惑、探索的心理状态。这种状态又驱使学生个体积极思维，不断提出问题，解决问题。问题意识在学生的思维过程和创新活动中占有重要的地位，它不仅是培养学生创新思维和创新精神的切入点，同时又关系到学生的全面发展。本节课引导学生在探究之后对于结论展开思考，通过更换要素的方式提出新问题，让课堂教学的深度不断拓展，广度不断拓宽，是学习的一种有效方式。

（四）捕捉童真童趣，实现深入浅出

数学课堂上，教师努力把枯燥的、深奥的数学演绎成具体可感的、易于理

解的，又不失数学本质的形式呈现给学生。这就需要教师精心创设儿童学习的环境，深入了解学生思维的最近发展区，巧妙激发学生学习兴趣，让他们对学习充满好奇、充满动力，从而能够有滋有味地学数学，这就需要教师认识到课堂教学是一门艺术，努力做到深入浅出地把复杂的、烦琐的、深刻的东西用浅显的、通俗的、易懂的形式表现出来，这样才能够激发学生的兴趣，启迪学生思维、构建知识结构、拓展创新思维。

本节课起初一直不断思考如何用规范的数学语言描述数学本质现象，阐述知识之间的关系，其实童真童趣的儿童语言，可以很好地实现深入浅出地解释数学问题。"翻墙""完整"两个浅显的生活语言瞬间将数学的本质问题解释得清清楚楚，不仅易懂，而且还指向知识本质，课堂生成的有效利用才是我们教师的根本任务。

只有设计出开放的学习任务，预留孩子们思考的空间，不断在更换要素的过程中培养学生问题意识，才是指向学生思维的学习任务。每节课的学习过程都发挥着承上启下的作用，需要打开一扇窗，让孩子的学习不断地拓展深度和广度。所以，我在课堂的最后让学生提出有研究价值的问题，而后引导学生运用课堂上培养的创新思维展开后续的问题研究，学习不止，问题不断。

教育智慧与其说是一种知识的学习，不如说是对孩子们思维的培养。正是这种指向开放性任务的学习，才培养了孩子的学科核心素养，才真正让每一个学生成为具备解决新问题能力的学习者。学生是教学的对象，更是学习的主体，合理的、开放的任务一定是基于学生的培养目标的设计。

在渗透、迁移、对比和练习中形成系统认知

夏梦禹

数学知识间存在着紧密的联系，如何把知识间的联系深刻地揭示出来，帮助学生去认识、去理解，是数学教学的一项重要任务。完成好这一任务，不仅有利于学生将新知识顺利地纳入已有认知结构，形成新的知识系统，也有利于提高学生的概括能力和迁移能力。

沟通知识间内在联系的渠道很多，可以在渗透、迁移、对比、练习的过程中进行。但无论以什么形式出现，沟通和深化的最终目的是使学生形成一个完整的又可以不断发展的认知结构。因此，发展学生智力和培养学生能力的目标便在知识系统化的过程中得以实现。在教学实践中，笔者从如下四个方面进行了一些尝试。

一、在渗透中沟通知识间的联系

"渗透"是小学数学教学中不可忽视的一种教学方法。恰当的渗透应着眼于知识的整体结构，抓住有关知识间起关键作用的概念或共同因素，予以揭示和沟通，这样新的知识一经掌握，就会自然纳入学生原有的认识结构中去并且能顺利地建成新的知识系统。

如在教学中，教师可有意识地以"同样多"这一起关键作用的基本概念为核心，在加深理解的过程中，适时地分四层进行渗透，以便潜移默化地沟通有关知识间的内在联系：第一层，在学生掌握了"同样多"概念之后，在教学数的组成时，针对2、4、6、8、10这几个数都能分成相同的两部分数这一特点，渗透了"每一部分都相同"的说法；第二层，在教学加法时，以2+2+2=6、

5+5=10、4+4+4+4=16 为例，渗透了相同加数和相同加数的个数，以便有意沟通加法与乘法的内在联系；而在教学减法时，利用 40-8-8-8-8-8=0 这道题，引导学生发现每分钟走的路程数都相同，目的是沟通减法与除法的内在联系；第三层，在学生对"同样多"的认识又深化了一步之后，在教学乘法时，强化相同加数及相同加数个数的同时，引出"一份"和"相同的几份"，使乘法与除法在相互渗透中有机地联系起来；第四层，在乘法、除法的练习课上，抓住"几个几""几里面有几个几""份"的内在联系，及时地渗透了"倍的概念"及"三量关系"。由于在教学中注意了分阶段地渗透基本概念，因此降低了学生学习新知识的难度，比较清晰地沟通了知识间的联系。这样，在二年级第二学期教学"倍的认识"渗透时，学生很自然地由"几个几""几里面有几个几""份"，理解了量与份的对应关系，并在此基础上能准确地对例题从不同角度分析数量间的关系，抓住知识间的共同因素，沟通知识间的内在联系。

总之，在教学中注意紧紧抓住"同样多"及"份"这些基本概念，在教学中适时进行渗透，并贯穿始终，学习接收新认识的同时，也为后面学习有关知识打下了基础。

二、在迁移中沟通联系

学习的迁移是一种在学习中得到经验对其他学习的影响。它广泛存在于学习活动中。学习上正迁移的意义在于它能给学生带来事半功倍的学习效果，使学生很好地理解知识、掌握知识，有机地沟通相关知识的联系，使知识形成一个多层次、多方位的系统的整体。

例如，在教学 20 以内、100 以内数的认识时，首先紧紧抓住了"数位""计数单位""进率"等基本概念，通过反复操作，使学生在由感性到理性的认识过程中得以牢固地掌握，与此同时，在教学 10 以内、20 以内加、减法时，通过引导学生理解几个 1 要与几个 1 相加、减，几个 10 要与几个 10 相加、减的道理，使学生清晰地明确了"相同数位上的数才能相加、减"的法则。在此基础上（随着数范围的扩大）当我们进行整数加、减法的教学时，就可以利用迁移原理安排教学了。如教学 100 以内两位数加一位数口算时，在带领学生复习完 3+5=8，是 3 个 1 加 5 个 1 等于 8 个 1；30+20=50 是 3 个 10 加2 个 10 等于 5 个 10 的算理之后，当出示 25+3=? 问学生 3 应该加在个位还是加在十位时，学生便会自然地脱口而出："3 应该加在个位上，因为几个 1 要与几 1 相加，也就是相同数位上的数才能相加。"此时由于学生早已理解了这一算理，因此便能轻松、准确地掌握这类题的计算方法。当然，在后来进行百以内、万以内笔算以及"小数加、减法""同分母分数加、减法"的教学中，这一算理便会更加具备概括性、包摄性。最后，当学生自如地通过通分的转化，完成异分母分数的加、减法的学习后，就能强有力地证实这样的教学不仅提高了教学效果，而且也使学生在掌握知识的同时提高了迁移能力。

又如，学生在学习一步应用题的补条件、补问题时，初步掌握了分析法和综合法的思路，由此他们就能迁移到两步应用题的解题中去；迁移到三步应用题的解题中去。从而沟通一步、两步、多步应用题之间在数量关系上、结构上、解题思路上的联系。

三、在对比中沟通知识的联系

对比是认识和理解事物异同的基本方法之一，在教学中，对比起着十分重要的作用。教师在讲解知识的过程中，在培养学生能力的过程中，以及在建立和完善学生认知结构的过程中，都离不开对比。因此学生只要在对比中，找到知识间的联系和区别，并且在教师的引导下，更深刻地沟通知识间的内在联系，思维能力便能得到进一步提高。

例如，在教学"加、减、乘、除"应用题练习课时，可以设计练习题。如任务一：让学生将一道减法应用题改编成一道加法应用题和另外一道减法应用题，让学生在编题的过程中，复习加、减法意义，同时沟通整体与部分这三量之间的关系。任务二：让学生将一道乘法应用题改编成另外两道除法应用题。从而让学生在复习了乘、除法意义的同时，也沟通了份总应用题这三量之间的关系。任务三：让学生将相差应用题改编出求较大数、较小数应用题，用以复习大数、小数、差这组应用题的三量关系。在这一层的对比训练中揭示了每组应用题的结构以及各自的三量关系。

这时的板书，第一行为求整体、求部分、求另一部分应用题；第二行为求较大数、求差、求较小数应用题；第三行为求总数、求每份数、求份数应用题，非常有利于学生横向观察。接着再进行第二层的训练，引导学生纵向观察，讨论为什么求和、求较大数应用题都用加法计算，使学生体会到因为它们都是把两部分合并起来，所以都是用加法计算。然后再讨论求剩余、求差、求较小数应用题为什么都用减法计算，使学生认识到因为它们都是从整体里去掉一部分，所以都用减法计算。

第三层在引导学生进行乘法和加法对比、除法与减法对比之后，使学生认识到当加法中两个或两个以上加数相同时，就可以用乘法计算，所以乘法是加法中的简便算法，而除法是当减法中连续去掉的部分数都相同，并且最后都分完了的计算方法，所以，除法是减法中的特殊情况。这样第二、三两层的训练目的就是沟通三组应用题之间的联系，再用"合并""去掉"这条主线连线穿片。

在练习中，通过把加、减、乘、除应用题有机地联系在一起，利用找出它们相联系的一面，可以起到正迁移的作用，利用找出它们相区别的一面，可以起到防止负迁移的作用。同时利用这些特定的练习，也可以相互渗透，纵向串成线，横向连成片，使知识有机联系起来。这样，学生在加深对概念的理解中，就会使知识由厚到薄，使认知结构的纲目、主次更加清晰。

四、在训练中沟通知识间的联系

在小学，由于学生的年龄和知识范围有限，许多知识在初学时理解也必然受限制，因此，引导他们不断对旧知识进行回忆、复习和加深认识就十分必要。练习便是这一认知活动的最好手段。但练习不仅是知识的再现，更重要的是旧中有新，练习中有新知识、新认识、新能力、新突破。

例如，在一步应用题的训练课中，出示"3盘苹果，每盘5个"的示意图，要求学生看图编题。在教师的引导下，学生充分利用已有的知识编出：反映整体部分关系的、份总关系的应用题。又如，出示"红花6朵，黄花8朵"的示意图，让学生根据条件补问题，学生的答案一般会出现两个，一个是求和问题"一共有多少朵？"一个是求差问题"红花比黄花少几朵？"同样，当出示"松树有几棵？"这一问题，让学生补条件时，学生会补出整体与部分关系的、大、小数差关系，份总关系，份数关系等条件，以此达到以点带面的目的。再如，在教学百以内数的认识时，出示"24"这个数，让学生说说看到它你能想到什么？引导学生发散思维，学生会说："我能想到24是两位数，是由2个10，4个1组成的，十位上的2表示2个10，个位上的4表示4个1"，从而沟通数位与计数单位的联系；学生也能说出："我能想到 24 是在 23 后面在 25 前面，24 比 23 多 1，24 比 25 少 1"，从而沟通数序与比大小的联系；学生还可能说："我能想到 20+4=24，4+20=24，24-20=4，24-4=20"，从而沟通整体与部分的关系。最后学生还可能说："以 4 为一份，24 是这样的 6 份"，从而沟通"份"的关系等。通过这样的训练，不仅使学生进一步掌握了新知识，同时也培养了学生多角度多方位思考问题的能力。

总之，小学数学知识具有严密的逻辑性和系统性，因此在教学中要避免孤立静止的一题一例的教学模式，应运用"迁移""渗透""对比""训练"等教学方法，引导学生参与知识结构的形成过程，促进学生良好认知结构的形成，不断优化课堂教学。

"双减"背景下小学数学单元整体作业设计的再认识

蔡桂真

2021 年 7 月，中共中央办公厅、国务院办公厅印发了《关于进一步减轻义务教育阶段学生作业负担和校外培训负担的意见》（以下简称"双减"），总体目标是学校教育教学质量和服务水平进一步提升，作业布置更加科学合理，强调全面压减作业总量和时长，减轻学生过重的作业负担；提高作业设计质量，发挥作业诊断、巩固、学情分析等的功能，鼓励布置分层、弹性和个性化作业，坚决克服机械、无效作业，杜绝重复性、惩罚性作业。因此，研究教师如何设计既能减轻学生负担，又能保障学生学习质量的作业，迫在眉睫。

一、全面认识作业

一直以来，数学作业的"题海战术"较为突出，这会影响学生的学习兴趣及学习效率。有的教师认为，经过题海战术的反复锤炼，就能实现学生记得牢、学得好的效果。于是，教师开始布置千篇一律的练习内容，甚至留抄写做过的试卷和练习题等作业。[①] 因此，"双减"背景下开展小学数学单元整体作业设计首先要对作业有全面正确的认识。

（一）作业是数学课程的重要部分

作业把课内和课外学习相结合，是课堂学习的内容在课后的巩固、应用、

---

① 孙玉玲 ."双减"背景下小学数学作业设计的策略研究 [J]. 天天爱科学（教学研究），2022（03）：49-50.

创新等，是课堂学习的延续，并与课堂学习相辅相成达到数学的课程目标和育人目标，是数学课程的重要组成部分。作业能促进学生自主学习能力的发展，同时还培养学生责任、毅力和自我时间管理能力。

（二）作业是学习内容的巩固和应用

布置作业的目的是帮助学生对学习内容进行巩固和应用，帮助学生对课堂学习内容进行理解、掌握，积累经验，在新的情景中，学生对已有知识迁移，完善学生知识结构。

（三）作业是学生学习效果的诊断和评价

作业是学生学习效果的评价依据，能够诊断学生是否达成课程目标及达到目标的程度。通过作业，学生了解自己的情况，从而为后续学习作准备。通过作业，教师了解学生的学习情况，对不同学生给予不同的指导与帮助，并合理规划后续学习。

总之，对作业的认识应该从课程整体角度思考。从学习内容来看，作为课程学习的延续，应与课堂相辅相成。从教师和学生角度来看，是学习效果的评价与诊断。作业为学生的学习提供了新机会，让学生的学习再次发展。

二、单元整体作业设计的原则

（一）整体性原则

在单元整体作业的设计中，教师要着眼于单元整体，不仅要关注课时作业目标，更要关注单元整体目标，不仅要关注学生对单个知识点的掌握，也要关注对单元知识框架的建构，更要关注对学生后期学科培养的发展。在设计中，教师要针对单元整体目标设计系统性、关联性、整体性的作业，从而使作业真正达到促进学生学科素养发展的目的。

（二）趣味性原则

小学阶段受年龄特征的影响，学生喜欢有趣的题目，所以教师在设计单元整体作业时应关注基础知识的巩固和应用，也要设计具有趣味性的题目，吸引学生的好奇心，让学生感受到做作业的乐趣。在作业设计中，可以加入一些有趣的思考题，或者真实、生动的生活场景，让学生感受到数学与生活息息相关，激发学生学习热情，提高学习的自信心，产生数学学习兴趣。

（三）实践性原则

不能只把作业安排在室内和书本上，还要把作业设计到学生的生活中，丰富学生自身的生活体验及与知识的联系，把数学和生活联系起来。这样不仅能使学生更加深入理解知识，也给学生提供了实践锻炼的机会，发展了学生的自主学习能力，培养了探究意识，发展了数学核心素养。

三、数学单元整体作业设计的实施

（一）设计作业前要整体把握单元学习目标

作业的设计要根据单元整体的学习目标进行，学习目标是单元整体的核心，是学生需要达到的。目标对于发展学生核心素养，培养学生能力具有指向性。在分析单元整体目标时要从整体出发，先梳理单元学习主题，再梳理单元大观念。

（二）根据不同学生的需要分层设计作业

不管分层设计作业，还是设计差异化作业都是关注学生的个性需求。每位学生的认知方式、兴趣、性格特点各不相同，在学习表现上也各不相同，对知识的掌握理解、核心素养的形成与发展也具有差异，因此在作业设计中要关注学生需要和每位学生的情况，布置有针对性和差异性的作业。可以把作业分成概念理解、巩固知识、迁移应用等基础类作业和拓展类作业。

（三）加强跨学科内容的作业设计

培养学生的问题解决能力，需要全面培养学生的核心素养，立足本学科的同时，打破学科间的边界，努力尝试与其他学科在内容和形式上融合，使各个学科之间相互补充、相互促进，真正发展学生的思维。在设计作业内容时要多角度将数学与多个学科进行融合，探究融合路径以开展主题学习作业活动。

如在学完平移与旋转之后可以进行数学与美术学科的融合，布置《设计美丽的图案》跨学科实践作业，在利用数学知识的基础上，培养学生数学眼光、数学美感。

例如，请同学们利用平移与旋转内容设计漂亮的墙壁（见图1）。

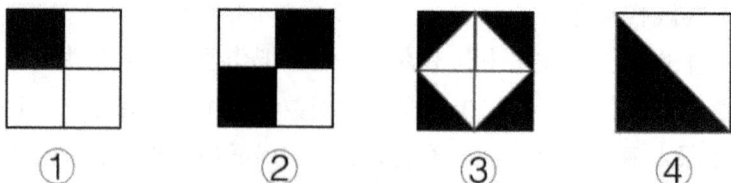

图1 设计墙壁

学完人教版数学四年级上册的《大数的认识》后，为进一步研究十进制，学习现在网络计算中更加有表达优势的二进制，感悟二进制在表达中蕴含的简单的数量规律，我设计了《二进制计数》（见表1）、《设计"我爱芳草"二维码》的作业。

表1 探究二进制

十进制	二进制
0	
1	
2	
3	
4	
5	
6	
7	
8	
9	

满十进一　　　　　　　　　　　满二进一

跨学科的开放性实践作业注重解决生活中的实际问题，作业结果和答案也可以是开放的，不再是唯一的答案，可以培养学生多角度思考的能力与素养。

四、单元整体作业设计的评价与反馈

作业的评价与反馈是作业设计非常重要的一环，是作业效果的查验，也是教师和学生沟通交流的环节。所以在作业评价与反馈阶段，首先，要把作业评价与反馈看作是对学生激励和鼓励的途径。对学生优秀的地方要大力表扬，对有错误的地方不要批评，而是及时提出改进方法，给同学们跳一跳能达到的感觉。其次，教师在评价和反馈过程中，要运用自评与他评、结果性评价与过程性评价相结合的多种评价方法，从多个角度接收到反馈。最后，教师的评价是最关键的，对每个同学的作业都要认真评价和反馈，鼓励并且有针对性地评价某一方面或几个方面。

在"双减"背景下，小学单元整体作业的设计和布置质量关系到学生学习与能力的发展，以及学习习惯、学习方法等方面的养成。教师只有重视学生各项能力及核心素养发展，设计满足不同学生需要的作业，才能达到"提质增效"的目的，让作业真正为教学服务，为素质教育推行提供助力，促进学生知识、能力、综合素养的发展。

对话中碰撞出的数学课堂文化

邢　芸

数学课堂文化形成的重要载体是活动，在丰富多彩的活动中学生们容易形成认同。数学课堂文化形成的基本途径是对话，在多维互动中可以提升学生的认知。数学课堂文化形成的基本内容是共识，只有学生达成共识，才能够逐渐内化为自身的东西。在形成数学课堂文化的过程中，我重点突出对活动的设计，让学生参与学习的全过程。

一、创设学生与文本对话的机会

（一）创设情境，激发学生与文本对话的欲望

1. 营造数学环境，创设与文本对话氛围

数学环境的营造要能够把学生学到的数学知识运用到实践中去，使旧知识得到加深和巩固。具体有以下几种做法：（1）收集阅读数学家的生平、数学小故事、名言警句等；（2）在壁报中开设"数学角"，张贴学生与文本对话后的反思、学生制作的数学小报、趣味数学题及数学课外知识等。调动学生积极参与数学环境的营造，定期进行"数学角"的更换。学生对"数学角"表现出极高的兴趣，通过这个活动，不但培养了学生收集信息、处理信息的能力，而且扩大了学生与文本对话的视野，实现了学生与文本的有效互动。

2. 开展趣味评比，激发学生与文本对话的兴趣

为了激发学生阅读的兴趣，提高学生与文本对话的有效性，我利用课前3分钟，开展了丰富多彩的趣味比赛活动。趣味竞赛内容如下所示：（1）"考考你的眼力"。出示几组由数据、图形、符号、文字等组成的材料，先让学生记

忆几秒钟，然后把材料隐藏起来，让学生凭着记忆将材料写下来，最后同桌根据材料进行互评，评出优胜者。这个活动目的是培养学生的记忆能力和读题能力。（2）"评选预习小能手"。在指导学生预习方法之后，选择一节数学内容，让学生自主预习，然后让学生写下自己预习后所得到的知识。记录形式为：预习后我知道了什么？我会不会？我还有其他的解法吗？我不懂的地方是什么？老师根据学生的预习情况和上课的表现，评出"预习小能手"。此项活动主要是培养学生的预习能力。（3）"争做高明小医生"。针对学生分析能力弱，很难找出作业中的错误的情况，我开展了此项活动，目的是培养学生与作业错误进行对话的能力，从而减少以后出现类似的错误。教师出示收集到的典型错题，让学生找出错在什么地方，原因是什么，如何改正。老师根据学生的答题情况给予评价。以上趣味活动的开展，不但丰富了学生的课余生活，激发了学生与文本对话的愿望，还培养了学生阅读文本的综合能力。

（二）阅读期待，促进学生与文本对话的主动性

"阅读期待"是一种迫切求知的心理状态，是通过悬念的制造、情境的创设，激起学生体验和探究的欲望。美丽的期待总能诱发学生的求知欲望，激发学生的学习动机和兴趣。因此，我尝试着将学生期待心理巧妙地运用到数学教学上来，希望学生在这种心理作用下，对文本产生兴趣，以促进教学目标的有效达成。

例如在"等可能性"教学中，抛一枚硬币，出现正面、反面的可能性是怎样的？学生实际操作20次后，统计的数据都不一样。于是设问：如果抛的次数比较多呢？又会是什么情况？学生探索的兴趣被调动起来，主动去了解数学家们做实验的情况，对数据进行观察、分析，最后达成共识：抛出硬币的次数越多，出现正面、反面的可能性就越接近，从理论上讲，正面、反面出现的可能性应该是相等的。主动与文本对话使学生懂得了真理的来之不易，收到了较好的效果。

二、营造师生、生生之间相互对话的时空

（一）师生对话，在思维互动中获得提升与发展

师生对话是课堂教学中最常用的一种手段，《义务教育数学课程标准（2022年版）》中倡导教学中师生平等、互相尊重、真诚交往，共同探究知识，

交流获得知识。因此教师必须设计好对话的起点、内容和要达成的目标。例如,《小数乘小数》的教学重点是明白算理及算法,会确定积的小数点的位置。由于学生已经掌握了小数乘整数的算理、算法,本节课我采取了让学生尝试探究 1.2×0.8 的计算方法。汇报时,有的学生说:"把 1.2 扩大到它的 10 倍,转化成 12,把 0.8 扩大到它的 10 倍,转化成 8,12 乘 8 积是 96,再把积缩小到它的百分之一,是 0.96。"我心中窃喜,表达得很清楚,正想再找几个学生说说算理,这时有一个学生把手高高地举起来,我赶紧让他发言。他提出:"老师,我觉得 1.2×0.8 应该得 9.6。"我扫视了一眼大家:"谁和他的计算结果一样?"又有五六个学生举起手来。我说:"现在有两种不同的结果,看看谁能说服谁。"认为积是 9.6 的一方代表说:"按照转化的思想,1.2 和 0.8 各扩大到 10 倍,积就应该扩大到 100 倍,要想积不变,就要缩小到它的百分之一,应该是 0.96,可这是乘法,1.2 和 0.8 的乘积应该比 1.2 大,所以又觉得是 9.6。"学生提出来的正是小数乘法与整数乘法的不同之处。长期以来,在学生头脑中建立的印象是乘法越乘越大,今天出现了越乘越小的情况,在认知上产生了矛盾冲突。怎么办?我顺水推舟地说:"他的理由有一定的道理,我也比较赞同。你们还有反对意见吗?"认为积是 0.96 的一方看到老师站到了对方的一边,都激动起来,争着表达自己的观点。学生甲说:"1.2 乘 1 等于 1.2,而 0.8 还不够 1 呢,所以积应该比 1.2 小。"学生乙说:"0.8 表示十分之八,1.2×0.8 就是把 1.2 平均分成 10 份,表示这样的 8 份,所以比 1.2 小。"学生们借助中间数"1"加以解释,借助小数的意义加以解释,清晰、明白,思维活跃。我及时进行了评价,并由衷地感谢提出问题的同学:"是你为大家提供了一个探究的例子,帮助同学们弄清了其中的道理,希望大家都能够像你这样善于思考。"在练习中,我重点关注了探究 1.2×0.8 小数点点错的同学,结果发现,他们都能够依据算理确定小数点的位置。

(二)生生对话,在问题解决中碰撞出智慧的火花

在我们的教学中常见的是师生对话,生生对话真正互动起来的不多。而恰恰是生生之间的对话更能迸发出智慧的火花。因此,在教学中我有意识地为学生创设生生对话、互动机会。例如"至少用几个完全一样的等腰直角三角形可以拼出一个长方形?"学生在判断时意见产生了分歧,我没有当即肯定或否定,而是在沉默中静观其变。课堂上,学生们自觉地分为两大阵营,甲方认为:"至少用 4 个完全一样的等腰直角三角形可以拼成一个长方形。"乙方认为"至少

用 2 个等腰直角三角形就可以拼出一个长方形。"双方争执不下。我还是笑着面对学生的辩论。甲方说："你用两个等腰直角三角形拼出的是长方形吗？"乙方说："我们拼的是正方形，正方形是特殊的长方形，不可以吗？"甲方继续说："正方形有自己的名字，这里说的是长方形。"乙方继续反对说："我问你，正方形是不是对边相等，是不是有 4 个直角，符合不符合长方形的概念？"甲方连连点头。乙方接着说："题中说至少用几个等腰直角三角形拼出长方形，正方形是特殊的长方形，是不是也可以算在内？"甲方同学无话可说了，也表示了赞同。在这个实践过程中，学生们在生生对话中既明确了概念，又锻炼了思维与表达能力。

新课程的核心理念是以学生发展为本，让学生参与教学是课程实施的核心。参与的根本目的是解决学生会学习的问题。学生在老师的引导下，通过积极主动地参与学习，师生互动，生生互动，在知识与能力、过程与方法、情感态度与价值观等方面得到了发展。不同学生根据各自不同的学习情况采用不同的学习方式，充分发展了学生的个性，提高了学生自主学习的能力。课堂成了学生展示自己的活动平台，成了师生愉悦学习历程的体现场所。在教学中，我力求做到：师生的启发对话多，学生之间的合作交流多，学生自主学习多，教师只是一个组织者、引导者和参与者，努力让学生真正成为学习的主人，不仅积极参与每一个教学环节，切身去感受学习数学的快乐，品尝了成功的喜悦，而且尽量使不同的学生得到不同程度的发展，满足学生求知、参与、成功、交流和自尊的需要！

在真实的"红军行"活动中体会数学学习的价值

张洁炜

一、指导思想和理论依据

（一）芳草课程体系

芳草课程体系以"培养具有中国情怀、国际视野的芳草学子"为核心，以"道德、语言、数学、科技与创新、健康、艺术"为基础学科领域，以"我爱芳草地、美丽的中国、可爱的故乡、我想去那里、多彩的世界、唯一的地球"为探索研究主题。

芳草课程中的整合策略，学生身心发展的整体性、生活世界的多样性是我校实施整合策略的基本依据。整合策略指向关注学生终身发展、全面发展，为人生奠基；指向还原学生生活世界，把与人的交往、与自然的接触、融入社会等，同样作为学习的内容，丰富学习生活。

（二）数学课程实施纲要

芳草教育下的数学不仅是"研究数量关系和空间形式的科学"，还是一种思维方式，一种科学态度，一种理性精神。

依据芳草课程中的整合策略、数学课程纲要及综合实践活动指导纲要，引导学生在实践学习中获得积极体验和丰富经验，形成对自然、社会和自我之内在联系的整体认识；体验并初步学会问题解决的科学方法，具有问题意识，发展良好的科学态度、创新精神、实践能力。

二、教学背景分析

结合芳草地国际学校每年一次的六年级毕业班"红军行"活动，开展综合学科的实践活动研究。科学教师、数学教师以及综合实践教师共同参与课堂教学，三名教师共同设计整个教学活动，让学生在实践过程中收获知识、收获能力。学生利用掌握的信息技术能力，以及科学知识和数学知识在这次活动中得到更多的收获。

三、学习目标（含重、难点）

（一）学习目标

1. 学习在日常生活中辨认方向，并在地图上确定起始点，标记地标建筑，明确转弯方向，连接线路并绘制行走的路线图。

2. 在"红军行"的具体情景中，理解线段比例尺的意义，掌握根据图上距离计算实际距离的方法。

3. 通过实际参与的活动，体会红军长征中测绘队士兵的艰苦及重要性，让学生感知学科与生活的联系，从而提高学生的学习兴趣。

（二）重点及难点

重点：辨认方向并绘制计算红军行路线图。

难点：理解计算的距离与实际行走距离的误差。

四、综合性学科实践总体构想

（一）对实现目标的构想

以红领巾红军行活动为背景，在这节综合实践课中，学生以科学、数学和实践课程的综合视角来科学地看待红军长征以及"红军行"活动。学生想要了解红军行走的距离，就要知道自己所走的路线，通过一系列的活动感受红军长征的不易，更加体会到现在科技的进步与生活的美好，将所学的知识综合运用到现实日常生活中。

（二）育人目标

通过辨认方向，标点连线在地图上绘制红军行的行走路线，并计算行走的实际距离。将本次活动对比红军长征，体会红军长征的艰辛，感知现代生活的来之不易，使学生更加珍惜现在的美好生活，最后达成学习及育人的目标。

五、教学过程

（一）第一位授课老师 谈话： 我们从学校走到天安门广场，我们怎么确定正确的方向？ 1. 我们出发时天还没亮，我们怎么辨认方向？ 预设：用指南针，手机的指南针，看星星。 2. 我们回来天就亮了，白天怎么辨认方向？ 预设：看太阳，用植物，树木的年轮。 3. 我们已经会辨认方向了，我们怎么在地图上绘制出路线图？ 预设1：将走的路线画出来，走哪儿画哪儿。 预设2：标记点，把点连接成线。 4. 总结介绍方法。 在绘制路线图时我们先要确定的是？出发点和目的地，在行走途中要记住一些地标，在地图上标记地标建筑，最后连接成路线图。 5. 让各组按照讨论的方案去绘制路线图。 6. 绘制的路线图与电子路线图比较。发现其中的不同和误差。 预设：如果误差太大，可以对照电子路线图在绘制的基础上修改。 过渡：绘制路线图只是第一步，要想知道红军行活动中行军的距离，还要经过进一步的计算。下面就跟随张老师的脚步，一起来算一算我们到底走了多远的路程！ （二）第二位授课老师 过渡：好了同学，我们刚才已经绘制完了这次红军行的行走路线。你们能先估一估吗？ 1. 提出要求：小组内讨论，要想知道我们实际走了有多远，我们该怎么办呢？ 2. 师：那就请你在这张绘制的路线上量一量，计算我们实际行走了有多远。 监控：你们说的图上1厘米表示实际距离的多少，这在数学上叫作比例尺，你能先估一估这幅图的比例尺吗？	学生交流。 学生介绍使用指南针的方法。 学生介绍用北极星辨认方向。 学生介绍用太阳辨认方向。 学生介绍用植物辨认方向的方法。 学生讨论。 分组绘制路线图。 （学生估计）学生小组交流。 学生交流研讨。 预设：可以根据我们画的路线图，量一量，然后再转化成实际走的距离。 学生估计比例尺。 学生用自己的语言说明线段比例尺的含义。	通过学习辨认方向绘制红军行行走路线，为计算路程提供基础。 培养学生根据实际情况估算的意识和能力。 让学生对比例尺产生需求。 结合情景，让学生对线段比例尺从理解到应用。 培养学生实际操作的能力。 让学生体会真正的生活中的数学，感受可以接受的误差。 发散地提出问题，引出本课的研究问题 整理归纳出研究主题，方便小组选择。 确定本组研究主题，以便日后详细研究。

3.教师出示这张图的线段比例尺，谁能说说这个比例尺表示什么意思啊？ 提问：请把这个线段比例尺画在自己的图上（应该画多长？你是怎么想的？） 4.计算实际距离。 提出要求：现在请你根据我们的线段比例尺，在地图上量一量、算一算，写出你的思考过程，并计算单程我们实际走了有多远？ 5.汇报交流。 师：哪个组愿意跟大家分享你们的想法，说说你们是如何计算出实际距离的。 小结： 你们能概括性地说一下我们是如何计算出实际距离的吗？ 思考： 我们看这两个组的结果，我们是从同一个出发地和目的地出发的，怎么会与实际距离不同呢？（小组交流） 追问：回想我们操作的过程，你认为哪里会有误差呢？ 过渡问题：看来我们计算的过程中不可避免地会有误差，这是课下用测距软件采集的我们行走的路线，我们发现也是有误差的。 6.小结：我们知道实践是检验真理的唯一标准，但是有时候无论我们是动手实践还是佩戴电子设备都有误差，误差是真实存在的，我们因为有误差就不实践了吗？不能，我们越实践手脑就会越灵活，就会更聪明，就会更接近真理。 过渡问题：我们绘制了路线图，并且计算了实际的距离，接下来我们又要体验点儿什么呢？ （三）综合实践学科 前几天和同学们一起参加红军行活动，相信同学们一定有很多感受和收获，请同学们谈一谈。 是啊，红军战士多么不容易，走了二万五千里长征路，我们为了不忘记他们的革命精神，特意组织同学们进行红军行活动，今天我们就来一起研究一下远行前要注意些什么？ 请小组同学讨论本组想要研究的问题，并且谈一谈为什么。 相信通过我们的研究，一定会为以后的同学在进行红军行活动中提供充分的科学保障。	学生实际操作。 学生汇报。 说明怎么计算图上距离，以及最终如何计算出实际距离的。 学生小结。 学生发现出发地和终点相同，但结果不同，说明理由。 预设：走路比较长，路上有点饿，有点渴，走路走得脚痛，衣服穿多了，晚上睡不着，红军很不容易。 小组研究，确定研究主题。	

六、点—线—面一体构建芳草课程

（一）找到比例尺知识

找到数学知识比例尺，学以致用。

（二）以"红领巾红军行"贯穿知识线

活动涉及革命长征的历史故事，各个科目都有相关的作业布置。例如，数学课里有关于红军长征距离的计算；品德与社会要求学习实践红军的各种革命精神；音乐课练习了红军闯关渡河时提振士气的行军歌曲等。

（三）整个六年级为一个面

活动中整个六年级学生进行走班式上课，打乱了原有班级教育，在多元的课程中感受着红军精神。

（四）"数学嘉年华"——一年级到六年级构建一个教育体系

不久前，我校举行了全校范围的综合实践活动——"数学嘉年华"。活动内容如下，三年级为"他们有多长"，四年级为"玩转数独与魔方"，五年级为"小小设计师"，六年级为"我旅行我做主"等。在有趣的活动中，学生的学习热情得以点燃，在做中学，在真实的活动中发现数学学习的意义，真正感受学习数学的价值。

小学数学课堂教学中位值制思想的渗透
——从《11—20 各数的认识》课堂教学谈起

赵丽娜

　　数，是人类经过成千上万年才获得的抽象概念，数概念的学习相对而言又是儿童数学能力发展中的一个难点。这是为什么呢？学生在数概念的学习中，除了计数、读数、写数还应该掌握什么？美国学者富森等人指出：数词系统是儿童早期学习数知识的一个重要工具。而所谓的数词系统，就是现代通用的"印度—阿拉伯十进位值制计数法"。

　　小学阶段数的认识主要分这样几个阶段：20 以内数的认识—100 以内数的认识—万以内数的认识—更大数的认识。而每个阶段的认数活动各有侧重点，即都有它的特殊性，"数"并非看起来那么简单，数的复杂性要求学生要学习更丰富的数知识才能真正形成数概念。

　　数认识中必须要关注的就是"十进位值制"，一年级的小学生如何在短时期内认识与理解？是否要重新经历自然数的抽象形成历程？学生生活中对"数"有丰富的生活经验，尤其是 20 以内的数，但这等于"认识数"了吗？

　　教师如何在课堂教学中有效地渗透"位值制"思想，本文将从《11—20 各数的认识》这节课谈起。

　　在本节课的教学中我更加注重学生的直观操作，让学生经历数的概念的形成过程。课标指出，数学知识、思想、方法必须由学生在实践活动中理解、感悟、发展，而不是单纯依靠教师讲解去获得。教师在教学中要紧紧抓住学生的心理，从学生的认知规律和知识结构出发，让他们有目的地操作、观察、交流、讨论，从直观到抽象，经历数的概念的形成过程，主动地构建 11—20 各数的认知结构。如在教学本节例 2 题时，要充分利用小棒操作，并让学生边操作边说。先数出 10 根小棒捆成一捆，把这捆放在左边，接着在右边一根一根地添加小棒，每添一根小棒让学生说出数字，再结合小棒观察，这个数里有几个十和几个一，然后在学生经历数的形成过程的基础上去学习数的读法。

动手操作、自主探索、合作交流是课标提出的学习数学的重要方式。在本课的教学中，学生对数位（位值制）的理解，是学生能否真正掌握 20 以内数的概念的关键。为了突破学生对数位的理解，在教学中，我让学生在具体的操作情境中进行独立思考、自主探索；同时选择学生提出的有价值的问题，引导学生开展讨论，让学生充分理解数位在计数中的重要作用。例如，在计数器中拨出 14 的探索过程如下：①让学生用小棒表示 14；②组织学生交流，14 中的"1"表示什么？"4"表示什么？在学生的头脑中建立 1 个 10 和 4 个 1 的表象；③出示计数器并向学生说明：右边的第一档叫个位，第二档叫十位；十位上的 1 颗珠表示有 1 个 10，个位上有几颗珠就表示有几个 1；④让学生在计数器上拨出 14，拨好后与小组的同学说说，你是怎样想的；⑤展示学生的拨法，并选择有价值的问题引导学生讨论，强化学生对数位的理解。

十进位值制的渗透是本节教学中不可或缺的内容。由于这个内容比较抽象，教学时需要我们适当引导，让学生通过动手操作去反复体验和感悟。

在本课的教学中我对此内容做了如下的一些教学尝试。

一、体会单个计数的局限性

让一个学生到讲台前往空白计数器的个位上一颗一颗地放白珠子。当放到 10 颗珠子时，珠子已经和计数器的铁丝一样高了，老师强调这是 10 颗珠子。接着，学生小心翼翼地往上加珠子，又加上 1 颗时，上面的珠子掉下来了。评析：学生意识到，个位上能放的珠子是有限的，用这种方法表示的数也是有限的，从而引起认知冲突，形成解决新问题的内在需要。

二、体会"要用一个代表多个"

师：可是我还想表示 11、12、13……而且要让别人很容易看出来，该怎么办呢？

生 1：我有办法（操作并讲解）。

从个位上取下 10 颗珠子，放到十位上，接着往个位上加 1 颗或者 2 颗珠子，就能表示 11、12。

师：这个方法好不好呢？

生 2：好，挺直观的，一下就看出来了。

生 3：好像有点问题。上节课我们学习了 17 中的 1 代表 1 个 10，7 代表 7 个 1。现在十位是 10 颗珠子，代表 10 个一，与上节课的不一致。

生 4：要是用这种方法，在计数器上表示我们班的人数 46，就要用好几串珠子，老师准备的这些珠子还远远不够呢！

师：谁有更好的办法呢？

生 5：是不是可以这样？一个小组找一颗珠子做代表，那颗珠子就代表自己小组的人数。我们班有 8 个小组，8 颗珠子就能够代表咱们班的人数了。

师：你真会动脑筋！（每个小组长取一颗珠子放到计数器上，并说明它代表几）现在知道咱们班的人数了吗？

生 6：不知道，每个小组人数不一样，每颗珠子代表的数目也不一样。

生 4：每颗珠子代表的人数不一样就容易产生混淆，这种方法也不好。

生 5：我可以改进，我用白珠子代表 8 人的小组，黑珠子代表 7 人的小组，红珠子代表 6 人的小组。

生 4：这也不容易看出我们班的人数，还要计算，都超出学习范围了。

生 7：我有个办法。每颗黑珠子代表咱们班 5 个人，每颗白珠子代表 1 个人。

生 5：4 颗黑珠子能代表 20 个人，加上白珠子，好像也不能代表咱们班的人数。

生 8：那就让每颗黑珠子代表 10 个人，4 颗代表 40 个人，加上 6 颗白珠子，就是 46，刚好代表咱们班的人数。

生：这是个不错的方法，看起来还挺清楚！

师：你们真厉害，解决了困扰人类上千年的问题。现在人类用的就是这个方法，当个位上有 10 个的时候，向十位上进一，用四个字概括，叫作"满十进一"。

（教师通过创设问题情境，使学生产生疑难、问题和困惑，从而启发学生在探索交流中领悟"十进制计数法"从哪里来，了解其产生与发展的过程，生动有趣的对话与活动给学生留下了深刻的印象。）

三、操作理解"满十进一"

师：（在计数器的个位放 14 颗珠子）我们用计数器来记录数字 14：从个位上取下 10 颗，用 1 颗红色的代表它们，放到十位上，这个过程叫作"满十进一"。大家看看，现在计数器的个位上有几颗珠子？十位上有几颗珠子？

生：十位上 1 颗，个位上 4 颗（教师写下数字 14）。接着让学生用计数器表示 13，然后表示 9、10、11、12，将"满十进一"中的"用 1 代 10"的过程表现出来，丰富学生的理解。

师：如何一步到位，用计数器表示 15？

生：（操作）十位放 1 颗，个位放 5 颗。然后教师让学生在 15 的基础上，用计数器直接表示 16、17、18、19、20。当表示 20 时，学生再一次体会"满十进一"。

（本环节让学生在动手操作中反复体会"满十进一"，充分理解"十进制计数法"是什么及这其中的思想本质与计数规则。）

四、操作中体会"退一当十"

学生再次动手操作，用计数器顺序表示 0—20 各数，在 10、20 时强调"满十进一"。然后，将这一过程倒过来，学生用计数器表示 20—0 各数。当表示 19 时，强调从十位取 1 颗珠子，用 10 颗珠子替换它，放到个位上，再从个位拿走 1 颗珠子，告诉学生这是"退一当十"。从 10 到 9 时，再次体会"退一当十"。

（本环节是"十进制计数法"的深化：① 0—20 的顺序操作，让学生理解自然数的本质特征，即后面一个数总比前面一个数多 1；② 9—10、19—20 的操作过程，让学生体会"满十进一"，为进位加法奠定基础；③ 20—0 的反序操作，让学生理解自然数的又一特征，前面一个数比后面一个数少 1；④ 20—19、10—9 的操作过程，让学生体会"退一当十"，为退位减法做好铺垫。）

本文以《11—20 各数的认识》教学为例，探讨了小学数学课堂教学中位值制思想的渗透，希望能对推动课程改革向纵深发展，深化数学教学的改革，提高课堂教学的有效性等方面起到一定的促进作用。

有效开展数学实践活动　提高学生学科核心素养

张秀莉

数学实践活动是小学数学教学的重要领域，主要为学生提供实践探索活动和综合应用所学知识解决问题的机会，让学生在学习过程中经历一些研究和探索，对于改变学生的学习方式，帮助学生全面认识数学、理解数学有重要价值，也是培养学生创新意识与实践能力的重要途径，积累活动经验的有效方法。

一、用心探寻适合开展数学实践活动的内容

很多教师觉得开展综合实践活动无从下手，不知道围绕哪些内容进行，其实细心思考，能够借助数学实践活动开展解决问题的教学内容很多，通常可以从两方面寻找。

（一）教材中挖掘数学实践活动内容

人教版教材各年级段每册教材中都有实践活动内容的设置（见表1）。

表1　人教版数学1—6年级实践活动设置情况

1—3年级	实践活动内容	4—6年级	实践活动内容
一年级上册	数学乐园	四年级上册	1亿有多大
一年级下册	摆一摆，想一想	四年级下册	营养午餐
二年级上册	量一量，比一比	五年级上册	掷一掷
二年级下册	小小设计师	五年级下册	探索图形/打电话
三年级上册	数字编码	六年级上册	确定起跑线/节约用水
三年级下册	制作活动日历 我们的校园	六年级下册	生活与百分数/ 自行车里的数学

（二）实践中拓展数学实践活动内容

借助数学实践活动解决问题的教学内容应具有丰富性和灵活性，同一主题可以从不同切入点展开。根据学科特征、年龄特点，大致包括数学实验、数学测量、数学游戏、数学活动材料的设计和制作等内容。教学内容选择可关注人类生活发展问题、环境问题、时事问题等，能够提高学生的生存能力，培养学生创新精神。

二、精心制定数学实践活动方案的策略

（一）联系生活实际，凸显实践性

新课程中的数学实践活动是对传统教学的一个重大突破。教师要充分利用学校、社会、家庭等各方面的实践活动资源，积极创设有利于学生学习实践的环境，让学生在活动中应用所学知识解决实际生活问题，感受数学与现实生活的密切联系。例如，六年级数学上册中的实践话题就关注了目前的热点——"绿色出行"，通过调查北京市的汽车保有量增长，调查汽车尾气排放、雾霾的危害等活动（见图1），计算汽车尾气造成的巨大污染，感受绿色出行的必要性。这样的学习内容密切关系着我们人类自身的发展，与每个同学的生存质量息息相关，培养环保意识从活动开始。

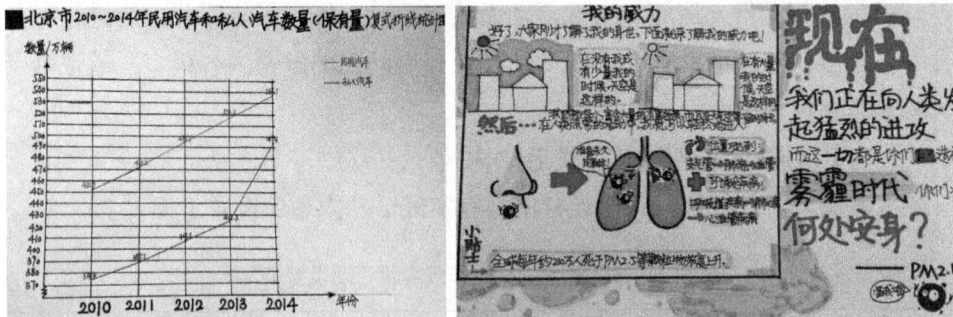

图1 调查民用汽车、私人汽车保有量和雾霾危害情况

（二）注重创设情境，彰显综合性

实践活动强调学生综合应用能力。数学与其他学科有着广泛联系，教师应根据学生实际情况，创设生活情境，让学生在活动中充分体验数学本身的魅力，这对学生思维发展具有重要意义。例如"绿色出行"实践活动中引导学生

从网上调查、到图书馆查找数据，从身边的调查问卷到访谈多种手段收集信息，而后运用统计表、统计图等知识整理分析数据，并加以分析归类，彰显了具体情境中的综合性（见图2）。

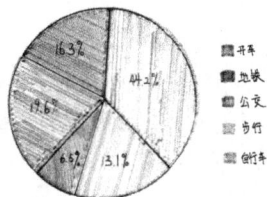

图2　运用统计表和统计图整理分析数据

（三）关注个性发展，显现探索性

实践活动本质上是一种问题解决过程，需要学生独立思考、自主探索，教师应该尊重学生的自主性，引导学生在探索中掌握思维方法，培养学生创新思维。绿色出行的实践活动结尾部分，可安排学生设计绿色出行解决方案和畅想，一方面凸显学生个体的创造性，另一方面突出问题的延伸，鼓励学生将学习延伸到课外，培养他们不断探索、创新的意识。

（四）遵循多样原则，体现趣味性

趣味是数学实践活动的灵魂。在设计活动时，注重内容的"新、奇、乐、趣"，激发学生创造力，激发学生的参与意识，达到寓教于乐的目的。教师应设计富有实践性、综合性、探索性和趣味性的数学活动，从而激发学生学习数学的兴趣，使其综合素质得以全面提高。

三、用心发现开展数学实践活动课的误区

（一）重视结果和形式，忽略解决问题的本质

学生在解决问题过程中往往过于重视活动结果和形式，忽略数学解决问题的本质。例如在《桌游设计——大数的认识活动》一课中，教师让学生独立设计数位顺序表和数字卡片，而后开展摆数、读数、比大小等游戏，由于在活动开始时过早放手让孩子独立开展活动、动手制作，忽略了动手前先动脑的关键，所以学生关注的是数位顺序表的美观，忽略了其功能，造成游戏中数字卡和数位顺序表不匹配等一系列问题（见图3、图4）。所以教师设计活动过程中

需明确本次活动要解决的实际问题是什么？想要达到怎样的目的？在课堂上要引导学生展开面临困难和解决问题方法的讨论，再开展实践活动。

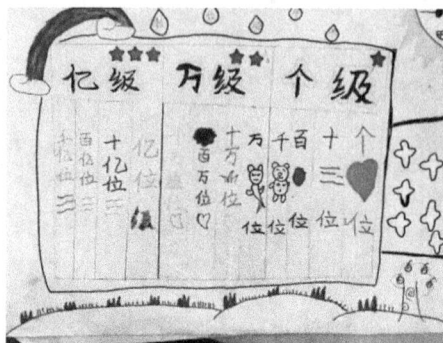

图3 盲目绘制数位顺序表

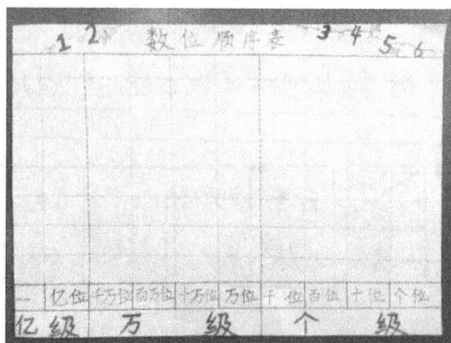

图4 明确目的后修改绘制

（二）过于依靠教师指导，缺乏自主探究意识

传统教学模式根深蒂固，很多时候会形成老师提要求，学生动手操作，全班统一动作的模式，这样的形式扼杀了学生自主学习的动力，丧失了创新开展活动的积极主动性，所以应放手让孩子自主设计解决问题的方案。例如，四年级学习公顷这一面积单位之后，我们可以设计开展"操场有多大"的活动，引发学生思考如何测量操场的长与宽，在讨论过程中学生提出了多种测量方式，如卷尺、跳绳、步测等，并提出了多种减少误差的方法（见图5）。

图5 学生在操场实践测量

（三）急于追求问题结果，忽略解决问题的过程性

抛出生活中的实际问题后，老师往往怕学生遇到困难，怕实践过程不顺利，所以会固定解决问题的条件，划定解决问题的范围，其实这些可能出现的问题在实践活动中是必应经历的过程，而探索解决这些问题的过程恰恰是学生积累活动经验，提高数学素养的过程。

（四）过于循规蹈矩，忽略解决方法的创新性

创新是民族进步的灵魂，是国家兴旺发达的不竭动力。我们所说的创新，是指通过对学生施以教育和影响，使他们作为一个独立的个体，能够善于发现和认识有意义的新知识、新思想、新事物、新方法，掌握其中蕴含的基本规律，并具备相应能力，为将来成为创新型人才奠定全面的素质基础。所以在解决问题过程中应用心发现解决问题的策略方法，培养创新人才。

四、把握开展数学实践活动的操作要点

《义务教育数学课程标准（2022年版）》指出：学生能够根据实际情景，经历设计问题解决方案，并在实施的过程中体验建模、问题解决的全过程，在反思问题解决的过程中将问题解决的结果形成实践报告或小论文，进行交流，获得问题解决的活动经验。在问题解决的过程中了解所学知识之间的关联，发展应用意识和能力。在数学实践活动时具体建议如下。

（一）困难时巧妙引导，体验建立模型

在数学实践活动中，学生一定会遇到各种各样的问题和困难，作为老师应巧妙引导学生思考，逐渐突破"瓶颈"。教师可引导学生自主调取已有知识，主动分享活动经验，或者通过讨论交流明确研究方向等，运用多种方法引导学生进行有效迁移，从而构建问题解决模型。例如在开展"量角器的发明"这一实践活动中，当学生遇到困难不知如何测量角度、比较大小时，教师适时适度地引导学生运用以往的学习经验，导入直尺测量、面积测量等理念，启发学生发现解决问题的开门钥匙，这样引导就可以巧妙地帮助孩子搭建解决问题的桥梁，从而突破难点。

（二）停滞时设计疑问，发展应用意识和能力

实践过程中把难点化解成一个个小问题，通过提问、比较、讨论、交流等方式，引导学生不断完善解决问题的方法，懂得在生活中应用数学，不断在问

题解决过程中尝试运用数学知识，提高应用意识和能力，也就悄无声息地突破了实践活动问题解决过程中的难点。例如"量角器的发明"实践活动过程中，当学生已经能够运用单边数据的量角器解决问题时，悄无声息地"抛出"反向角，在实际的测量过程中引导学生发现问题，解决问题，从而引发对量角器的改进。

（三）过程中层层分解，沟通各部分之间的联系

有时综合运用知识解决问题相对比较复杂，这就造成一定的学习困难，在教学中，教师可将具体问题层层分解，然后再联系学生实际，逐步将复杂的问题转化为几个简单而又基本的问题，从而使学生易于接受，突破难点。认识量角器并学会量角器的使用实践活动，分为确定量角标准、设计量角工具、完善量角工具、归纳量角方法这四步，学生在学习过程中能够化难为简，层层剖析沟通数学要点之间的联系。

（四）选材时主题引领，提高整体构建的系统性

数学实践活动主题设计应着力体现"数学味"，关注数学内部及其与生活、其他学科之间的联系，并形成系列活动。我校开展的数学系列实践活动有："播种收获——感悟数学之美"、"大教育观下的数学教育——感悟数学有用"的系列实践活动（见图6）。通过这些活动，掀起了发现数学美、研究数学美、品味数学美的热潮。教师研究能力和课堂教学能力再一次得到锻炼，学生们在设计高跟鞋、在校园挂彩灯、做预算的实践过程中，知识得到了运用，能力得到了提升。

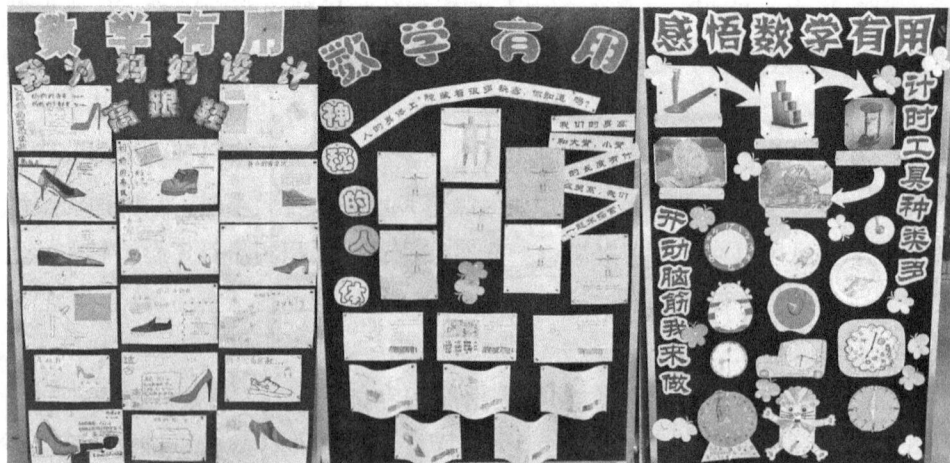

图6 "大教育观下的数学教育——感悟数学有用"的实践活动展示

　　培养学生的实践能力是一个艰巨而漫长的任务。作为一线教师应注重培养学生的核心素养，真正理解新课标理念，在教学实践中不断尝试摸索开展数学实践活动，在问题解决的实践中提升学生的核心素养。

低年级数概念教学的策略

——以《小数的初步认识》为例

任子娟

小数是十进制分数的另一种表现形式，小数的本质就是十进制分数，同时它又是整数符号系统的一种拓展。虽然生活中学生经常见到小数，但是对于小数概念的本质理解存在一定的困难。在教学《小数的初步认识》这一单元，要深度思考帮助学生挖掘小数的本质。

一、借助直观模型，多个维度认识小数

小学阶段，将小数的学习分两次进行。第一次是在三年级下册，初步认识一位小数，了解小数的含义，第二次是在四年级下册，在初步认识的基础上扩展，从"量"抽象成"数"进行认识，最终使学生完善对小数的认识，理解并掌握小数的概念。

本单元是学生在小学阶段第一次认识小数，在生活中学生经常见小数，如购物时、油表显示等，但小数的抽象理解起来是存在一定难度的，所以借助直观模型把握小数本质就显得尤为重要。

对于借助直观模型，教材中呈现了大量的生活情境和学生已有的学习经验。

在认识生活中的小数与小数的读法时，教材以质量、价格、身高、体温这些生活中常见的数据为例，由具体的生活经验引出小数，通过解读这些小数的实际意义，让学生对小数有初步的感知。

在认识一位小数的含义与写法时，教材借助米制系统，制作将1米平均分

成 10 份的线段图，学生借助分数表示米和分米的关系，从而理解小数的含义。

在教学一位小数比较大小时，教材呈现四位同学跳高的成绩，利用米尺，帮助学生比较大小，从而进一步体会小数的含义。练习中也涉及了对面积模型进行大小的比较，学生在面积模型中数出阴影部分表示的分数和小数，实际上是在数 0.1 这个计算单位的个数。这个过程中渗透了小数是十进制分数，也渗透了和整数相同的计数方式，为四年级继续学习小数的意义做了很好的铺垫。

第二部分在教学小数加减法时，教材同样呈现了学生熟悉的具体情境——元、角、分，学习小数的比较大小和计算使学生再一次理解小数含义。

借助生活情境，唤起学生已有的学习经验，让抽象的概念直观化，让学生在熟悉的、有交流内容的、能说出具体实例的情境支持下，从多个维度对小数概念进行认识，从而培养学生数感。

二、设计有效的数学活动，建构小数的意义

怎样设计有效的教学活动，才能让学生自主构建小数的意义呢？我是这样设计的，在利用质量、价钱、身高等生活情境引出小数之后，让学生选择喜欢的小数说一说这个小数的含义，然后利用米制系统，数形结合，使学生直观认识小数。接着让学生借助图形画出对于 0.4 的理解，在这一过程中，学生会思考 0.4 表示图形的一部分，应该用什么样的图形表示呢？这个图形可以平均分成几份，取其中的几份呢？

学生会用不同的图形来表示 0.4，在交流汇报时，大家倾听不同的表现方式，经过讨论、交流、质疑、肯定，理解 0.4 的含义。在交流时，孩子们会把一个图形想成 1 元、1 平方米等，赋予 0.4 具体的含义。此时教师要提出新的问题："刚才，同学们把一个图形看成 1 元、1 平方米，这个图形还可以看作什么？如果我们把所有单位都去掉呢？"学生在教师问题串的引领下，深入思考，这个图形不管是 1 元、1 米、1 平方米……其实都是这样的几份。可以用十分之几来表示，十分之几就是零点几，这是由小数的表征到小数意义的抽象。学生在此过程中串联了分数与小数之间的关系，了解了小数就是十进分数。

三、围绕计数单位核心概念，加深对小数意义的认识

分母是 10、100、1000……的分数可以用小数来表示，小数的计数单位是十分之一、百分之一、千分之一……分别可以写作 0.1、0.01、0.001……小数就是十进分数。小数是由计数单位和计数单位个数累加的过程，可以让学生通过多次数数感知。另外，小数大小的比较方法本质上是相同计数单位上个数多少的比较，小数加减法也是相同计数单位个数的相加减，围绕本单元核心概念——计数单位，教师能够有计划地设计教学活动，让学生从不同层次的探究中加深对小数意义的初步认识。学生只有经过深度学习，才能将新知识转化为自己的认知体系，才能更好地运用知识解决实际问题。

四、围绕"核心问题"设计问题串引领学生主动探索

教师在进行教学设计时，要提出好的数学问题，紧扣数学内容的本质，为学生的高阶思维的发展打下基础。核心问题的设计如下。

1.结合情境，会读小数

设问：老师也找到了一些有关小数的信息，请大家看一看，谁来尝试读一读？

出示课件：

> 限高 4.5 米。
> 口罩 19.9 元。
> 消毒液 3.48 元。
> 36.6℃，体温正常。
> 苹果 3.45 千克。

监控：

（1）每个小数都有一个"点"，中间这个点你们知道叫什么吗？

（2）3.45 千克，小数点左边怎么读？小数点右边怎么读？

（3）小数点左边和右边读法一样吗？

小结：小数点左边部分和以前学的整数读法一样，小数点右边只要按照顺序读出每个数字就可以了。像 4.5、19.9、3.48、36.6、3.45 这样的数就叫小数，

这节课我们就来认识一下小数。通过读小数了解学生对小数的认识程度，在交流过程中学习小数的读法，激活学生对于小数的学习兴趣。

2. 初步体会小数每位数字的含义

设问：

（1）刚才的口罩是 19.9 元，1 表示什么？小数点左边的 9 表示什么？小数点右边的 9 表示什么？

（2）消毒液是 3.48 元，3 表示什么？4 表示什么？8 表示什么？

（3）以"元"为单位时，小数点左边表示的是什么？

（4）小数点右边第一位表示的都是什么？小数点右边第二位表示的都是什么？

学生对小数的认识要建立在直观形象上，利用人民币模型初步体会小数每位数字的含义。

3. 借助米尺，认识 0.1 米

引入：除了价格以外，这把尺子上也藏着小数呢，你知道"0.1 米"在哪儿吗？

出示米尺，请学生上前指出 0.1 米。

设问：谁来说说为什么这儿就是 1 分米？小数点右边第一位表示多少分米？

小结：把 1 米平均分成 10 份，10 份中的 1 份就是 1 分米，1 分米用小数表示是 0.1 米。

追问：1 分米和 0.1 米是相等的，它们表示的长度相同。现在我们回到米尺上看一看，一个格都表示多少？

通过对《小数的初步认识》这一单元的研究，我对突破重、难点以及培养学生的能力方面有了自己的认识，在研读教材、研读学生之后，深入思考教学设计，让学生在课堂中真正进行深度学习。

教、学、评一体化将学习的主场还给学生

王丽颖

《义务教育英语课程标准（2022年版）》明确指出：英语课程内容的组织以主题为引领，以不同类型的语篇为依托，融入语言知识、文化知识、语言技能和学习策略等学习要求，以单元的形式呈现。教师要强化素养立意，围绕单元主题，充分挖掘育人价值，确立单元育人目标和教学主线；深入解读和分析单元内各语篇及相关教学资源，并结合学生的认知逻辑和生活经验，对单元内容进行必要的整合或重组。并依据单元育人蓝图实施教学，各层级目标要把预期的核心素养综合表现融入其中，体现层级间的逻辑关联，做到可操作、可观测、可评价。

一、教

这个"教"，指的是教师的教学行为。主要体现为基于核心素养目标和内容载体而设计的教学目标和教学活动。我们都清晰一个道理，教是为了帮助学生更好地学习，是为了在教学活动中引导学生的学习更有效、更利于学生身心发展的方向发展。长期的课堂教学活动观察告诉我们，很多有问题的课堂教学缺乏对语篇材料意义的探究，语言学习与主题意义割裂，思维、情感、文化等培养浮于表面，核心素养目标存在贴标签现象；重视单课时教学，缺乏单元整体把握，单元教学目标和主线不清，各课时学习内容缺乏内在关联和逻辑，知识碎片化。教师的碎片化处理，直接导致学生的碎片化学习。我们认为造成这样现状的原因主要是教师对文本缺乏深入的解读，于是我们想到的对策如下。

（一）深入解读文本，通过框架图对单元主题意义的整体性、关联性、渐进性进行分析，进行关联递进的课时设计

通过对文本深入分析，我们意识到有时教材本身的设计就很有逻辑递进性，可以根据学生的实际情况按顺序进行教学；而有的单元教师可依据课标要求，设定新的具体的主题意义调整课的顺序，使其更富有逻辑性，更加符合学生的认知规律，让学习更有梯度；还有的则比较单一，离学生的生活实际有距离，此时教师需要适度补充相关的资源进行教学。

我们一起来看一下小学英语四年级上册 Unit1 的内容，话题为谈论情绪（见图1）。

图1　教材编排

老师根据自己学生的不同情况，及自己对文本的解读，做出了两种不同的设计，首先我们来看一下芳草地国际学校日坛校区杨允老师的单元整体设计（见图2）。

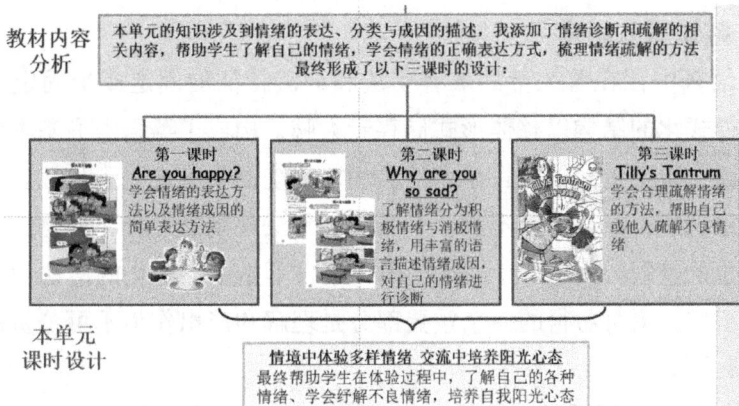

图2　单元整体设计

这个设计主要关注了本单元语言的构建过程，学生从简单的询问情绪及表达、表述情绪及成因，到学会疏解自己的不良情绪、宽慰他人。这是一个明显的递进层次，学生的表达从简单到复杂、单一到丰富，是从单一话轮到多个话轮的构建过程。

我们再来看绳雅婷老师这个单元的设计，更多体现了教师对学生原有知识储备的充分调动，学生在教师的充分引领和带动下，把之前自己所学的与之相关联的表达都主动地运用到这个新的话题之下，我们看到了学生在这个第三课时中完美地实现了迁移与创新（见图3）。

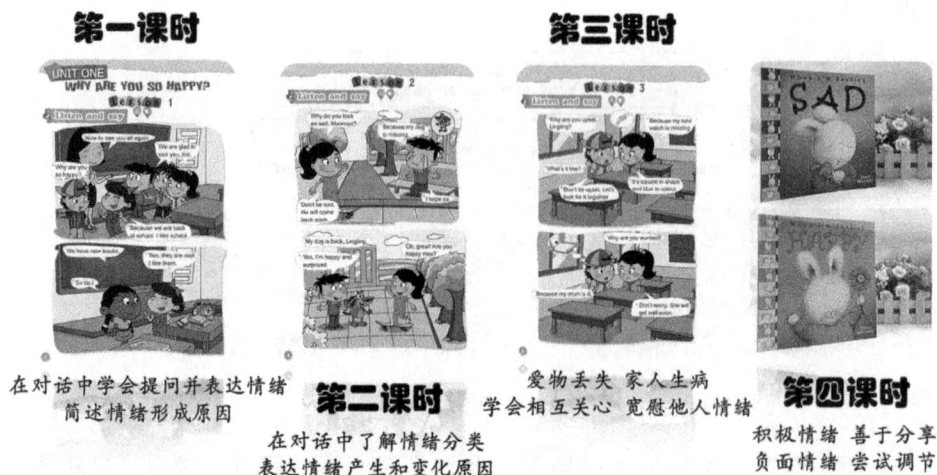

图3 学生话轮建构

（二）深入解读文本，强调语块的整体输入，使语言有意义，整体感知语言，整体输入语言

自然语言中存在着大量的兼有句法和词汇特征的固定或半固定的语言结构，这些模式化的结构以整体形式储存于大脑，构成了英语中最基本的语言单位。这一语言现象引起了语言学家的关注，传统的语言观受到挑战。越来越多的研究者意识到，语言产出不是一个受制于句法规则的过程，而是从记忆中提取短语单位的过程。Michael Lewis 提出：语言不是由词汇化的语法而是由语法化的词汇组成，语言习得的一个重要部分是理解和产出作为不可分析的整体语块的能力。

因此，教师在授课的过程中，强调整体输入，让学生在一个相对整体的语言环境中感知、理解、内化、操练乃至运用语言，如以下三个语篇所示（见

图 4 ）。hold，host 这两个词本身是比较抽象的，但是因为在奥运会这个语境下，有了 Beijing 等词在语块中的作用，教师有意识地让学生用多种方式表达，将近义词关联起来理解，就显得非常轻松了，同时，学生在语境中还对同一个单词不同的词性有了了解和掌握。

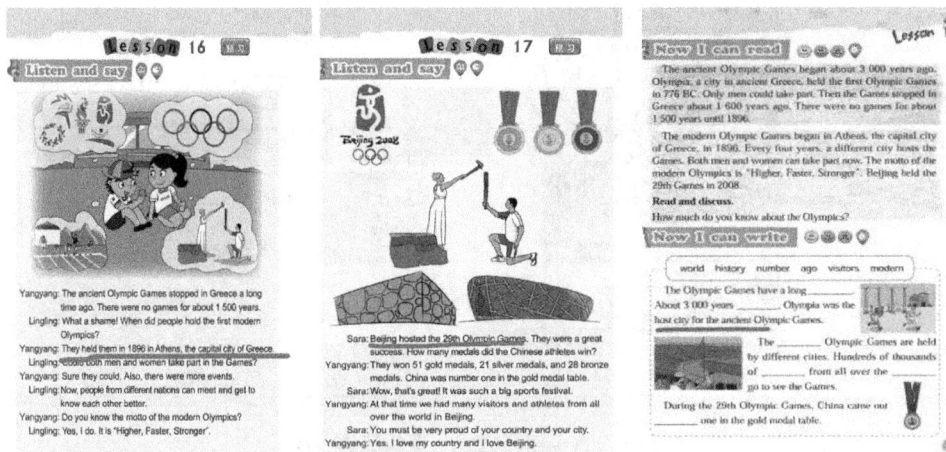

图 4　构建语言环境

二、学

学生终究是学习主体，教师的功能是指导学生完成自己的学习目标。因此，我们需要思考学生学习的核心和教学重点是什么，而我们的教育教学活动是依托单元语言完成的。

（一）整合同类型话题，引导学生高阶思维养成

针对课堂教学中缺乏对语篇材料意义的探究，语言学习与主题存在意义割裂，思维、情感、文化等培养浮于表面，核心素养目标存在贴标签现象。我们强调在课堂教学中对学生进行思维品质的培养，语言是思维的外化，没有思维参与的语言表达是没有生命的。为了帮助学生在语言习得的同时学会有逻辑地表达，我们在教学中特别关注学生高阶思维的培养，以六年级上第三单元和第五单元为例。

第三单元的最后一课内容讲到了古今的出行方式，在学习过程中，教师帮助学生对自己的思维进行了外化，并在思维图、表格或者流程图的帮助下进行

有序表达（见图5）。

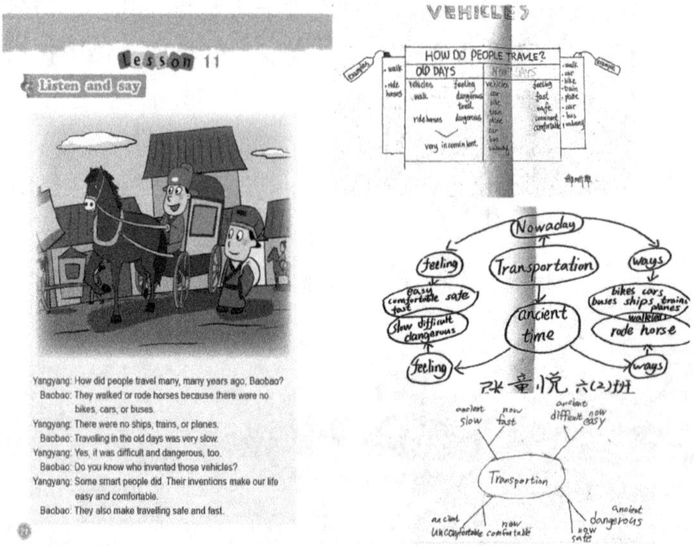

图5　古今出行方式一课的思维导图

有了这样的学习成果，教师因势利导，下一个单元主题为古代奥运会、现代奥运会。依然让学生沿着这个脉络自行进行梳理和对比。于是学生通过对文本的阅读理解，有了这样的整理（见图6）。

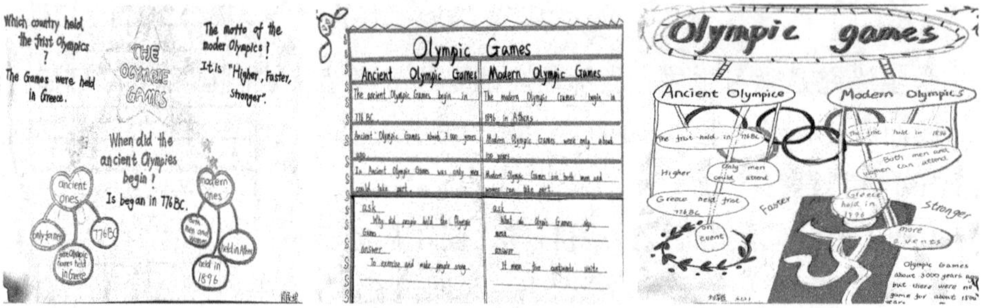

图6　古今奥运会一课的思维导图

我们看到，有了这样的内化和整理，学生的表达丰富而有逻辑，更主要的是，学生在归纳整理的过程中，自主地对所学内容进行了内化和建构，学生的思考更加全面，表达不再是支离破碎的短语和单句，表达起来更加自信，富有感染力。

（二）根据学生学习整体设计学生活动

单元整体设计需要有逻辑性、层次性、关联性和递进性，具体到每一个课时之间，学生学习的活动设计也必须要有逻辑性、层次性、关联性和递进性。这样才能很好地帮助学生顺利完成从感知理解到迁移创新的过程，体现了我们英语教学过程中的学生活动观。

我们仍然以绳雅婷老师这节课为例：教师首先通过师生对话充分地激活了学生原有的知识储备，点出主题。继而，老师通过层层递进的会话教学方式，帮助学生感知课本上创设的情境，理解功能句型。接下来，老师分别给 A、B 两组学生同等难度同一话题的对话各一篇，让学生自主阅读获取信息，内化为自己的语言。同时，这样的阅读给了学生一个进一步理解主题的空间和时间，给了学生自主输出更多的语言的支持和可选择的表达方式。教师配合追问再次让学生充分调动自己已有知识，思考对策并表达，教师进行整理，与其他同学共享。产出环节，学生以组为单位进行了真实生活的模拟，全体同学一起给出建议和对策，学生自然地将本节课所学的新内容，和自己原有知识储备进行了整合，完美地实现了知识的迁移与创新。

三、评

评价是一节课不可或缺的重要组成部分，它以师生评价、生生互评、自我评价的基本形式，做到深入解读文本和学生，通过教学评价统领课堂教学方向。

语言知识不是教师传授的，而是学生在情境互动中自行建构的。在语言情境中多说多表达，才能把语言内化到自己的头脑中。注意避免因评价方式复杂转移了学生的注意力，或评价标准混乱，导致评价贬值。

让每位学生参与到活动中去，少讲、多听、多练、多说是学生理解文本语言的关键。教师讲得再好，也不及学生大量的语言习得实效性强。

教学过程中，教师要能和学生展开真实交际，给予积极的反馈与引导，在语境中，学生不受任何语言限制和不依赖任何语言提示。

这些形式和活动能否经常性地在课堂中发生，是一节好课的标准之一。新课程中，一堂好课、一个好的教学活动，应该在学习活动中明确凸显学生学习主体的地位，以考查学生在课堂上的学习活动状态为主，关注学生参与教育教学活动的广度和深度。

小学英语单元作业设计赋能学生思维品质培养

绳雅婷

一、研究背景

（一）政策的引领

2021 年 7 月，中共中央办公厅、国务院办公厅印发《关于进一步减轻义务教育阶段学生作业负担和校外培训负担的意见》，提出全面压减作业总量和时长，减轻学生过重作业负担，提高作业设计质量。发挥作业诊断、巩固、学情分析等功能，将作业设计纳入教研体系，系统设计符合年龄特点和学习规律、体现素质教育导向的基础性作业。鼓励布置分层、弹性和个性化作业。在此背景下，教师应将"做中学"理论融入小学英语作业设计中，改善传统教学中作业布置的弊端，充分彰显作业的价值，让学生在知识内化的基础上实现思维品质等核心素养的发展。

（二）新课标下小学英语教学的需要

《义务教育英语课程标准（2022 年版）》在作业评价部分指出：教师应根据不同学段学生的认知特点和学习需求，基于单元教学目标，兼顾个体差异，整体设计单元作业和课时作业，把握好作业的内容、难度和数量，使学生形成积极的情感体验，提升自我效能感。教师应创设真实的学习情境，建立课堂所学和学生生活的关联，设计复习巩固类、拓展延伸类和综合实践类等多种类型的作业，引导学生在完成作业的过程中，提升语言和思维能力，发挥学习潜能，促进自主学习。

二、研究内容

本文旨在研究指向思维品质培养的小学英语单元作业设计及实施策略，以探究如何通过作业设计来促进学生的思维品质培养。具体研究内容如下。

（一）研究目的及意义

本课题的研究，旨在促进小学英语教师树立单元作业设计的意识，提升教师单元作业设计的能力，研究培养学生思维品质的单元作业实施策略，让小学英语教师能够根据学生学段特点，基于单元教学目标独立设计体现一定的敏捷性、灵活性、创造性、批判性的包括巩固、拓展延伸和综合实践等多种类型的作业，改进教学实践，提升专业素养。

（二）研究价值

理论价值：《义务教育英语课程标准（2022年版）》分学段制定出了思维品质学段目标，进一步明确了义务教育阶段对于学生思维品质培养的目标及方向。但目前，有关培养学生思维品质的单元作业设计的相关理论及论文较少，本研究旨在为培养学生思维品质的单元作业设计提供一定的支撑。

实践价值：小学英语教师就作业设计已进行了一定程度的研究，但在设计和实施过程中仍会出现机械化、单一化和低效化等问题，并未涉及培养思维品质的作业设计策略的探究。本研究将帮助教师有效开展基于单元整体教学的单元作业，指向培养学生的思维品质。

三、小学英语单元作业设计与实施策略

（一）小学英语作业设计现状

在作业设计的过程中，小学英语作业普遍存在如下问题：1.单元作业设计的单元意识不强；2.作业设计形式较为单一，机械化，没有关注作业对学生思维培养的作用；3.对作业评价的关注度不够。

（二）指向思维品质培养的英语单元作业设计

在小学英语教育中，单元作业设计是教师教学的重要环节之一，也是学生巩固所学英语知识和提高英语能力的重要途径。而在单元作业设计中，指向思维品质培养的设计方案是尤为重要的。

指向思维品质培养的英语单元作业设计应当注重培养学生的思维品质，激发学生对于思维活动的积极性与主动性。一方面，在设计单元作业时，应注重将英语知识与实际情境相结合，以丰富学生的生活经验和语言应用能力。另一方面，在教学过程中，还应不断提高学生的探究意识和创造能力，鼓励学生表达自己的观点和想法，促进其思维品质的发展。

（三）实施策略分析

首先，需要明确的是，实施策略应该基于有效的教育理论和方法论，并结合具体的教学场景和教学目标。因此，在制定实施策略时，我们应该充分考虑小学生的个体差异和认知特点，通过多种教学手段和方法，提高学生的学习兴趣和参与度，激发学生的学习热情和主动性。

其次，为了有效地实施英语单元作业，我们应该注重教师的培训和指导，提高教师的教学水平和教学能力。教师应该了解具体的教学内容和要求，根据学生的表现和反馈，在教学中及时调整教学策略和方法，以收到良好的教学效果。

再次，为了提高英语单元作业的实施效果，我们还可以采用多种评价方式和形式，包括形成性评价和总结性评价。通过评价，我们可以及时发现学生的不足和进步，有针对性地进行教学改进和调整。

最后，我们还应该关注学生的反馈和参与，及时收集学生的意见和建议，倾听学生的声音，并结合实际情况及时调整教学策略和方法。

四、指向小学英语单元作业设计的实践

具体内容包括以下三个方面：任务型作业、综合性作业和创新性作业。这三种作业类型旨在培养学生探究问题、解决问题以及创新思维的能力。

首先是任务型作业。它强调实践性和应用性，通过设置具有一定难度的任务来引导学生去探究和解决实际问题。例如，设计一份旅游计划，包括路线规划、食宿安排等。通过这样的任务，学生需要综合运用目标语言知识，提高语言运用能力，同时也能培养出综合思维和解决实际问题的能力。

其次是综合性作业。这种作业类型主要是为了培养学生的综合能力，例如，要求学生根据所学内容设计一份英语文化展示板。学生需要运用多方面的知识和技能完成整个制作过程，如目标语言的语言运用能力、文化背景知识和

信息检索能力等。通过这个过程，学生将提高自己的综合能力，同时也会对英语文化有更为深刻的认识。

最后是创新性作业。这种作业类型主要培养学生的创新思维，通过给学生提供多样化的材料，并引导他们进行创意性思考，提高他们的独立思考能力。例如，设置一个情景，要求学生在该情景下创作一篇短文。这个过程既考验了学生的语言表达能力，同时也培养了他们的创新能力。

通过这三个方面的综合实践，我们可以看到，这种设计实践的作业类型多样化、有针对性，注重培养学生的综合能力和创新能力，是一种比较有效的思维品质培养途径。同时，这种实践也为小学英语单元教学提供了新的思路和方法。

五、小学英语单元作业评价与改进

（一）单元作业设计的评价

在小学英语单元作业设计实践的过程中，对作业的评价显得尤为重要。作业的设计需要兼顾培养学生思维品质以及提升语言知识，而评价则能反映出学生在这两方面的表现。

针对作业设计实践的评价，我们需要将这些指标具体化、细化，并能够进行量化，使得评价结果更加客观。例如对于语言表达能力的评价，可以根据英文单词的拼写、语法错误、语言表达的流畅度及逻辑性等不同因素，分别加以量化。而针对思维品质的评价，则可以通过学生在作业中使用的思维方式、问题解决的思路等来评价。

需要注意的是，评价并不只结束于得分或等级的划分，而应该更注重评价结果的反馈和优化。根据对评价结果的分析，我们可以发现学生在某些方面存在着不足，或者作业设计存在着欠缺。在这种情况下，我们需要针对性地提出改进策略，从而进一步完善小学英语单元作业的设计，促进学生思维品质的培养。

综上所述，我们通过对小学英语单元作业设计的评价结果分析，不仅得出了学生对于作业设计存在的一些问题，也为我们进一步制定改进策略提供了重要的依据。相信在今后的教学实践中，我们将能够更好地推进思维品质培养的目标，为学生的英语学习提供更好的支持和帮助。

（二）改进策略研讨

在评估小学英语单元作业设计的过程中，不可避免地需要针对评价结果提出改进策略，以不断提高作业设计的质量和效果。

首先，我们需要认真分析评价结果，找出存在的问题和改进的方向。在这个基础上，我们可以从多个方面入手，提出具体的改进策略。其中，一个重要的方面就是任务设计，即如何让作业更加符合学生的认知特征，更加具有可操作性。我们可以借鉴心理学和教育学的相关理论，对任务设计方法做进一步的研究和探索。

其次，我们还需要结合当下的教育现状和教学资源，更加灵活地利用多种教学手段，进行作业中合作式学习、交互式学习、参与式学习等多种形式的实践。不仅可以深入挖掘学生的智力潜力，还可以培养学生的动手能力、责任意识以及口语表达能力。

最后，在作业设计改进之时，我们还需要充分考虑学生的实际需求和能力水平，注重实践性和趣味性的结合，在任务设置和形式创新方面尽量做到贴近学生的需求。

经过上述策略的改进，进一步探讨和扩大应用范围，可以有效提升小学英语单元作业的质量和效果，给学生提供更加丰富多彩、实效性强和贴近实际生活的英语学习体验。

核心素养视角下"教—学—评"一体化在小学英语课堂教学中的应用与思考

柳立凤

一、缘起

当今的中国正奔跑在迅速发展和不断强盛的道路上，培养具有国家情怀、具备核心素养的创新型英才是摆在教育者面前的重要任务和新的挑战。

《义务教育英语课程标准（2022年版）》（以下简称《课标》）指出：英语课程要以习近平新时代中国特色社会主义思想为指导，全面贯彻党的教育方针，落实立德树人根本任务，以培养有理想、有本领、有担当的时代新人为出发点和落脚点。教师要落实新课标精神，以素养为导向，准确把握"教—学—评"在育人过程中的不同功能，树立"教—学—评"的整体育人观念，最终培养学生素养，实现育人目标。

二、概念界定

（一）什么是核心素养？

《课标》指出：核心素养是课程育人价值的集中体现，是学生通过课程学习逐步形成的适应个人终身发展和社会发展需要的正确价值观、必备品格和关键能力。英语课程要培养学生的核心素养，包括语言能力、文化意识、思维品质和学习能力等方面。

（二）什么是"教—学—评"一体化？

"教"主要体现基于核心素养目标和基于教学内容载体而设计的教学目标和教学活动，决定育人方向和基本方式，直接影响育人效果。

"学"主要体现为基于教师指导，学生作为主体参与的系列语言实践活动，决定育人效果。

"评"主要发挥监控教学过程和教学效果的作用，为促教、促学提供参考和依据。

"教—学—评"三者相互依存、相互影响、相互促进，发挥协同育人功能。

实施"教—学—评"一体化，以评促学，以评促教，在本质上是一种关注学生核心素养发展的评价观。

三、"教—学—评"一体化的实践探索与思考

如何培养学生的核心素养呢？面对《课标》、教材、教参、《课标》解读等，如何将新的教育教学理念落实到课堂实践中呢？如何让课标理念在小学英语课堂教学中落地生根呢？

教师要准确把握"教—学—评"在育人过程中的不同功能，树立"教—学—评"的整体育人观念。

（一）以核心素养为指导，以学定教、教学相容，清晰"教师教什么？学生学什么？"

1. 研读语篇　调研学情　以学定教

在教育教学中，教师要深入研读语篇内容，在大观念的引领下，明确语篇的主题，清晰语篇的三个方面：What，Why，How。除此之外，还要调研学情，知道学生的已有语言能力、文化意识、思维品质和学习能力结构水平。把学生已有的知识结构和语篇之间建立联系，清晰了解学生已知、未知；明确通过语篇的学习，学生在语言能力、文化意识、思维品质和学习能力等方面能得到哪些提升。

2. 目标引领　单元整合　以终为始

（1）教师在教学过程中，清晰地制定教学目标尤为重要。

教学目标的制定要以培养学生的核心素养为宗旨，以终为始。制定教学

目标时，要结合学段目标、语篇内容、学情等，制定单元教学目标、课时教学目标、作业目标等。制定这些目标时，时刻以发展学生的核心素养为宗旨，其中，课时目标为单元目标服务，单元目标是课时目标的纲领，课时目标既单独存在，又相互关联，课时目标层层递进。

以北京版小学英语五年级下第三单元 *How do seeds travel?* 为例。

本单元属于"人与自然"范畴的"自然生态"主题群中的子主题——"种植与养殖，热爱并善待生命"。通过研读语篇，笔者对语篇进行深入分析后重新构建了单元教学设计（见图1）。

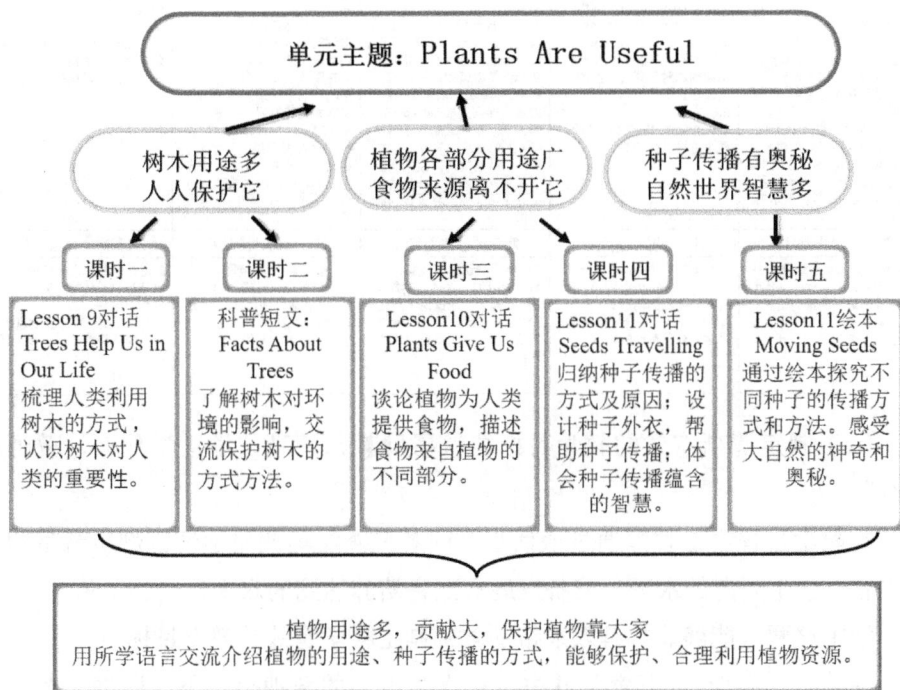

图 1　*How do seeds travel？* 单元教学设计

单元设计目标
1.学生能够听懂、理解本单元三个对话大意，并用思维图梳理信息，能正确朗读、复述对话。 2.能够在谈论植物的情境中，从树木的用途、植物为人类提供食物方面介绍植物。 3.运用所学语言介绍种子传播的方式及原因，根据植物生长环境，猜测并阐述种子传播的方式及原因。 4.通过交流"保护树木、植物"的方式和方法，加强对树木与植物的保护意识。

第一课时	第二课时	第三课时	第四课时	第五课时
梳理人类利用树木的方式，认识树木对人类的重要性。	了解树木对环境的影响，交流保护树木的方式和方法。	植物为人类提供食物来描述植物的不同部分。	归纳种子传播的方式及原因；体会种子传播蕴含的智慧。	拓展种子传播的方式，探索种子传播的过程，感受自然的奥秘。

第一课时学习目标	第二课时学习目标	第三课时学习目标	第四课时学习目标	第五课时学习目标
1．学生能够听懂 listen and say 中的对话内容，并进行正确的朗读或角色扮演，会用功能句型 How can we make use of ...? 询问某一物品的用途。 2．学生能够听懂、会说、认读 get fruits from trees, make paper caps, make a bag 等短语，并在实际情景中运用。 3．学生能够在教师的帮助下小组内或同伴间完成 Let's do 中的小演讲或汇报。 4．学生能够认识树木的用途，养成保护、爱护树木的意识。	1.学生能够理解文中树木相关词汇：branches, growth rings 生态环境类词汇：produce oxygen, reduce the amount of carbon dioxide, protect the environment。 2.学生能够在教师的指导下了解树木对于环境的影响，交流表达保护树木的方法。 3.学生能够对短文内容按照两个主题进行分类。	1．学生能够听懂并朗读 Listen and say 中的对话内容；能运用"Can you give me an example of ...?"询问各类范畴的举例。 2．学生能够听懂、会说、认读食物、水果、快餐、运动、动物等领域的词汇，并能在实际情景中运用。 3．能在教师的帮助下小组内或同伴间完成 Let's do 中的游戏活动，或制作手抄报。 4.学生能够通过学习本课内容，了解植物对人类的贡献，了解食物的来源，珍惜食物，关注生活，养成喜爱提问的习惯。	1．学生能够使用"How do you travel?"询问种子传播途径；用"some..., and others... ,"句型结构表达不同的人会有不同的方式。 2．学生能够通过观察插图，理解对话内容并跟随录音模仿故事中的人物对话。 3．在图片、现场演示和思维图的帮助下，理解种子的传播方式及其原因，并进行简单描述。 4．学生能够通过学习本课课文，养成关注生活、细心观察的习惯，并用图梳理并写出自己喜爱的植物的传播方式。	1.理解绘本大意，能够借助思维导图或者提示词描述种子传播的5种途径。 2.能够理解并借助 worksheet 在小组合作学习中阐述不同种子传播的过程。 3.通过学习绘本培养学生热爱自然，热爱科学，善于发现探索的科学精神。

第一课时作业目标	第二课时作业目标	第三课时作业目标	第四课时作业目标	第五课时作业目标
1.能够正确认读、理解、书写本课单词、短语、功能句。 2.能够理解、朗读对话。 3.能够查阅资料，了解更多关于树木的知识。	1.能够用 How can we make use of ...? We can...询问、回答某个物品的用途。 2.能够有逻辑地介绍树木的用途、自己喜欢的树木。	1.能够正确认读、理解、书写本课单词、短语、功能句。 2.能够理解，朗读课文对话。 3.调查并记录家中哪些食物来自植物，它们是植物的哪些部分。	1.能够正确认读、理解、书写本课单词、短语、功能句。 2.能够理解，朗读课文对话。 3.能够运用所学语言描述种子的传播方式及原因。	1.能够运用新的语言表达方式描述种子传播的5种途径，并简述过程。 2.能够在上一次作业的基础上，丰富语言，进一步介绍自己喜欢的植物的种子传播方式、过程。

（2）制定清晰有效的教学目标能够帮助教师清晰"学生学什么，教师教什么"。

在教学过程中，教师通过谈话法、问卷调查法等调研学情，剖析清楚两方面内容：学生现有的水平、准备发展和准备培养达到的水平。

清晰这两点能够非常有效地帮助教师制定科学有效的教学目标。

在"素养导向，'五育'并举，育人为本"的精神指引下，明确主题，在主题的引领下，依据学情分析、语篇的内容，根据学段目标和学业质量标准来制定教学目标。单元整体目标的实施是通过各个分课时的目标来达成的。各个课时的目标都是围绕单元主题目标制定，教学活动要为了达成这些目标而设计和优化。分课时的目标既相对独立，又层层递进，紧紧围绕单元整体目标来制定，滚雪球式的展开。

（二）学习活动观指导下的教学活动设计，清晰教师怎么教？学生怎么学？

1. 在学习活动观的指导下设计教学活动

清晰了教学目标后，每一节课的教学活动要紧紧围绕课时目标逐项落实，教师设计丰富多彩的学习理解类活动、应用实践类活动和迁移创新类活动。

2. 在学习理解、应用实践、迁移创新的活动中发展学生的能力，落实核心素养

教师设计的每个活动，都是为了达成教学目标，在具体的活动中，通过教师引导、根据要求自主学习、小组讨论、分享交流、组间评价等活动，达成教学目标。

如，笔者在北京版小学英语五年级下第三单元的整体教学设计，拓展阅读 *Moving Seeds* 一课中，学生通过观察绘本封面，感知与注意语言知识，通过自主阅读、思维导图等语言支架的引导，在小组讨论、分享交流等活动中获取并梳理信息，将语篇知识进行概括与整合，在语篇的基础上不断建构语言。

通过小组展示进行描述与阐释绘本，阅读过程中圈画信息，以旧带新自学新词，分析判断信息，在思维导图的引导下，内化语言，最后能够转述、复述或者创编角色表演绘本，在这个过程中，学生的学习在基于语篇、深入语篇的活动中体验和实践，并最终转化成能力，达成素养目标。

综上所述，教师要深入理解学习活动观，清晰六要素的关系，明确达成素养目标的途径：即通过学习理解类活动、应用实践类活动和迁移创新类活动，让学生在学习活动中学习、探索、研究、合作，最终形成学习能力，健全品格，达成素养目标。

（三）教学相长，清晰教师教得怎么样？学生学得如何？

1. 作为一线教师，要知道自己教得如何，学生学得怎么样

"教得如何，学生学得怎么样"，这不仅仅是上一级教研部门的事情，一线教师在课后的反思也非常重要。

教师要针对课堂教学活动的目标设计评价方式，通过评价诊断教学活动的有效性，并且为教师接下来的教学调试提供依据。教师要将多元评价贯穿教学实践的整个过程，如，课堂评价、课后评价、单元评价、期末评价等。

2. 多维评价诊断教学活动的有效性，帮助教师调试、改进教学设计

（1）评价教学活动的设计。

在设计教学活动时，教学活动的目标要明确，活动有梯度，始终围绕教学目标展开，呈螺旋式上升，层层递进，不断建构知识和能力，最终为达成素养目标服务。

教师要深入研究教学活动的设计是否有效，是否为达成教学目标服务，课堂评价要针对活动设计的目标是否达成进行评价，评价教学活动的效果如何，评价学生的获得是否达到了预期的目标。

（2）评价学生的实际获得。

教师要关注学生在学习理解、应用实践、迁移创新类活动中，语言技能、学习策略、语言知识、文化知识是否得到了进一步的提升，通过哪些手段来体现。这就要求教师在设计教学活动的时候，不仅要设计活动的目标、内容、形式，还要设计评价的工具。

（3）有效开展多维度评价。

课堂评价可以包括语言评价、教师评价、同伴评价、自我评价等形式，贯穿于整堂课的每一个环节，可以评价听得如何，读得是否正确、流利，说得是否有创意，是否正确理解语篇，能否迁移到自己的生活实际中，等等。

（4）作业评价设计。

正所谓"余音绕梁，不绝于耳"，好的作业设计就要达到余音绕梁的效果。作业的设计不仅要有趣，还要有挑战，教师要给孩子们一个踮踮脚尖就可以摘到的"桃子"。教师设计作业时要结合生活实际，给不同层次学生设计分层作业和评价导向，引导学生努力完成作业，通过评价诊断作业的质量。

作业的设计和评价也能够很好地诊断和调试教师教的效果和学生学的效果。教师通过设计不同形式的分层作业，不仅给学生提供检测课堂学习效果的多元的选择，也可以让教师了解整堂课的教学效果是否很好地达成了教学预定目标。

除此之外，单元评价和期末评价也是阶段性诊断评价，可以是包含听、说、读、写等形式的诊断方式，目的也是诊断学生的学习效果和教师的教学效果，起到诊断和导向的作用。

四、"教—学—评"一体化 以评促学 以评促教

"教—学—评"三者密不可分。"教—学—评"一体化应以学生核心素

养的全面发展为出发点和落脚点，充分发挥学生的主体作用，教师要关注学生的个体差异，采用多种评价方式和手段，从多渠道、多视角、多层次、多方式展开。

总之，教师要以达成核心素养为目标开展"教—学—评"一体化实践，"教—学—评"一体化的实施能使学生在评价的激励和导向中不断努力，产生内在学习动机；"教—学—评"一体化的实施能为教师及时反馈学生的学习效果，促进教师持续反思并改进教学，最终为学生核心素养的形成与发展服务。

英语故事教学让课堂"活"起来

陈 南

英语故事在小学高年级（5—6年级）的英语课堂中出现频繁，但在小学低、中年级的出现率并不高。虽然针对英语故事教学的研究很多，并且总结出了一些教学方法，但针对中年级的研究并不多，因而这些方法也并不能完全适用。针对这种现状，笔者通过研究，总结出一些中年级英语故事教学在听、说、读、写各环节的实施策略，并给出课前准备和课后活动些许建议，以丰富中年级英语故事教学的课堂形式。

在"听"的环节中，教师可以通过肢体语言帮助学生理解故事，运用多媒体为故事创造情境，在听故事之前设问，提高听故事的目的性，从而提高听故事的效率。在"说"的环节中，教师可以设计角色扮演和复述故事等活动。在"读"的环节中，教师可以在第一遍听故事前设问，即导读；而后对故事细节进行提问，即精读。通过导读和精读帮助学生理解故事。在"写"的环节中，教师可以安排看图写作和合作写作等写作活动，以将故事中的重点单词、词组和句型转换为学生自己的知识。针对不同教学内容，如有需要，课前教师需要布置资料收集等预习工作。教师还可以布置一些课后作业或活动，巩固所学知识。

一、小学中年级英语故事教学环节设计

（一）教学中"听"的实施策略

1. 设计原则

（1）有侧重点地听。

对于中年级的小学生而言，他们的听力能力有限，信息捕捉能力不高。因

此，有侧重点地听故事，是为了避免无效地听。教师在听故事前，布置好需要学生听的内容，让学生抓住信息点。这样听一遍故事后，学生得到了重点信息，做了有用功。另外，这样的训练有利于培养和提高学生英语听力能力。

（2）"听"与其他感官结合。

听英语故事对于小学生而言，仍然是比较困难的任务。这就需要教师提供更多的信息帮助学生理解故事。刺激和激发学生多种感官不光是小学英语故事教学所提倡的，更是小学课堂普遍倡导的。感官信息能够较直接地反映相应的文字信息，帮助学生理解故事。

2. 实施策略

（1）借助肢体语言。

在听故事的过程中，教师可以适当借用肢体语言来让学生熟悉故事意思，如夸张的表情、动作等。北师大版英语四年级下册 Unit1 中，"Don't…"表示"不要做……"，所以"Don't…"可以简单地用摇手这个动作表示，后面的动词，如 walk，litter，touch，cry 等，都可以用相应的动作表示。

（2）合理运用多媒体。

可以利用多媒体播放配有图片和原文的课件，将看故事和听故事结合起来。以这些方式，加上学生通过对语言声音（包括重音、语调、连读等）的识别、分辨，便可以准确地把握故事中信息。北师大版英语教材的配套教学光盘中的 Flash 课件就能很好地辅助教学。Flash 中的场景为故事提供了很好的情景，让学生能够很清楚地明白课文意思。

（3）听前设问。

在第一遍听故事之前，教师可以针对故事的主旨或是时间、地点等进行设问，让学生带着问题听故事，提高他们的听力能力，并为之后理解课文做铺垫。

（二）教学中"说"的实施策略

1. 设计原则

（1）创设故事情境。

有些教师在呈现故事时很注重情境的创设，但在"说"的过程中就忽略了情境的作用。"说"更需要情境的创设，只有在特定的情境中，学生才能很好地体会故事的含义，进而模仿故事中人物的情绪或表现出故事中句子的语气。

（2）把握活动尺度。

"说"的环节通常都是以小组为单位的活动，但学生很容易在分组活动时做与课堂无关的事，或因热情讨论造成课堂混乱。教师只有把握好活动的尺度，才能保证课堂活动有条不紊地进行，达到理想的课堂效果。

2. 实施策略

（1）角色扮演。

在这个活动中，学生可以把自己融入故事中，并加入自己的情感。教师可以充分利用故事中的材料，运用多媒体手段，激发学生敢说敢想的兴趣，让学生乐于表达与具体情景相适应的思想，体会说的乐趣。

有的课文需要三个或多个学生组成一小组，在课前教师就要对如何分组进行安排。指导学生用肢体动作以及表情进行表演。教师在这个时候需要把握好演和说的尺度。表演时学生可能情绪高涨，太过散漫。这时教师则要关注必须掌握的关键句，观察学生是否能够流利表达，是否能够正确体会句子的意思，并表演出来。

（2）复述故事。

复述故事是培养学生"说"的能力的一个重要方式。学生根据学过的语言内容进行重新组合，来进行连贯讲话，这对锻炼学生的口头表达能力、思维能力以及听的能力都很有帮助。

由于课文中的故事是以对话形式展开的，因此学生在复述时需要加入自己对课文的理解。如北师大版英语四年级下册 Unit1 中，Ken 对 Mocky 说 "No, no! Don't walk!" 的原因是路灯是红灯，要遵守交通规则。Ann 对 Mocky 说 "No, Mocky! Don't litter!" 的原因是要保护环境等。在复述故事时，学生需要加入这些内容，因而教师要清楚学生是否已经理解故事，然后再组织学生进行复述。

（三）教学中"读"的实施策略

1. 设计原则

（1）朗读与默读兼顾。

中年级学生除了通过大声朗读培养语音、语调之外，也需要通过更多的默读训练提高阅读速度，为升入高年级后阅读长篇文章打基础。

（2）强调重点知识点。

读故事不光是为了读懂故事内容，更重要的是学会其中重点的词汇、短语和句式，以积累和丰富学生的英语表达。这里所要强调的重点也就是本课的教学重、难点。在读的过程中让学生注意这些重、难点，以更好地掌握词汇、短语在特定语境下的意义。

2. 实施策略

（1）导读。

针对此课，教师可以根据故事的整体大意提问，让学生带着问题自由朗读故事，自己总结答案。这样有助于提高学生归纳、概括文章大意的能力，同时又有助于培养学生自主学习的能力。

（2）精读。

在第一遍读完故事之后，学生基本能够明白故事的大意。在此基础上，教师要针对细节提问，帮助学生进一步理解故事，如教师问 "Why doesn't Ken let Mocky walk？" 这个问题，是让学生理解红灯这个信息点的意义。

精读故事是整堂课很关键的一个环节，学生在已经理解故事大意的基础上，更重要的是通过图中细节，理解故事内容。学生回答问题的过程，也是他们思考和组织语言的过程。

（四）教学中"写"的实施策略

1. 设计原则

（1）提供写作框架。

对于中年级学生而言，自由写作难度较高。因此，教师需要为学生提供一个写作框架，或是大纲，让学生知道应该运用故事中所学到的知识来写作，明白写作的方向是什么。这样，学生才能学会使用哪些特定的词汇和句型等。

（2）注意前后安排。

写作部分安排的先后顺序也很重要，在学生充分掌握词汇句子之后再进行写作，才是有效的写作训练。若是续写等任务，则必须要在充分讲解课文内容之后才能进行。

2. 实施策略

（1）看图写作。

针对此课，教师可以出示一些提示牌，如禁止吸烟的图标等，让学生写出英文。这个方法既简单又直接，学生可以很快模仿本课的句型，造出新句子。

（2）合作写作。

教师可根据故事主旨大意进行延伸，给学生提供写作的内容、让他们互相合作，弥补小学生的语言积累不够丰富、生活经历不足的弱点，让他们有话可写，使英语写作变得容易。

二、小学中年级英语故事教学建议

（一）课前准备

学生的课前准备对故事教学能否顺利进行有很重要的影响。教师应在课前布置一些类似查找资料的作业，以帮助学生扩充背景知识。如果语篇是学生熟悉的主题，他们就能顺利理解文章中的信息，相反，如果不熟悉语篇主题，就会出现障碍。文化背景知识在阅读中起着相当重要的作用。因此，阅读前对学生扩充相应的背景知识是学生顺利理解故事的关键。除了学生，教师备课也要充分。与其他授课方法不同，故事教学法以故事为中心展开教学，因此对故事的理解很重要。学生理解不了故事内容，教师的课堂活动就无法继续。因此，教师需要考虑多种应急办法，依据学生理解状况选择相应的预案。

（二）课后活动

课后教师可以布置一些故事改写或续写的作业。合作写故事是一种非常实用的学习形式。教师可以根据学过的故事，要求学生对故事的情节进行续写或是补充。将任务布置后，教师可以将学生分成若干小组，指导学生合作完成这个故事。每位学生写一两句话并鼓励学生充分利用其他资源，最后把每个人写的话放在一起合成一则小故事。这项活动要求学生有较好的学习主动性、自觉性和较强的学习能力。在创造性地写故事过程中，学生会有更大的空间来体现他们的学习潜能。

巧用多媒体，体验多多，收获多多

杨 允

21世纪，以计算机和互联网为代表的当代信息技术，正以惊人的速度改变着人们的生存方式、学习方式乃至思维方式，知识以前所未有的速度增长，知识推陈出新的周期不断缩短。教学必须以更快的速度、更高的效率，最大限度地开发人的学习活力与研究潜能。而传统教学模式的弊端日益明显，教育面临有史以来最为深刻的变革，需要我们与时共进，转变观念，改革传统的教学模式。

一、多媒体在英语教学中的应用

在外语教学的各个环节之中，用多媒体形式设计课件，操作方便，界面友好，表达规范，构思新颖，层次清楚，画面生动、形象、直观，情景交融，知识结构完整，不易混淆，既有艺术性和欣赏性，又具有教学的独立性。利用白板、Focusky，PowerPoint的交互功能，新课内容可随时调整。英语是一门实践性很强的学科，语言的形成有赖于一定的环境和背景，而课堂上仅利用挂图或教师的语言创设情境，往往难以使学生产生身临其境的感觉，容易产生枯燥乏味和令人沉闷的感觉，既影响教学效果，也给师生带来心理负担，导致"厌学"情绪滋长。而多媒体则可以超越时空，把教学内容及其延伸情景，生动逼真地再现眼前。

我们知道，一节课的成败，直接影响着学生的学习效果。学生所获得的知识大多来源于课堂，优化英语课堂结构显得尤为重要，而多媒体为优化课堂效果提供了重要而有效的保证。优秀的课件设计能帮助教学过程更顺利地进行，制作一个课件，从选题、策划、构思、制作、调试、完成，就是将自己的教学设想、教学目的、内容实现教学活动的方式，按顺序呈现出来。

（一）优化教学内容，突出教学重点和难点

优化教学过程，分解难点，是保障学习内容与认知结构一致性的重要环节。多媒体融知识性、趣味性、灵活性、新颖性于一体，使抽象的知识变得具体化、简单化、直观化，缩短了客观实物与学生之间的距离，从而降低了难度，使学生容易接受。相较于老师讲、学生听这种被动的学习方式，在信息化课堂上，学生或是老师提出问题，学生要自己想办法解决，信息资源就派上了用场。学生可以自主检索，教师也可以用多种方式形象、生动地展示给学生，并且具有很高的时效性，能够达到事半功倍的效果。比如，北京市义务教育课程改革实验教材小学英语四年级下册 Unit6 中，第二课时内容为 Lingling 想在河面上滑冰，由于冰薄被妈妈制止。在对话中碰到了一个新表达 "The ice is not thick enough." 这个说法其实对于大多数孩子来说都比较抽象。笔者使用动态图，演示出不同冰的厚度可以承载的不同物体重量，学生一看便知！并能够直观地看到冰的厚度变化。除此之外，老师还可以给学生布置难度大一点的任务来培养他们的自主学习能力和信息化素养，网络是世界上最大的知识库、资源库，相同、相似的信息很多。这时老师要教给学生使用信息化检索的技巧，如分类、辨别、选择、重整、再加工等，帮助学生学会整合资源。

（二）活化教材，拓宽授课方法

利用多媒体的交互功能，充分发挥课件在英语教学的作用，使教材的内容更生活化、具体化，让课本内容贴近现实生活，让学生身临其境，使学生对教学内容有亲切感，进而产生求知欲，变被动听取为主动探求。例如，在"谈论规则"这一主题下，我们不能脱离情境谈论规则，在不同的情境下，规则也会相应地发生变化。除此之外，对于学生难以理解的部分，我们需要借助信息技术进行辅助教学。因此，我在本单元教学过程中采用了抛锚式教学法。抛锚式教学法，指要求学生到实际的环境中去感受和体验问题，而不是听这种经验的间接介绍和讲解。因此，我引导学生走进课文文本呈现的不同情境中，引起学生共情，感受不遵守规则可能引起的危险，体会规则的重要性。

（三）增加信息量

教师只用一只小小的鼠标，就可以避免多次交换使用录音机、录像机、幻

灯机、实物投影仪、挂图等，大大提高了信息输出量，加快课堂节奏，增大课堂密度，节约了大量的板书时间。多媒体教学适应现代快节奏的需要，满足学生的求知欲，扩大与课文相关的材料。如在学习圣诞节时，通过表格呈现相关资料，帮助学生了解西方国家的主要节日，并比较中西方习俗的异同，使学生的求知欲得到满足，思维得到拓展。

（四）发挥学生的主体作用，培养自学能力

多媒体对培养学生的思维能力有独特的效果，它能让学生充分感知事物，化抽象为具体，丰富学生的思维内容，加强思维的广度，提高思维的灵活性，强化思维能力。在教学过程中，为了体现学生的主体作用，可以视具体内容调整讲授顺序，增加学生思考的内容，另外可以通过设疑促进学生思考，提高学生参与程度。在教学过程中可以通过层层设疑，引导学生思考。如在平时的会话教学课中，笔者通过 3D 视频播放、小动画等多媒体手段，引导学生观察图片、预测对话，激活学生调动关于阻止他人危险行为的语言库；通过问题，帮助学生有意识地进行听的活动，最终对自己的语言进行反思和调控，并结合生活实际，引导学生将所学运用到实际生活中，就危险时刻如何提醒他人进行实践；最后利用语音识别系统以及 3D 动画配音的技术手段，采取分层任务完成对课文的展示，帮助每一个学生都得到成功的体验。

总之，将本来枯燥乏味的教学内容借助多媒体辅助教学手段，寓趣味横生、令人向往的情境之中，使课堂教学活动化、趣味化、交际化，焕发出活力。通过教学手段的更新，引导学生多种感官齐动，活跃学生的身心，激发学生学习的兴趣与求知欲，达到感知—理解—体验—共鸣—吸收的教学目的。但多媒体不能代替一切，我们要合理运用多媒体辅助教学。

二、多媒体教学中存在的主要问题与反思

在英语教学中运用多媒体技术，旨在优化听、说、读、写的训练过程，提高语言训练的效率，高质量地完成英语教学目标。多媒体技术作为辅助教学的手段有其优越性，如果我们只追求形式，盲目使用多媒体，效果会适得其反。当前，多媒体在英语教学中主要存在以下问题。

（一）多媒体的功能被弱化

有些英语教师忽视了多媒体动画与视听结合的功能，将教材中的静态画

面搬上屏幕，将多媒体设备当作简单的投影仪来使用，致使设计出的画面无动感，教学没有生气，多媒体辅助教学名存实亡。

（二）缺乏从教学的角度设计教学活动，多媒体运用的形式单一

一些英语教师在运用多媒体辅助教学时，没有从教学的角度进行设计，而是孤立地使用课件。

1. 教学环节方面

授课一般由多个环节组成，但是有的教师只将多媒体运用在某一环节，没有形成"导入—反馈"的教学生态。

2. 教学内容方面

多媒体必须在学习内容和学生认知结构之间架起一座桥梁，通过多种表现形式使学习内容与认知结构趋于一致。英语教学的目的是培养学生运用语言的能力。有的教师甚至为了追求多媒体的形象和直观性而孤立地进行词汇教学。这就违背了英语教学语音、语法、词汇并重的原则。

3. 课堂教学类型方面

常用的英语课型有讲练课、巩固课、复习课、阅读课和语法课等。现在的多媒体辅助教学大都是对讲练课进行设计，对其他课型很少有人问津。

三、解决问题的办法

针对当前多媒体辅助英语教学中存在的问题，笔者认为可对以下几点进行改进。

（一）把握整体性原则，加强多媒体辅助课堂教学的设计

在教学手段和教学模式的运用中，教学设计是关键。教师、学生，教学内容、教学目标、教学媒体和方法等要素构成了教学活动。选择教学媒体时要把握整体性原则，既要考虑教学的需要，又要注重突出和发挥多媒体的特点与功能。

（二）把握"适时、适度、适当"的原则，发挥多媒体的最佳效果

"适时"就是运用多媒体时要选择最有利于学生掌握教学要点，并使教学达到最佳效果的时机。"适当"就是多媒体要用在精彩之处，用在有利于学生内化教学内容之处。"适度"就是多媒体的运用要做到既不喧宾夺主地滥用，也不能因噎废食而全然不用。在英语教学过程中，运用多媒体技术应以"适

时、适度、适当"为原则，找准多媒体与教学内容的切入点。同时，还要加强多媒体辅助教学的针对性，避免过分依赖多媒体。只有科学、合理地将电脑多媒体与教学规律及其他教学因素糅合在一起，才能使多媒体在教学过程中发挥应有的作用，达到提高教学质量的目的。

"双减"背景下小学音乐课程的"变身"

张凤国

2021 年 7 月，中共中央办公厅、国务院办公厅印发了《关于进一步减轻义务教育阶段学生作业负担和校外培训负担的意见》（以下简称"双减"）。"双减"政策的出台，是教育改革发展的必然选择，也是广大人民群众追求优质教育服务的热切期盼。然而，对于义务教育阶段的学校而言，如何在确保教育质量的前提下，不折不扣地落实"双减"政策尤显重要。对此，作为"双减"政策的执行者，教师则责无旁贷地肩负起这次改革的重任，并将"双减"政策落实、落好作为工作的目标。因此，一场"减负提质""将时间还给学生、重塑美好童年"的教育改革席卷全国，并以"多维度、全覆盖"的视角走进义务教育阶段每一门学科的课程之中。

音乐作为提升国民艺术素养的基础课程，也悄然发生着变化，并以"探究实践类作业形式"和"创建课后社团"为两个突破口，促音乐课程"变身"，将"双减"政策落地。

一、探究实践类作业形式，将"课前三分钟展示"引入课堂

作业是学生为完成学习任务而独立从事的学习活动。因此，在某种意义上说，作业是教师为了巩固学校教育教学活动而给学生布置的学习任务，是为了巩固学生课堂学习效果的重要举措，同时也是需要学生在自控力下参与的实践活动。然而，在实际的学生课后学习中，学生虽然从外在形式上续延了课堂中的学习活动，但其往往只是以完成作业为目的，至于完成作业的质量如何自己却没有考量。这样被动参与下的学习活动其效果可想而知。反思其背后原因，

是学生为完成教师布置的作业，而失去原本的休息时间，因此，学生不乐于参与，故每当提及作业，学生便会产生一种畏惧和抵触的心理……

一位教师指导四年级学生演唱歌曲《我是少年阿凡提》后的课后实践类作业是：为你的伙伴或家人演唱这首歌曲，同时，教师提示学生在演唱过程中，注意"下滑音"和"临时变化音"以及衬词的正确演唱，"下滑音"和"临时变化音"是本课学习的重点音乐知识；衬词"啦啦啦""咪咪咪"的演唱是本首歌曲的难点。

但是，班级33名学生中，只有两名学生按要求完成了此次作业。的确，"传统式"布置"实践类"作业的方式学生积极性不高，教师也很难把控其完成效果，因此，音乐课堂作业的设计与检查的方式急需革新完善。如何改变作业形式、提高作业的时效性摆在教师面前，对此，"课前三分钟展示"便走入了我的音乐课堂……

同样是这首歌曲，另一位教师则设计了下面的教学环节。首先，引起学生共鸣，"请同学们聆听一首老师小时候听过的歌曲，看看你是否听过？"以此激起学生的好奇心，竖起耳朵听辨歌曲。随着歌曲前奏响起，有学生抢着说："老师，歌曲是《我是少年阿凡提》。"其余学生也争先恐后地说出歌名并随着音乐唱了起来……

随后，教师也唱起了这首歌曲，并引导学生听辨教师的演唱和学生的演唱有哪些不同？于是，"下滑音""临时变化音"以及"衬词"这些概念便相继出现在学生的视野中。在教师的引导下，学生随着教师一遍遍有目的地演唱，体会其对歌曲表达的意境，诙谐、幽默的阿凡提的形象瞬间出现在大家面前。同时，伴随着"衬词"的出现，主人翁活泼向上的精神面貌又浮现在学生脑海中……纵使下课铃声响了许久，但是师生仍沉浸在共同创造的音乐意境之中。

接着，教师布置了如下的实践类作业——邀请你的一位朋友或者为家人演唱这首歌曲，在演唱时，为歌曲设计简单动作，在下次音乐课中的"课前三分钟"（正式授课前的三分钟）进行展示。结果，当天晚上，教师就收到了近十名学生在家里录制的演唱视频，并留言："老师，我想在明天音乐课中的'课前三分钟'进行展示""请老师帮我提出建议……"待老师指出优点并提出努力方向后，学生再次改进演唱、录制，直至完美为止。

学生一次次的重复录制源自对音乐的喜爱，是对美好事物追求的一种态度，在这一次次的录制过程中，收获的是成长与挑战自我的快乐。

当然，"课前三分钟展示"让学有余力的同学"吃得饱"，同时，也使需要帮助的同学"跟得上"。

"老师，今天该我们几个同学展示了……"一位在音准方面有待提高的学生高兴地对我说，眼神中流露出对"课前三分钟展示"的期待。是的，对于节奏、音准等方面需要帮助的同学，我总让其以自愿组合的方式进行展示，此时的小组对于这一个个需要帮助的同学具有一种安全感和归属感，同时，这些同学也能为本组精彩的展示出谋划策、乐此不疲。待展示完毕后，其余学生也能从不同的角度进行点评，让需要帮助的同学感受到自己因为努力而得到同伴的肯定，进而饱尝参与时的喜悦。

二、拓宽课后服务渠道，开展课后音乐社团，提升课后服务质量

为了满足学生多样化的学习需求，同时让"双减"政策落地、落实，学校面向全体学生开展课后延时服务活动。音乐学科的合唱团为发展学生个性特长搭建了有效平台。

合唱团排练是合唱团的活动日常，是课后提高学生音乐素养的重要途径。刚加入合唱团的学生都想当然地认为：合唱就是大家一起大声演唱。一次排练，在教师的伴奏下，学生演唱抒情歌曲《月亮月光光》，近70名学生放声歌唱，其音量可想而知，接着，学生又演唱了一首欢快的歌曲《迷人的火塘》。待两首歌曲演唱结束后，我询问学生，在音量上两首歌曲有什么不同？学生一致回答没有不同。我顺势追问学生："这两首歌曲，无论从风格上，还是在情绪上都有差异，但我们的演唱，却听不出差异，更何况是声部间的均衡，问题究竟出在哪里？"瞬间，学生聚焦到了歌曲的力度和情绪上。接下来，我让学生观看"老团员"参加合唱节艺术展演时的视频，学生纷纷沉浸在美妙而和谐的音乐氛围之中。随后，合唱团排练了学生耳熟能详的中国民歌代表作品《茉莉花》，熟悉的旋律拉近了学生与音乐作品之间的距离，新团员也模仿着老团员的样子，尽力在分声部基础之上进行合作。当看到学生那种认真倾听、专注演唱的神情时，我十分欣喜，更加坚定了自己的脚步……

当然，一首动听的合唱作品的最终呈现是需要个体与集体、声部与整首音乐作品不断调整和打磨的，是个人服从集体、个性服从共性、集体服从指挥、

指挥服从音乐，音乐又作用于学生的复杂艺术表现形式。因此，"聆听、感受、体验、想象……"是在排练过程中教师经常提到并提醒学生做到的重要内容。

如，在进行合唱歌曲《铃兰》的情绪处理时，对于歌词中最后出现的两个字"叮当"的处理形式，学生有不同的见解：有的学生认为应用较强的力度演唱，其目的在于能够表现作者对"铃兰"的赞美，同时也能表现作者当时欢快的心情。而有的学生却认为应做减弱并且要做渐慢处理，其理由为：弱的力度能表现"铃兰"花瓣落地时的轻，同时，这名学生还结合歌曲的结构——歌曲的结束句中出现的歌词，"渐慢"地处理，表现歌声传向远方，同时具有意犹未尽之感……对于此，教师没有做出回答，而是请学生按照上述两种不同的处理方式演唱并录音，最后，学生通过听辨的方式来判断哪一种处理方式更适合歌曲情绪的需要。

当学生听到自己的声音在排练厅播放时，自豪感油然而生，此时的学生则是从欣赏的角度参与聆听、评价，也正是由于角色的转变激起了学生再次探究的欲望。最终，学生一致认为，用"渐弱、渐慢"的处理方式演唱更符合歌曲情绪的需要。

将课后服务"变身"——合唱社团的开设，为学生探究、表现音乐提供了新的契机，学生也在反复练习过程中，认识并走近合唱，感受到合唱中的"小我"与"大我"间的关系，为学生的再学习提供了不竭动力。

记得一位教育家曾说，最好的教育是满足学生需求、因材施教的教育，是关注学生全面发展的教育。"思想上的转变与认同"将促使着一代又一代教育同人坚持"以人为本、遵循教育规律"及"五育"并举的素质教育，促使音乐课程的"变身"，助推"双减"工作的落实，让学生在"有情怀、有温度"的教育中茁壮成长。

识读乐谱，想唱就唱

王珊珊

教育部审定的《义务教育教科书·音乐》是北京版一年级音乐教材，将简谱改为五线谱，再一次将世界通用的记谱方式拉回到义务教育的小学音乐课堂。

有人认为五线谱是世界通用的记谱方式，学生应该适应，与世界接轨。有人却认为我们不是培养音乐人才，只是想让学生喜欢音乐，何必学得那么难呢？其实不管哪种记谱方式，最终目的都是希望学生能够快乐地开口唱歌，我认为这两种想法其实并不矛盾。中国要想与世界艺术接轨，就要从娃娃抓起，重视五线谱识谱能力的培养。

2014年全国版音乐教材和北京版五线谱音乐教材，在乐谱识读方面有较大的变化，将移动 do 的概念渗透到了移动唱名法的学习中，并在教材中呈现出具体的运用方式。从改革到现在，我通过实践积累了很多教学经验，如何让学生看到谱子就能唱，而且唱对，成为我后面研究的问题。

一、首调唱名，想唱就唱

我校是一所位于北京的公立国际学校，学校有金帆管乐团和很多乐器，老师们非常赞同五线谱再次回到教材中，但是另外一个矛盾产生了。五线谱是世界使用最广泛的记谱法，严谨、准确和科学。五线谱的识读有两种方法：首调唱名法和固定唱名法。首调唱名法，也就是我们日常教授的移动 do 唱名法。教材中移动 do 的概念很明确，有的老师出于识谱难易程度的考虑希望按照移动 do 的概念教学生识谱，而另外一部分老师则希望学生结合乐器学习，如学习半音阶口琴，因此仍以固定调的方式教学识读乐谱。

　　老师们经过激烈的讨论，达成了一致，使用首调唱名法教学。这样学生可以更快地做到想唱就唱，不增加学生负担，符合"强调音乐知识、技能的学习和所应达到的标准，是发展学生审美体验、艺术表达和文化认知的基础，其本身就是学生音乐素养的组成标准"。乐谱识读是学生学习音乐的基础，也是学生音乐素养的组成部分之一，匈牙利作曲家、音乐教育家柯达伊就认为首调唱名法的最大优点之一，就在于没有调性的限制，与固定唱名法相比更加适合小学阶段的学生识读五线谱。

二、教材呈现，想唱就唱

　　在北京版五线谱教材中，每一首歌曲作品都有一个小标提示 do 在五线谱的位置，帮助学生看到提示后，能够很快意识到移动 do 的位置识读乐谱（见图 1）。

图 1　移动 do 的位置标注示范

　　在教学中，我将每个年级的教材进行梳理，将每个年级涉及的内容进行了不同层次的量化，让老师有针对性地进行识谱教学，明确目标。一年级练习线间位置的关系；二年级以 C 为 do 识读五线谱；三年级识读二线和一间的五线谱；四年级识读一线和下加一间的五线谱；五年级识读下加二间的五线谱；六年级巩固练习。通过练习，学生会对识读乐谱有深入的理解，进而内化成自己理解的乐谱体系。三年级到五年级学生能够掌握一升、一降、两升、两降、三降近六个调的位置移动，在小学阶段，学生就基本上可以进行乐谱的识读了。

三、方法得当，想唱就唱

小学音乐课堂教学识读乐谱的过程中，采用什么样的方法教学，对能否有效解决识谱难的问题非常重要，我根据近年来的实践经验，总结了以下一些方法。

（一）听为先，视为辅

音乐是听觉的艺术，培养学生良好的听觉能力是音乐学习的基础。在识读乐谱教学中，要重视学生的听觉训练，让学生学会听辨和欣赏音乐。识读乐谱的基础并非仅仅认识音符的模样、记忆长短和名称，而是要学会听出长短、高低、厚重、尖锐等音乐元素。

（二）选方法，善指导

在低年级识读乐谱教学中，教师要有意识地进行学习方法上的指导。例如，指导学生在歌唱时发音的姿态、张嘴的形状、身体的放松程度等。

（三）抓音准，慢开始

低年级的识读乐谱教学不能仅仅停留在知道音符和长短，而要有音准的基础。音准是学生歌唱中要解决的首要问题之一，识读乐谱是歌唱表现的组成部分，因此要重视音准的培养。

（四）多实践，促自主

组织学生参与各种音乐实践活动，如合唱、合奏等，让学生在实际操作中运用所学知识，提高识读乐谱的能力。

（五）创氛围，多鼓励

激发学生对音乐的兴趣和爱好，培养学生的音乐审美能力，从而提高识读乐谱的积极性。

（六）有针对，多维度

关注每个学生的个体差异，根据学生的实际情况进行有针对性的教学，帮助学生克服困难，提高识读乐谱的能力。

（七）快反馈，重评价

在教学过程中，教师要时刻关注学生的学习进度，给予及时的反馈和评价，鼓励学生不断提高。

（八）玩游戏，融教学

运用游戏化教学手段，让学生在轻松愉快的氛围中学习识读乐谱。可以通过设计各种音乐小游戏，如音符接龙、节奏拼图等，使学生在游戏中自然地接触和掌握乐谱知识。

（九）用媒体，选资源

运用多媒体教学手段，如 PPT、视频、音频等，为学生展示和讲解乐谱知识，增强教学的直观性和趣味性。

（十）多学科，相融合

将音乐识读乐谱教学与其他学科相结合，如语文、数学、美术等，帮助学生建立跨学科的知识体系，提高音乐素养。

（十一）搞展示，展才艺

定期举办音乐会和展示活动，给学生提供一个展示自己才艺的舞台。通过参与演出，学生可以加深对乐谱知识的理解和运用，提高自信心。

（十二）强沟通，多合作

教师要与家长保持密切沟通，了解学生的兴趣和需求，共同关注学生的音乐学习进步。家长的支持和鼓励对学生的音乐学习具有重要意义。

这些方法的选择、运用，回归了课堂教学本质。同时作为一名音乐教师，要不断提高自己的专业水平和教育教学能力，学会运用多种教学方法和手段，为学生提供更好的教育。在教学过程中，关注学生的情感需求，尊重和理解学生，使学生在轻松、愉悦的情感状态下学习识读乐谱。引导学生养成良好的学习习惯，培养学生自主学习的能力，使学生在课后能够自主地进行音乐学习和实践，提高学生的音乐综合素质。在教学过程中，教师要关注每个学生的成长，不断调整教学策略，使他们在音乐学习中收获快乐和成长。

利用星级评价制度促进学生参与体育锻炼

苏世彬

一、研究目的

加强青少年体育、增强青少年体质应充分认识加强青少年体育工作、增强青少年体质的重要性和紧迫性，把加强学校体育作为实施素质教育的重要突破口，真正把学校体育工作作为当前教育工作的一件大事来抓。大力宣传健康第一的思想，宣传"阳光体育运动"，引导广大学生自觉走向操场，走到阳光下、走到大自然中，积极参加体育运动。

如何让学生从课业负担中脱离出来，从电子产品中跳脱出来，切实提高青少年身体素质是本研究亟待解决的问题。

二、研究过程

（一）确定活动主题——沙包

沙包是我国一项传统的体育项目，简单易学，形式多样，不受场地、人数的限制。于是我确定以沙包为主题开展系列活动，让学生动起来，玩起来，练起来，在快乐的童年生活中留下一段美好的记忆。

（二）制订方案

1.沙包游戏征集

向家长征集他们小时候玩过的沙包游戏，并在这个基础上，查找或创编一些新的沙包游戏，根据年级的不同，确定不同的游戏（见表1）。

表1　游戏征集

游戏名称	
游戏规则	
场地图形	

2. 确定游戏项目及评比制度

（1）确定技能评比项目。

单项：右脚内侧踢包、脚面放包踢远、双脚向上夹包、双脚夹踢包、向前夹包、向后夹包、沙包投准、沙包投远。

集体项目：砍包、跑垒、跳房子、夹包接力、夹包跳接力。

（2）建立争星卡及评比制度（见表2）。

表2　评比标准

一星	合格星	学会五项规定内容，至少有一项集体项目。
二星	锻炼星	每天在家与家长至少练习30分钟、在校完成1小时活动时间任务，课间能开展沙包游戏活动。
三星	达标星	完成至少五项规定内容。
四星	运动星	在比赛中获奖，单项比赛年级前30名，集体项目年级前6名。没入围的可以向前几名挑战，挑战成功的同样可以达星。
五星	创新星	创编游戏，并在全校推广。

（3）设立展板。

在学校醒目的地方设置展板，展板上及时更新年级单项第一名学生的照片、班级、成绩，激励学生加强锻炼、互相竞争、勇于挑战。

3. 抓实效，把活动开展到实处

（1）每节体育课抽出一定的时间进行单项技能的训练，让学生明确动作技能方法，在练习的基础上，逐项进行测试，及时公布成绩，让学生及时了解自己的水平。

（2）开展全校性的游戏比赛，在三年级至六年级中开展砍包比赛，在一二年级中开展夹包接力活动，活动尽可能做到全员参与，以班级为单位，采取抽签淘汰制的比赛形式，决出年级冠军。

（3）开展大课间活动，给学生创设活动的空间。

根据年级确定活动内容，包括跳包、夹包、踢包、投包、传包、抛包等形式，示例安排如下（见表3）。

表3　各年级活动安排

年级	内容
1	跳格子
2	夹包接力、夹包跳接力
3	踢格子、踢包接力
4	投筐、投靶、打移动目标
5	传递大沙包、砍包
6	抛包

（4）开展全校性体育嘉年华活动，设置以沙包为主题的项目，每个项目根据年级不同，设置不同的标准，让学生和家长都能参与到活动中。

三、结果与分析

（一）星级评价制度有效地促进学生参与体育锻炼

星级评价制度对于学生活动的内容有明确的规定，评价的标准有相应的指标，学生在活动中有努力的方向，根据星级的不同难度逐渐增加，学生在练习中挑战自我，在完成指标的同时达到锻炼的目的。将星级卡做成台历放在各班，学生达到一个标准，教师就在相应的表格盖章，全班学生随时可以看见自己和他人的成绩，起到激励和互相促进的作用。

（二）搭建学生和家长共同活动的平台

开展体育嘉年华活动，鼓励学生和家长共同参与，所有的项目采用自助式玩法，每项根据成绩获得奖票，学生利用奖票领奖，通过奖票数最终确定团体总分。全校有700多名学生和400多名家长参与了活动。

四、结论与建议

（1）沙包系列活动简单易开展。其他跳房子的游戏可以提高学生的下肢力量，跳跃、投准的能力和身体的平衡能力。夹包接力和夹包跳接力的游戏可提高学生的下肢、腰腹力量，跳跃能力和身体的协调性，最高心律可以达到140次/分钟左右。踢包游戏看似简单，实际上对学生来说还有一定的难度，提高学生的下肢力量、跳跃能力和身体协调性的同时，可培养学生的控制能力，最高心律可以达到 130 次 / 分钟左右。投包游戏中的掷远和掷准，可以提高学生的上肢力量、身体的协调性和控制判断能力，最高心律可以达到 120 次 / 分钟左右。传包和砍包的游戏注重对学生团队精神和合作能力的培养，最高心律可以达到 175 次 / 分钟左右。抛包游戏培养的是集体合作，增强班集体的凝聚力，最高心律可以达到 130 次 / 分钟左右。

（2）在沙包活动开展的过程中，采用争星卡的形式，既重视对学生单项技能的训练，也重视合作意识的渗透、创新意识的培养，不但提高了身体素质，还促进了锻炼习惯的养成。

（3）家长在活动中参与积极，合作比赛，共同锻炼，既共同养成锻炼身体的好习惯，又增进家长和孩子的情感。

（4）在沙包活动开展的基础上，教师还要寻找更多简单易行的锻炼活动，丰富锻炼的内容（如踢毽子等），让学生始终有较高的练习兴趣，达到锻炼身体的目的，养成锻炼身体的习惯。

足球游戏在体育教学中的作用

晁 磊

一、足球游戏的特点

足球运动作为一项竞技运动在教学中受时间、场地、器材、学生生理特点的制约，导致教与学脱节，直接影响到学生对基本技术、技能的掌握。新课程要求改变传统的体育教学观念，将足球游戏与教学很好地结合起来，倡导情感上乐学，反对苦学；意志上主张勤学，反对怠学，学生在游戏中学到技术和技能。

（一）趣味性、娱乐性

足球游戏内容的活泼性、丰富性、生动性、对抗性及竞争性，激发学生产生积极的心理倾向，获得心理满足，并对足球产生浓厚的兴趣，从而提高学习兴奋性。

（二）目的性

足球游戏的目的以增强学生体质为主，有的游戏内容同足球竞赛的整体活动很相似，对学生的创造性、判断方位的准确性和动作的协调性有很高的要求，可以在游戏中提高学生在某些专项上的技能。有的游戏具有很高的对抗性和激烈性，学生必须全力以赴，从而使学生在比赛中，心理和身体得到很好的锻炼。

（三）教育性

足球游戏是有组织、有纪律的集体活动，其中也不乏教育作用，学生的德育、智育融为一体。在规则的要求下，学生只有通过自己的机智勇敢和大家团结友爱的精神才能战胜对手，从而培养学生集体主义观念和积极进取的精神。

二、研究对象和研究方法

（一）研究对象

芳草地国际学校双花园校区六年级男学生 102 人。

（二）研究方法

1. 文献资料法

查阅了有关足球教学游戏的大量资料，为本文提供理论依据。

2. 教学实验法

抽出 4 个班进行实验。其中，2 个班中的 51 人为实验组，用游戏进行教学。另外 2 个班中的 51 人为对照组，用传统的教学方式。

3. 统计分析法

对调查的数据进行了相关统计处理。

三、研究结果与分析

（一）芳草地国际学校的足球教学现状

通过调查发现，教师在教足球课的时候，还延续着以前的教学方式，还是以练好基本功、掌握技术动作为主，无非就是踢球技术、运球和控球技术、头顶球技术、抢截球技术等基本技术。传统的教学理念，远远达不到现在"快乐体育"的教学要求。

（二）学生对足球很感兴趣，但枯燥的学习方式让他们没有动力

从调查可以看出，大部分学生喜欢足球，认为足球有激情，可以锻炼身体、愉悦身心。有大约 72.9% 的学生认为足球课有助于锻炼身体，学到自己想知道的知识（见表 1），但枯燥的学习方式让他们一点学习的动力都没有。有 93.8% 的学生有进行游戏的愿望。

表 1　学生学习足球的动机

	学习知识	爱好	锻炼身体	富有激情
人数（人）	36	20	34	6
比例（%）	37.5	20.8	35.4	0.1

表2　学生对各环节安排游戏的态度调查

	接受（人数 / %）	不接受（人数 / %）	无所谓（人数 / %）
热身部分	71（74.0）	20（20.8）	5（5.2）
基本部分	82（85.4）	10（10.4）	4（4.2）
结束部分	40（41.7）	54（56.3）	2（2.1）

从表2可以看出，有74.0%的同学希望在热身部分安排游戏，摆脱目前枯燥、乏味的热身方法，如果在基本部分穿插一些和学习内容有关的小游戏，也能够为同学们所接受。

（三）足球游戏的运用

1. 热身游戏

通过表2可以看出，接受通过游戏来热身的同学较多，以前的热身都是枯燥的慢跑或其他的身体素质练习，长此以往学生肯定会产生消极的态度，进而有受伤的危险。在准备活动中可安排一些密度大而强度小的足球游戏，游戏的内容和时间可根据具体的情况和气候条件而定，比如，在春夏季节可安排以柔韧性、灵敏性和速度为主的游戏，时间在5—10分钟，秋、冬两季可安排耐力和力量为主的游戏内容，时间在10—15分钟。

2. 基本技术相关游戏

学生对基本部分使用游戏的热情明显要高，在学习基本技术的时候运用游戏，既可以提高学生学习的兴趣，又可以更好地巩固学习的效果。传统的教学通常采用单个技术动作练习及较少的对抗性练习来提高和改进各个技术环节，这就导致技术动作的应用能力大大降低，缺乏使用技术的灵活性。技术训练游戏是为了克服教学训练的单调枯燥，而设计的一种相对压力较小的，在训练环境中进行技巧训练的方式。这样的方式可以使学生在枯燥的学习中练习所学知识，巩固技能，练习的时间可以根据季节来调整。

3. 结束部分的游戏

一半以上的学生认为不应该在最后安排游戏，他们认为一堂课下来，应该安排一些强度较小的对抗性比赛。我认为如果在基本部分活动量较小的情况下，可以安排一些小强度的对抗比赛。如果基本部分强度较大的话，结束部分应该安排一些能够使心情得到调节、身体得到恢复的放松游戏，运动量不宜过大，让学生在轻松愉快的气氛中结束足球课的学习。

表3　学生对足球课上安排足球游戏的接受情况

	非常好（人数/%）	较好（人数/%）	一般（人数/%）	不好（人数/%）
热身部分	51（53.1）	15（15.6）	15（15.6）	15（15.6）
基本部分	76（79.2）	18（18.8）	2（2.1）	0（0）
结束部分	18（18.8）	32（33.3）	37（38.5）	9（9.4）

从表3可以看出，53.1%的学生认为用足球游戏热身替代以前传统的热身方法非常好，这样对他们有吸引力，能够有兴趣去继续学习新的内容。在基本部分的学习中，有79.2%的学生认为使用足球游戏来学习基本技术非常好。

4. 教学实验

我在六年级中抽出4个班分为两组，每组51人进行教学实验，1班和2班为实验组，由我教学，在教学过程中引入足球游戏。3班和4班为对照组，由另一位经验丰富的老师以传统方式教学，并在教学前后分别对实验组与对照组进行测验，将平均值对比。我在准备活动中安排一些密度大而强度小的游戏，如"抓兔子"和"颠球比赛"等，这样既可以使学生的身体各部位得到充分的活动，又可以提高学生的球性和球感，还可以大大激发学生的学习兴趣，为完成之后的教学内容做好准备。由于基本部分的教学对学生掌握技能非常重要，所以在教学过程中根据学生的情况加入一些技术训练游戏和战术游戏。技术训练的目的是帮助学生把从练习中学到的技术运用到实战比赛中去。比如在天气好的情况下可以玩网式足球，游戏的内容包括运球、控球、传球、接球、头顶球、抢截球、假动作和射门技巧等。

以下是实验前后测验平均值对比（见表4、表5）。

表4　实验前测验平均值对比

	颠球（个）	过杆（秒）	踢远（米）
实验组（51人）	5.6	18.5	5.5
对比组（51人）	4.9	18.7	5.3

从表4中可以看出，实验前两组的各项测验平均值相差不大。

表5　实验后测验平均值对比

	颠球（个）	过杆（秒）	踢远（米）
实验组（51人）	15.8	14.5	18.8
对照组（51人）	6.7	18.9	8.6

从表 5 中可以看出，实验后实验组的各项测验平均值都高出对照组，说明在教学中引入足球游戏对激发学生学习的兴趣与巩固技能有着很大作用。

四、结论和建议

（一）结论

体育教学中运用足球游戏，不仅提高了学生学习的积极性，还有效巩固了技能，培养了学生团结互助的集体主义精神。

学生在足球游戏的辅助下进行学习，学习兴趣和态度较以前有了很明显的改观，效果也比用以前的教学方式要好得多。

（二）建议

（1）学校应该加大对场地、器材等硬件设施的配备，给学生提供更大的学习和活动空间。

（2）学校加强对足球运动的教学，改变传统的教学方式和教学模式，努力创新，提倡快乐体育教学。

运用悬吊训练和瑞士球训练提高
学生核心力量的对比研究

郭宝春

一、前言

（一）选题依据

几乎所有的运动项目都离不开核心力量。在水中项目里，人体没有稳定支撑点，而核心力量是身体稳定的唯一力量支撑，给予运动员身体核心肌群稳定发力的坚实基础，从而促进技术动作更好地完成。在田径运动中，核心力量是使身体完成摆腿、伸髋、送髋、转髋等动作的主动力系统，直接影响着田径运动技术的好坏和成绩的优劣。在技术主导类对抗性运动项目中，运动员需要不断进行身体对抗来保持身体的最佳姿态，而核心力量训练可以使运动员的身体姿态调整到最佳。瑞士球训练方法和悬吊训练方法均可以增长核心力量，但哪一种训练方法更有效呢？本文以此为选题，在前人研究的基础上，对两种训练方法对核心力量的增强效果进行研究，并通过采用动作技术图像解析核心稳定性，进行尝试性测试。

（二）文献综述

1.悬吊训练起源与发展

悬吊训练是一种在悬吊绳索上让身体处在高度不稳定的状态下做各种抗阻的练习，通过增强核心区肌群的力量和稳定性达到提高体能的目的。悬吊训练最早源于康复医学界悬吊装置的先驱——吊带桌，在第二次世界大战期间被发明，用以治疗受伤的战士，战后用来治疗瘫痪的病人。20 世纪 90 年代初期，学者提出悬吊运动治疗 S-E-T（Sling Exercise Therapy）理念与原则，1999 年正式提出 S-E-T 概念，用于骨骼肌器官疾病的主动治疗和运动。之后悬吊训练被应用到伤后康复训练和运动员体能训练中，再后来出现了 TRX 悬吊训练。

2. 悬吊训练的原理

悬吊训练应用力学原理，将绳子变换成不同的角度使人体应对不同的负荷强度，而且两根绳子使人体处于悬空状态，受试者的神经时刻处于绷紧状态。不变的是绳子，变化的是不同的角度、持续时间、身体的姿势等，可以组合变化成千上万的练习动作，无论运动员在哪里训练，有多么强壮，都可以根据情况进行调整，给出合适的负荷，有诊断评价和治疗训练两个系统。

3. 悬吊训练的作用与应用

悬吊训练法在运动训练中对于运动员稳定肌肉、改善运动协调能力等起着重要作用。稳定肌是相对于运动肌而言的，它还是运动控制的中枢，可以帮助身体保持平衡稳定，避免运动损伤等。悬吊训练能提高肌肉的本体感受功能，提高脊柱周边肌肉的力量，降低腰背部的受伤概率。悬吊训练能提高运动员的平衡能力和躯干稳定性，从而有利于提高身体四肢爆发力，有助于运动员技术动作的完成和运动技能的提高。

4. 悬吊训练主要器材

目前，普遍使用的具有代表性的悬吊训练器材有以下 3 种。

（1）S-E-T。

S-E-T（Sling Exercise Therapy），即悬吊运动治疗。由挪威人发明，先是用于治疗康复领域，后被广泛应用于体能训练安全。S-E-T 系统需要配备一些固定工具或支架，例如安装在承重墙或天花板上，或者通过一些简单的挂钩等方式进行固定。此外，还有一些简单、便于携带的 S-E-T 型器材，可以方便地在不同场所使用。

（2）TRX。

TRX（Total Resistance Exercise），即全身抗阻训练法，又称为悬挂训练系统，是由美国海豹突击队退役士兵研发的。TRX 悬吊训练法可以帮助训练者在各种环境场地下进行训练，方法简单，易操作。主要构成部件为高聚酯纤维悬吊带、主绳、手柄和足环。体积小，重量轻，结实耐用，方便携带。

（3）SBT。

SBT（Suspended Bodyweight Training），即身体悬吊训练，它也是一种绳索悬吊训练设备，严格来说，是 TRX 的升级版本，基本原理、构造与 TRX 基本一致，但细节上稍有区别，如 TRX 是一根主悬吊绳，容易左右滑动，而 SBT 是两根单独的悬吊绳，左右互不影响，另外，把手处多了一根支持带，在进行脚部悬吊训练时支撑更加牢固，不易脱落。

二、研究对象和方法

（一）研究对象

本文以实验条件下悬吊训练法和瑞士球训练法对学生核心力量的影响为研究对象。

（二）研究方法

1. 文献资料法

本文通过图书馆、中国知网以及中国期刊全文数据库等收集大量文献资料，查阅有关核心力量训练和相关论文共 30 篇。

2. 统计法

采用 Excel 统计软件和调查问卷的方法，对受访者的回答进行系统的数据统计和分析，对统计得出的数据按照问卷的不同选项整理出结果，在此基础上分析得出相关的结论。

3. 实验法

选取芳草地国际学校双花园校区 10 名学生作为实验对象，分成两组，每组 5 人。在实验开始前，进行初始测试并记录原始数据，随后开展 4 周系统的核心力量训练，分别对两组采用不同训练方法的受试者再次测试并记录最终数据，对比实验前后的结果并进行分析。

三、实验流程

（一）实验对象

选取芳草地国际学校双花园校区 6 年级的 10 名男生，随机分为 A、B 两组，每组 5 人，A 组为悬吊训练组；B 组为瑞士球训练组。实验前对两组进行俯卧肘支撑测试，并且两组经组内和组间差异性检验均未呈现出显著性差异。实验对象基本情况见表 1。

表 1　实验对象基本情况（平均值）

组别	人数	年龄（岁）	身高（厘米）	体重（千克）	训练年限（年）
A	5	12	166	42	1.5
B	5	11	162.6	39	1.5

（二）实验仪器

秒表、杠铃杆、杠铃片、沙袋、橡皮条、海绵垫、栏架、橡皮绳、标杆等。

（三）试验进度

准备实验：检查并安装调试实验器材；对实验对象进行体重、身高的测量以及详细信息的录入；对悬吊训练组和瑞士球训练组分别进行实验前测试（俯卧肘支撑）并记录初始数据（见表 2、表 3）。

表 2　悬吊训练组实验前测试数据

A1—A5 代表悬吊训练组五名测试人员						
受训者	A1	A2	A3	A4	A5	测试数据总和	平均值
测试数据（秒）	60	64	68	59	64	315	63

表 3　瑞士球训练组实验前测试数据

B1—B5 代表瑞士球训练组五名测试人员						
受训者	B1	B2	B3	B4	B5	测试数据总和	平均值
测试数据（秒）	62	66	58	61	63	310	62

实验启动初期，使实验对象明确实验的目的，熟悉并掌握实验器材，了解实验步骤。对预实验的结果进行分析，切实保障实验的可行性。随时对实验方案的不妥之处进行调整。

第一阶段开始正式实验后，控制好实验进度和练习标准，逐步加大负荷量，并根据实验过程中受试者具体情况及时对方案进行调整。

第二阶段进一步加大负荷量并控制好负荷强度，并根据实验过程中受试者的具体情况及时对方案进行必要调整。实验进行四周后，再次对 A、B 组受试者进行俯卧肘支撑测试，并做好记录（见表 4、表 5）。

表 4　悬吊训练组试验后测试数据

A1—A5 代表悬吊训练组五名测试人员						
受训者	A1	A2	A3	A4	A5	测试数据总和	平均值
测试数据（秒）	71	76	77	70	74	368	73.6

表 5　瑞士球训练组试验后测试数据

B1—B5 代表瑞士球训练组五名测试人员						
受训者	B1	B2	B3	B4	B5	测试数据总和	平均值
测试数据（秒）	67	72	66	67.5	70.5	343	137.2

四、结果与分析

（一）研究结果

两组俯卧肘支撑实验前测试数据和实验后测试数据对比分析见表6。

表 6　悬吊训练组和瑞士球训练组测试数据对比

项目名称	初始测试成绩总和（秒）	最后测试成绩总和（秒）	最终增长值（秒）	最终增长 %
悬吊训练法	315	368	53	16.83
瑞士球训练法	310	343	33	10.65

（二）数据分析

通过对两组受试者最终的数据进行对比后发现，A组5名受试者通过4周的悬吊训练法完成练习后，5人成绩平均涨幅16.83%；而B组的5名受试者通过4周的瑞士球训练法完成练习后，5人成绩平均涨幅10.65%。

对比分析两组受试者最终成绩得出：A、B两组10名受试者通过4周的核心专项练习后，成绩均有提高，但A组5名受试者通过悬吊训练法进行核心专项练习后，成绩提高幅度远高于B组，核心力量提高效果明显。

综上所述，悬吊训练法作为一种新型核心力量训练方式进入我国训练界已有一段时间了，在赢得赞誉和广泛推崇的同时，也有一些教练员对其持观望的态度。究其原因，在于目前国内采用悬吊训练法进行核心力量训练的实践研究相对较少。在采用悬吊训练法进行核心力量训练中，需要注意深层与浅层肌肉的训练量、强度及比例，大肌群、小肌群训练的时间和强度的比例，各种专项身体核心部位的确定和采用悬吊训练法进行核心力量训练的手段，训练方法的实效性，等等。这些都有待于不断的实践和总结。

五、结论

悬吊训练法相比瑞士球训练法而言，对提高学生核心力量具有更明显效果。

冬奥有我，一起向未来

——学校奥林匹克教育的实施路径、主要内容和效果

刘　洋

芳草地国际学校在 2008 年北京奥运会和 2022 年北京冬奥会的举办中两度被评为"奥林匹克教育示范校"，是名副其实的"双奥教育示范校"。

萨马兰奇曾经说过，"离开了教育，奥林匹克主义就不可能实现其崇高目标"。北京 2022 年冬奥会和冬残奥会组织委员会也向全国中小学生发出倡议，希望大家积极参与奥林匹克教育，学习奥林匹克知识，感悟奥林匹克精神，传播奥林匹克文化。

2022 年北京冬奥会是开展奥林匹克教育的极好契机，也是学校国际化教育的提升和教育实践的探索，从校园开展奥林匹克教育的高度，对实践活动进行整体升级。结合学校的办学理念和对奥林匹克教育的理解，学校将营造氛围传播奥林匹克文化、项目参与分享奥林匹克快乐、课程参与传播奥林匹克知识作为奥林匹克教育的实践路径，力求提升奥林匹克教育实践活动的效果。

一、奥林匹克教育的实施路径

（一）普及奥林匹克知识与文化

学校将奥林匹克教育纳入学校教育教学内容，由学校作出整体部署，将奥运教育与活动有机结合。通过综合实践活动课程、体育课程、社团、德育活动等方式开展奥林匹克主题教育，力求传播奥林匹克知识、理念，弘扬奥林匹克文化、精神和价值观。

1. 校本课程定位

以芳草"荣·融"文化为精神内核，以践行国际理解、提升生命质量为办学理念，构建全面而丰富的奥林匹克课程体系，让学生在体验、感悟、学习的过程中，掌握知识，形成能力，发展兴趣特长，形成正确的价值观取向，成为具有中国情怀、国际视野及跨文化交际意识和能力的芳草学子。

2. 校本课程原则

（1）突出国际化特色，并以此整体研究奥林匹克运动课程设置，推动国家课程校本化实施，把国家课程变为学校可操作的、体现学校发展特质的课程。

（2）坚持按照学生的培养目标和学生身心发展规律，适应社会发展需要和学校实际，科学安排课程。

（3）坚持统一性和灵活性相结合的原则，充分发挥新课程体系的教育功能。

（4）坚持以学生为本的宗旨，面向全体学生，切实关注减负增效、因材施教，充分发挥学生学习的自主性、创造性，促进学生主动活泼发展。

3. 具体细则

（1）校本课程要符合社会主义核心价值观及人类共同的情感价值，全面贯彻"五育"并举的教育方针，落实立德树人的根本任务。

（2）体育校本课程由校区、体育学科大组开发，立足校区及学科的特色教学资源，以多种呈现方式服务学生个性化学习需求，如冰壶、冰球、滑雪等特色冰雪课程。

（3）集团质量部牵头负责校本课程管理，细化落实制定有关课程制度规范，指导监督各校区和学科课程实施工作及教材规划、开发、审核和管理工作。

（4）课程要制定完整的课程方案（规划），目标管理制度，教师、学生评价方案等内容，按学期或学年进行整体规划。

（5）学校学期末及学年末检查各项制度的执行情况，保障课程计划的真正执行。

（6）校区或学科组在体育校本课程的实施过程中要加强教师培训、课程实施与开发等方面的工作，切实提升教学质量。

（7）课程实施中期或结束时对课程本身、教师、学生进行评价，加强过程性评价。

（8）每学年对实施的校本课程进行反馈，对质量不高的课程及时进行清理。

（9）学校继续以陆地冰球作为特色课程。学校的冰球队参加了北京市的陆地冰球比赛，并且取得了优异成绩。

（10）学校将冰雪项目旱地化作为体育课程的重要内容之一。旱地冰壶、旱地滑冰等项目都融入了学校体育课堂中。为学生带来了更多的冰雪项目体验，极大丰富了学生的冬奥知识。

（二）项目参与分享奥林匹克快乐

冰雪运动的开展，调动了学生学练冰雪运动项目的积极性，我校借助冰雪进校园契机，大力开展冰雪项目的普及与发展工作。学校结合校情和学情全盘精心规划与严格管理，力争实现每一名学生都能参与到冰雪运动中去。

（1）大力开展冰雪教育，打造学校冰雪品牌。

（2）打造学校冰雪运动队，突显学校冰雪特色。

（3）提高教师冰雪运动理论知识水平。做到理论与实践相结合，每一位体育教师都亲自参与冰雪培训。

（4）加强学校冰雪课题研究。结合校园冰雪计划和学校的实际情况，营造科研氛围，拓展科研渠道，积极参与冰雪课题的研究并达到预期的效果。

（5）落实"体艺科2+1+1"工程，保证学生家校2小时体育活动，每学期学校召开集团体育工作总结会，汇报冰球队、滑雪队的课程训练情况以及所取得的比赛成绩，布置下学期计划，让集团各校区认识冰雪运动的育人功能，从集团辐射各校区继续挖掘冰雪新队员，为学校输送有基础的冰球队员。

（6）各校区充分利用体育课、课后时间、社团开展陆地冰雪项目的活动，调动学生积极参与冰雪运动，为上冰滑雪打好基础，让更多的学生享受冰雪运动带来的快乐。

（7）芳草地国际学校每学年定期对全校学生进行问卷调查，初步了解学生喜欢的运动及运动特长，并根据学生的运动技能水平进行分组，由低到高分别为兴趣课程、俱乐部、社团、校队。

（8）安排每周一节冰雪项目课程。学生如果喜欢某一冰雪运动项目，但技术水平较低，可以进入俱乐部进行系统练习。社团是具有初级技术水平的学生通过选拔而进入，校队是由具有较高水平的学生组成。

二、奥林匹克教育的成果

奥林匹克运动会不仅带来了精彩的体育比赛，也带来了丰富的教育资源、良好的教育契机。在青少年中开展奥林匹克教育，倡导奥林匹克精神与理想，传播奥林匹克知识，把奥林匹克教育同培养青少年综合素质，推动中小学体育运动，弘扬奥林匹克精神、国际主义精神和爱国主义精神，加强未成年人思想道德教育相结合，努力为北京奥运会的成功举办营造良好的人文氛围，形成具有中国特色的奥林匹克教育遗产。

作为一所具有国际化办学背景的学校，芳草地国际学校在 2022 年北京冬奥会奥林匹克教育中结合自身的办学理念和学校特色，结合奥林匹克教育传播奥林匹克知识，弘扬奥林匹克理念，传承奥林匹克精神，参与奥林匹克运动实践的总体思路，实践了"营造氛围传播奥林匹克文化、项目参与分享奥林匹克快乐、课程参与传播奥林匹克知识"的基本路径，通过奥林匹克教育"唤醒青少年的身体、唤醒青少年的心灵、唤醒青少年的精神"，实现奥林匹克的教育效果。

学校先后获得教育部颁发的"全国青少年校园冰雪运动特色学校""北京 2022 年冬奥会和冬残奥会奥林匹克教育示范学校"，北京市教育委员会颁发的"北京市冰雪运动特色学校""北京 2022 年冬奥会和冬残奥会北京市奥林匹克教育示范学校"等荣誉称号。完成《小学体育教育与教学设计》专著，将学校奥林匹克教育的阶段性成果结集成册，编辑出版。申报北京市教育学会课题"奥林匹克精神价值观教育提升小学生体育品德的实践研究"，顺利完成立项并进行中期汇报。教师撰写的《奥林匹克精神价值观教育提升小学生体育品德的实践研究》等多篇论文，在第十届中国学校体育科学大会获奖。

三、奥林匹克教育的效果

学校通过奥林匹克项目进校园的实践研究，为在学校开展奥林匹克教育提供了思路和经验。特别是新冠疫情暴发以后，学校增设"奥林匹克讲堂"等系列活动，通过搭建新载体、采用新手段、调动新主体、构建新内容等手段，为疫情时代校园奥林匹克教育持续深入开展进行有益探索。进行"双减"工作以后，学校将奥林匹克教育主线与高效课堂建设、课后延时服务相结合，为迎接北京冬奥的到来，继续做出贡献。

芳草地国际学校经过调查研究，准备通过积极参加国家友好校项目，巩固奥林匹克教育中关于国际理解力的相关内容，在交流互动中，延续奥林匹克教育研究与实践形成的物质成果和理论经验。

北京冬奥会虽已经结束了，但是奥林匹克教育的火种已经播撒在一代青少年和儿童的心中，这是一笔宝贵的奥林匹克教育财富，将激励他们成长。

小学体育教学中软梯训练法的应用研究

关 伟

一、研究目的

小学阶段是学生身体发展的黄金期，其中灵敏素质和协调素质可在小学体育教学中通过训练不断提高，怎样运用多变灵活且符合小学生年龄特点的训练方法提高这两项素质十分值得关注。

软梯训练法是 20 世纪末国家体育总局从外国引进的训练运动员灵敏、协调素质的前沿训练方法，与传统的训练方法相比，它具有练习方法新颖、紧凑、独特、多样等特点，因而趣味性、竞争性、科学性较强，受到运动员的喜欢。我校在 2019 年为了对学生的身体形态进行干预引入软梯训练法，但软梯训练方法能否为广大小学生所接受，能否为小学生的运动成绩带来突破，有待我们进行科学论证。

二、研究范围、对象、方法、过程

（一）研究范围、对象

研究范围：本文选取同一年入学的四年级学生 246 人，并将其按照自然分班方法分为 2 组，分别为普通灵敏素质训练方法组和软梯训练组，每组三个自然教学班，每组 123 人。

研究对象：对其中一组同学使用软梯训练法，对另一组同学使用普通灵敏素质训练法，一学期训练结束后，再进行灵敏、协调素质测试，观察变化规律。

（二）研究方法与过程

本文主要采用文献综述法、访谈法、问卷调查法、观察法、数理统计法。

1. 文献综述法

充分利用我校图书馆和互联网，查阅与研究课题相关的书籍、期刊、文献等资料并进行整理、分析，为调查研究和形成论文提供理论依据。

2. 访谈法

通过抽样对我校部分学生、教师访谈，初步了解软梯训练法在体育教学中的相关情况。

3. 问卷调查法

抽取我校四年级学生进行问卷调查：共计发放 123 份，收回 123 份，回收率 100%，有效率 100%，四年级学生共计 245 人，问卷发放率约为 50%。

4. 观察法

在课堂教学中充分运用设计好的少儿田径训练内容，观察学生的参与情况及学习效果。

5. 数理统计法

对问卷的结果进行百分比统计，为定量分析提供依据。

三、核心概念界定

软梯训练法依据学生认知特点，训练中主要采用以下两种较容易的训练方法。

第一，直线方向训练法，有小步跑、高抬腿、快速垫步前（后）跑、垫步抬腿、两腿伸直跳、内跨步向前交叉腿、内跨步向后跳、两腿前交叉向前（向后）跳、左右碎步往前（向后）跑、剪刀式向前（向后）跳、框内外向前（向后）小步跑、单腿蹬跳、转髋跳、后交叉步单脚前（后）移等。

第二，水平方向训练法，有交叉分腿平移、平行侧移高抬腿、平行前后侧移步、快速小步平移跑、两腿内外跳平移、框里框外并步侧移、侧向单脚换两脚跳、快速踏框分腿平移、侧向前后跳、臀部扭转侧移跳、侧向跨步跑左（右）腿、卡里奥克舞、分腿垫步横向跑、左腿前交叉垫步跳、侧向前后并步分腿跳、单腿侧向跳、单腿侧向前后跳等。

四、结果与分析

通过观察，我们发现运用不同的训练方法，普通组和软梯训练组在测试成绩上存在一定的差距，在训练接受满意度方面也同样存在着差异。

（一）学生对软梯训练满意度调查

我校运动场为 200 米田径场，基本都是塑胶场地或人工草坪，场地线条都是提前画好的，教师要想重新布置训练场地比较困难。软梯采用标示好的长度与宽度（长、宽为 20 厘米的梯状），可以轻易摆放到不同的场地进行练习。这种训练改变了以往的简单、枯燥、乏味的训练方式，学生的练习兴趣浓厚，练习积极性高。对 123 名参与训练学生发放的问卷反馈结果如下（见表 1、表 2）。

表 1　学生对软梯训练法的兴趣程度调查

	非常感兴趣	感兴趣	一般	不感兴趣
人数	85	23	15	0
百分比	69.1	18.7	12.2	0

表 2　对学生灵敏素质的影响

	非常有影响	有影响	没有任何影响	不清楚
人数	58	65	0	0
百分比	47.2	52.8	0	0

由表 1、表 2 的数据可知，87.8% 的学生对软梯训练方法感兴趣，100% 的学生认为软梯训练法对自己灵敏素质的提高有帮助，其中有大约 47.2% 的学生认为非常有影响。这些数据总体说明学生对软梯训练法很感兴趣、乐于接受，适宜在小学体育教学中推广。我们知道，兴趣是最好的老师，感兴趣了才可能为之去努力，去奋斗。由于软梯训练动作具有多变性、创造性，学生们不仅可以学习教师教授的已有动作，还可以根据自己的需要创设动作，那么学生的训练就由课内有组织的被动训练延伸到了课下自我主动的锻炼，也就培养了自觉锻炼身体的意识和行为，符合自主锻炼的思想要求。

（二）软梯训练法对学生身体素质的影响

我校开始引入软梯训练法是基于学生的行走姿态，力图进行干预，所以在对学生进行训练时多偏向于下肢力量、灵活性的练习，对上肢灵活性训练涉及的内容和次数比较少。通过16周的实验，对使用软梯训练法的学生的30米、60米、100米成绩做测试并与使用之前的数据进行对比，具体数据见表3。

表3　训练前后各项指标情况统计

项目	使用前		使用后	
	男（秒）	女（秒）	男（秒）	女（秒）
30米	4.98	5.15	4.32	4.83
60米	9.76	9.98	9.36	9.54
100米	19.78	19.46	19.16	18.95

测试结果表明：经过软梯训练后，学生跑30米、60米、100米的平均成绩都所提高。我们都知道，学生的身高、体重在短期内是不会有大的变化的，一学期实验后，学生的短跑成绩明显高于实验前的成绩，表明软梯训练法在提高学生下肢力量、速度素质，身体的灵敏、协调等方面效果显著，对于学生身体的促进作用较为明显。相对于软梯训练组的成绩，普通训练组的成绩则不甚理想。绳梯训练属于提高速度、灵敏性的训练手段，绳梯训练法需要运动员具有良好的感觉机能，如对视、听、位和本体感觉等具有高度的敏感性，在瞬间完成反应、预测和决策。绳梯训练法不是以改变外表肌肉体积和形状为目的，而是通过激活参与运动的神经肌肉细胞，改善神经肌肉系统协调性和灵敏性，以及身体的感知觉能力和对重心的控制能力，对提高运动能力、预防运动损伤都具有一定的作用（见表4）。

表4　绳梯训练中"跑"涉及的肌肉

身体位置	小腿	大腿肌前面	大腿肌后面	臀部
涉及肌肉	比目鱼肌、腓肠肌、胫骨前肌	股直肌、股外侧肌、股中肌、股内侧肌、缝匠肌	股二头肌、半腱肌、股薄肌大收肌、半膜肌	臀大肌、臀中肌、阔筋膜张肌

软梯训练组的训练要求心律要达到150—180次/分钟，并根据学生年龄适当持续一段时间。

（三）调查结论

软梯训练法减少了传统体育教学中的竞技性，更能激发学生的学习热情和积极性，提高运动成绩。

软梯训练法减少了传统体育教学中的竞技性内容，突出了体育教学的健康性。在传统体育教学中，体育教师往往只重视项目技能的讲解和传授，评价标准往往是学生能否掌握具体的某个技术动作，以及训练项目以提高速度、远度或高度。在这种传统的教学模式和评价体系中，教师和整个教学体系往往忽视学校体育其自身目标的双重性，即忽视了体育教学中关于促进学生身体健康，培养学生形成健康的运动生活方式。软梯训练法可以作为一种体育游戏，是学生喜爱的课堂教学训练方式，亦可以作为"课课练"，提高学生对体育学习的热情和积极性。由于软梯训练简单，对场景要求不高，可以充分调动学生参与的积极性，在课余也可进行锻炼。

总的来说，软梯训练法与传统体育教学方法相比，不但能提高学生的灵活性、协调性、移动速度、爆发力量，同时还使灵敏素质有了发展，因此，软梯训练法是一种能够有效地提高学生灵敏素质的训练方法，在小学体育教学中的应用具有十分重要的意义。

五、分析与建议

（一）分析

通过软梯训练法进行训练的学生，成绩普遍高于运用普通方法进行训练的学生，并且差异显著。说明在小学阶段用软梯训练方法是具有很大可行性的，它有效地提高了小学生的运动成绩，提高了小学生的灵敏协调性。另外，软梯训练十分重视腿部、踝关节力量素质及身体核心能力的训练，同时也实现了发展小肌肉群力量练习与发展大肌肉群力量练习相结合，从整体上提升了学生的协调能力与灵敏素质。

软梯训练法简单易行，教师可根据训练内容、特点，有目的地改变梯内结构（横板与横板之间的距离），根据需要设计多种训练方式和方法，常练常新。

软梯训练法是提高青少年灵敏素质的有效手段之一，但这种训练方法尚处于研究的初级阶段，有待我们进一步深入研究。

（二）建议

1.丰富训练方法，使学生进行多样化训练

灵敏素质的训练方法、手段多样，只有不断开发出新颖的训练方法，才能充分刺激学生肌肉层的活性，使灵敏、协调素质更加突出。在此次实验中，为了量化软梯训练的效果，采用的训练方法都是比较单一的。但在实际的训练

中，单一的训练方法不足以满足学生多样化的训练与学习的需要，因此，可以将软梯训练与普通灵敏素质方法相结合，还可以将软梯训练融入各种小游戏中，既丰富了训练的形式，又吸引了学生的注意力，提升学生的兴趣，使训练事半功倍。

2. 因材施教

软梯训练法总共分为三个大类：直线方向训练法、水平方向训练法以及直线结合水平方向训练法。每个大项又包含了多个小项，我们可以让学生挑选出最适宜自己特点的训练方法。例如，小腿频率偏低的学生可以运用左右碎步向后跑的方法；大腿摆动频率较低的学生则可以使用剪刀式向前跑训练法。最终目的都是使每个学生找到最适合自己的训练方法，提高软梯训练的效率，提高学生的灵敏素质水平。

3. 推广软梯运动，加强软梯训练法对小学生灵敏素质影响的研究

任何一项体育项目都需要具有良好的灵敏、协调素质，软梯训练目前在国内的研究较少，因此可以尝试逐步推广软梯训练法在学生中的训练实践，提高广大学生自觉锻炼的积极性。但是要注意劳逸结合，防止局部负担过重，造成疲劳、伤病等。

情景教学在小学低年级体育课中的实践研究

王 振

一、引言

在新课程改革的背景下，情景教学模式逐渐地为广大教师所重视和应用，在体育课堂中运用情景教学模式已经成为小学体育课堂改革发展的重要内容。小学体育教师在开展体育课程时要以学生为中心，为学生创设更好的学习情境。情景教育模式不仅能够有效地激发学生的学习兴趣和热情，还可以全面培养学生的综合素质。因此，小学体育教师要结合实际情况来不断地优化和完善体育课堂中情景教学模式的应用策略，从而促进小学体育课堂教学质量和效率全面提升。

二、情景教学的概念

情景教学，是指在创设情境的过程中，教师要充分发挥学生的主体作用，以学生为中心，注重学生学习兴趣的培养。同时教师要合理地运用多媒体教学设备，创造良好的课堂氛围，从而提高学生学习效率。小学体育低年级教学中运用情景教学模式时，教师要充分发挥教师的主导作用和学生的主体作用，让学生在情境中充分发挥想象力和创造力。随着新课程改革的不断推进，小学体育教师要转变传统思维模式，从新时代培养学生综合素质出发开展小学体育课堂教学工作。在小学体育低年级教学中运用情景教学模式时，教师要以学生为主体，重视培养他们的学习兴趣、合作能力和探究精神，从而有效地提升小学体育课堂教学的效果。

三、小学低年级体育教学现状分析

通过调查研究发现，当前小学低年级体育教学现状主要表现在以下几个方面。首先，教师在教学过程中没有充分尊重学生的主体地位，而是将体育教学与应试教育相结合，缺乏关注学生的情感体验。同时教师没有充分地了解学生的身心发展特点和认知水平，因此教师在进行体育课堂教学时往往会按照自己的教学设计进行，很难激发学生的学习兴趣。其次，教师在教学过程中不注重对学生个性特点的培养，过于注重知识本身的传授。学生在体育课堂学习中很难获得有效的情感体验，这不仅会影响学生对体育知识的理解，还会严重影响教师与学生之间的沟通效果。最后，教师在体育课堂教学中没有注重对学生进行因材施教，无法根据不同学生的身体素质和接受能力来进行针对性的教学。同时有些体育课堂上教师讲解过于抽象、枯燥，很难激发学生的学习兴趣。

四、情景教学在小学低年级体育教学中的应用

在小学低年级体育教学中，教师要不断地丰富教学手段，通过情景教学模式，不仅能够有效地提升学生学习的兴趣，同时还能够有效地提升教学质量。

首先，教师要结合实际情况对学生进行分组，然后组织学生进行合作学习。在情景教学模式下，教师要根据学生的实际情况制订不同的学习方案。例如，在跳绳练习中，教师要让学生自由选择练习方案，然后教师要对其进行指导和帮助。其次，教师要选择合适的教学方法开展情景教学模式。如选择合适的游戏有效地激发学生学习兴趣，同时还能够有效地提升课堂教学质量。最后，教师要做好课堂总结，并且还要及时地发现问题并解决问题。例如，教师在体育课堂教学结束时，可以对学生进行提问，让学生回忆一下当天的课堂内容，看看学生是否都能够回忆起来，如果有不能回忆起来的要及时进行补充和讲解。

教师要注重对学生引导和启发，从而有效地提升小学生体育课堂学习的兴趣，引导学生进行自主学习。例如，在跳绳练习中，教师要鼓励学生自由选择练习方案，鼓励学生进行自主探究学习，然后将获得的知识技能进行小组内分

享和交流。

教师要注重对评价机制的改革。传统的评价机制主要是以考试为主要形式、以分数为主；而情景教学模式下的评价机制主要是以学生综合能力评价为主、以鼓励性评价为主。例如，教师可以利用小组评分、小组比赛等方式来激励学生学习。

友善用脑催开自主学习之花

路　宁

"友善用脑"理念提出"所有学生都是天生的学习者"，这与我们正在开展的新课改方向不谋而合。友善用脑提出以学生为中心，在轻松、快乐的课堂上，通过自我领悟、小组合作和多样探究达到学习的目的。《中共中央　国务院关于深化教育教学改革全面提高义务教育质量的意见》（以下简称《意见》）提出，要引导学生主动思考、积极提问、自主探究。为此，教师不应再单纯地灌输知识，而是应把课堂还给学生，作为领路人，激发学生的学习兴趣，让学生主动开发大脑的潜能，使之更快地探究出并掌握学习方法。如何建立以学生为发展中心的课堂？建议从以下几点进行尝试。

一、还课堂给学生

学生是学习的主体，也是课堂的主体。教师更多应该以引路者的身份参与到他们的学习中，新课程要求教学活动是基于学生已有的经验，密切联系学生自身生活和社会生活，综合运用到课堂思维活动之中，在教师创设的一个个情境中，表达、展示自己的真实感受，而这种内心的感受是学生后期形成认知，转化为课堂实践能力的原动力，也是情感、态度以及价值观正向发展的基石。《义务教育艺术课程标准（2022年版）》指出："重视学生在学习过程中的艺术感知及情感体验，激发学生参与艺术活动的兴趣和热情，使学生在欣赏、表现、创造、融合的过程中，形成丰富健康的审美情趣，使学生在以艺术体验为核心的多样化实践中，提高艺术素养和创造能力。"以低年级为例，与传统美术课堂相比，新课改下的美育就是围绕着艺术而进行的启蒙游戏。尤其在低年级，美育要建立在学生的天性之上，而游戏是儿童阶段最普遍的活动方式。著名教育家马卡连柯曾说："儿童的整个生活是游戏"，儿童在游戏中开始学习，提高低年级学生学习兴趣的主要方式是游戏，游戏也是他们思考、验证、创造、吸收知识的方式，是他们理解并适应周围环境的方式。而创设游戏情境进行探究活动，让学生到情境去感知、发现、理解、创造，为学生早期综合素质的发展奠定了基础。

在《昆虫一家》探究昆虫的动态变化时，教师采取"拼七巧板"的游戏让学生自主探究怎样通过基本形的组合变化去表现昆虫姿态。艺术来源于生活，通过创设故事情境，学生分角色表演《昆虫一家》的某一情境，将学生的生活与所学内容联系起来，打开生活库藏，增强情感体验，进一步提高学生对美的感受能力。

在这样的美术课堂上，学生不仅仅学习种种知识与技能，更将此过程中的思维、行为和态度内化到自身思维观念之中，优化自己的认知方式、行为习惯和思维模式，从而获得感受美、鉴赏美、想象美、创造美的能力，同时树立正确的审美意识，养成健康的审美情趣，提升文化修养。

二、提升教师综合素养

《意见》提出，"融合运用传统与现代技术手段，重视情境教学；探索基于学科的课程综合化教学，开展研究型、项目化、合作式学习"。如何进行综合、丰富、高效的课堂教学，发挥好教师这一领路人的作用，从而落实学生的综合素养，提升教师的综合素养尤为重要。这就要求教师多进行综合性学习，用理论指导实践，把自身锻造为科研型的教师，建立课题研究，发挥自身的优势，为落实学生的综合素养奠定基础。

案例一：我所任教的国际部的学生，对中国传统文化有着浓厚的兴趣。我会将美术课程与学校当月的主题活动进行有机结合。比如在"世界睡眠日"的主题活动中，教师将中国二十四节气文化融入活动。巧借春分这一万物复苏、生机勃勃的节气，引导学生对自然界的关心，比如关注小动物，抛出问题：小动物如何睡个好觉？引发学生对于生态可持续发展的思考，最终通过艺术表现来展示自己对保护生物多样、维护生态平衡的想法。以期帮助学生树立正确的文化观，增强热爱生活、热爱世界的情感。

案例二：国际部的学生具有丰富的想象力与创造力，为了让学生更好理解中国文化，让美育浸入校园文化布置，美术组开启《山海经》项目化学习之旅。在美术老师的引导下，该课程以山海异兽的创想为核心，融入语文课的成语故事、科学课的动物习性以及综合实践课程的环保旧物利用等，学生自主开展实践探究活动。课上，孩子们运用中国非遗布贴，巧妙结合废旧物品，大胆创新，再现山海瑞兽。一幅幅布贴，一件件憨态的玩具，是孩子们对山海万象最童真的表达，同时也让生态保护的意识与可持续发展的观念在孩子们的心中扎根生花。异象山海，在美术课上学生和老师一同解读中国传统文化，更在实践中遇见美、感受美、理解美和创造美。生机盎然，岁月像一首从上古传来的赞歌，传唱着人与自然的和谐共生。

以美术学科为主的综合教学需要学科融合，全面深化美术课程和其他课程的有机结合。美术教师需要在全面提高自身综合素养的前提下，主动和其他学科教师进行交流、互动、协作，共同探究行之有效的美术课程综合教学路径，为新课程背景下的美术教学创新和优化提供支持。

三、多元评价

评价通常是指对一件事进行判断、分析后的结论。而为达到友善用脑的目的，在课堂教学评价中，应注重的不是结论而是过程，也就是说，评价应该是贯穿课堂始终的。课堂教学主体是学生，教师是课堂教学的主导者，所以评价不仅由教师发出，学生也可以参与到课堂的评价中。教师制定评价规则，学生可以根据规则，进行正面点评、积极建议，自我反思、自我调控，在学习的过程中，学生既是被评价者，也是评价者，在自评互评中，将知识进行有效迁移、整合，最终促进学生综合能力的提高。

案例：在《昆虫一家》中，教师将"倾听、合作、展示"作为课堂评价的规则。一年级孩子专注力和规则意识较弱，课上容易只做自己，不太关注他人。这时教师就可以把评价的权利交给学生，学会倾听。同样，协助合作、积极展示都可以做评价的规则。

友善用脑转变了传统课堂的基本范式，是对教学相长、素养教学、以人为本，及以学生为本的教育理念的坚持和完善。

民间工艺在小学美育中的发展

邵　伟

一、民间工艺教学的发展现状

在电子产品的冲蚀下，很多小学生沉溺于游戏之中，对民间玩具，如沙燕儿、门神、兔爷等了解甚少，这应该引起教育界足够的重视。很多学校及教师忽略了民间美术，而现在许多传统民间美术文化正从我们身边消失。

我们面临一个如何传承民间美术并使其更好发展的问题，我们无法要求后代原封不动地接受老一代传下的手艺，但它在现代社会的发展并不排斥推陈出新，因此，如何与今天的时代结合，赋予民间美术以新生命力就成为摆在我们面前的难题。在我们的教学中注入民间美术的精髓，使小学生了解它、热爱它，使民族美术承载的民族审美和独特技艺得以流传，这是美育的责任与使命。

在人民美术出版社出版的义务教育教科书《美术》全套教材中，关于民间美术方面的教学内容有47课，平均每册书约包含4课。

美术内涵的深化与扩展方面仍需加大力度，不能忽略儿童艺术教育在民间艺术传承、可持续发展的重要性。如何对青少年进行具有民间文化与技艺内容的美术基础教育，是实现素质教育的重要手段。我们可因地制宜，采用新的教学方法，设计新的教学思路，树立新的教学理念，分层次、有比例、有选择性地制定一些地域性、特色较强的民间美术教学内容，丰富日常美育教学，激活教师教学的热情，提高学生的学习兴趣，倡导学生主动参与、乐于研究、勤于动手。

《义务教育艺术课程标准（2022 年版）》中不仅在教育标准、教育内容等方面进行了大胆的改革，还对课程资源的开发和利用给予了高度的重视，这不仅是对小学美术课程资源的丰富，而且也是对小学美术课程的发展。民间美术能够促进小学美术教育途径、方法的多样化。美术教育家尹少淳指出："基础美术不是专业美术，而是一种生活美术教育，学生学的不是专业美术，而是生活美术，它所包含的内容应该有利于学生未来生活和身心发展。"既然是生活美术教育，那么中小学美术教育就应该贴近学生的生活，从学生生活和学生可接触到的环境中寻找教育的内容。

二、深挖民间美术教学内容

改变美术教材中的民间美术图片的内容较陈旧、清晰度不高，形式较单一等问题。可通过制作课件来美化美术作品表现力，电子版的图片在细节、颜色、艺术效果方面，比起教科书的感染力会更强。背景音乐与讲授相结合，给学生映照一个民间美术欣赏、制作的情景，利用现代教学手段激发学生积极性，使课堂充满活力，提高教学的效率。

美术教材中的民间美术教学内容连续性不强，有的教学内容在本册教材中是孤立存在的。例如二年级第 19 课《百变团花》，主要是对剪纸的学习，但关于剪纸的内容本册中仅此一课。通过一节课的学习，从时间上说应该是太短了，对学生剪纸技能提高作用不大。学生的兴趣通过一节课的学习刚刚提起来，一下子又被搁浅沉到大海深处。因此要求美术教师深挖教学内容，安排系列课程内容，让民间美术的技能学习有一个延续和巩固，使学生更深入地学习民间美术的知识与技能。

我在上剪纸课时，为深挖教学内容、拓展教学，衍生出系列课程，有四课时（见图 1）。系列课程让学生更充分认识剪纸的特点、发展与演变，提高学生对剪纸的兴趣，体会其美化装点生活的作用。

第1课时《剪对称形——桃子甜甜》　　第2课时《剪对称形——美丽的花蝴蝶》

第3课时《剪纸——花儿开开》　　第4课时《剪纸——二方连续》

图1　剪纸课题示例

还要注意民间美术与生活相结合，把民间美术应用于生活中，把课堂中学到的知识加以运用，在教师指导、家长辅助下，用学生创作出来的作品装饰美化生活。例如，春节将至，引导学生设计窗花，以剪、撕的形式制作，再加一些自己想法创造，为家里添一丝喜庆的元素。

广大的中小学生对民间美术课表现出浓厚的兴趣。民间美术既熔铸着中华民族的传统美德，也凝结着各种经验和知识，是对学生进行美术启蒙教育的良好方式。例如在五年级上册第20课《京剧脸谱》设色中，所谓"红色忠勇白为奸，黑为刚直勇敢，黄色猛草莽蓝，绿为侠野粉老年，金银二色色泽亮，专画妖魔鬼神判"，具有一定指向和象征意义，渗透着民间美术的基本知识和人民群众的感情，增强了学生的民族自信心和自豪感，对提高全民族的文化素质有着十分重要的深远意义。

民间美术的色彩情感非常鲜明，它本身的社会功能属性决定了其喜庆、热烈、欢乐、活跃的基本特征，强烈的红与绿、紫与橙、黑与白都是常选色谱，即使材料最便宜的作品也要具有强烈、富丽堂皇的色彩，这是人们感情的自然流露。对于中国的传统色彩，学生停留在对其表面的认识，甚至有些学生并不知道中国传统五色（见图2）有哪些。我在教学《京剧脸谱》一课时，着重讲解中国传统五色文化，学生对传统五色文化产生兴趣，自主挖掘中国传统五色理论中的色彩文化底蕴和内涵，弘扬了中国的民族文化精神。

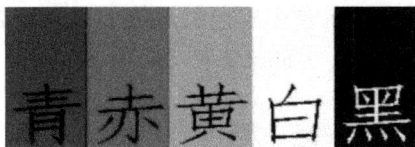

图 2　中国传统"五色"

第一课时中，教师讲解"五色"中的"青"，用青色在瓷器模板上画青花。学生感受了东方之色——青色，感受了中国陶瓷青花瓷的颜色之美（见图 3）。

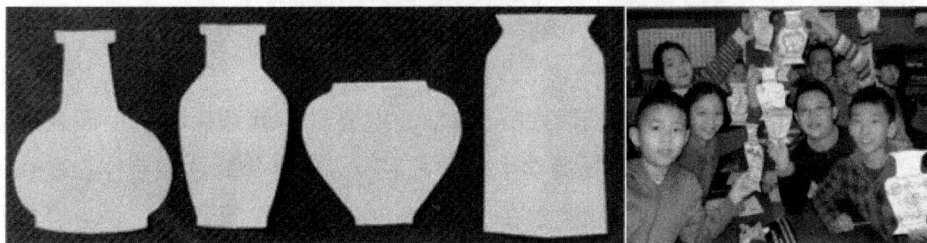

图 3　青花瓷

第二课时中，教师讲解"五色"中的"赤"，红色是中华民族最喜爱的颜色，它是传统的吉祥色。感受中国印章的红，感受中国的印章文化。让学生把自己喜欢的吉祥词语用红色的彩笔写在挑选的印章形里（见图 4）。

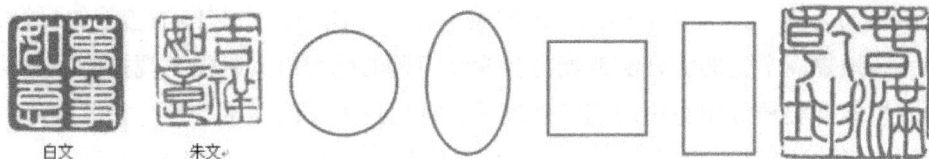

白文　　朱文

图 4　印章

第三课时中，讲解五色在京剧脸谱中的运用，运用五色绘制脸谱。选择一种自己喜欢的主色脸谱，给脸谱上色。感受色彩象征人物的个性和品德，感受京剧脸谱特色的色彩文化艺术（见图 5）。

图 5　脸谱

第四课时中，了解民间玩具中五色的红火、热烈、艳丽的特点。用油水分离的表现手法，绘制民间玩具（见图6）。

图6 民间玩具

深挖民间工艺的教学内容，拓展教学，主要目的就是让学生更深入地了解、感受民间美术的特点，提高学生的学习兴趣，更好提高学生制作、表现民间美术作品的技能，达到民间美术在小学阶段的可持续发展。

三、开发校本课程，助力民间美术在小学阶段的可持续发展

开发本地民间美术课程资源可补充美术教材的不足，使教学更加贴近学生的心理特点，具有直观、生动、资源丰富等特点，调动学生的学习积极性。通过对民间艺人、民间艺术作品、民间美术作坊、民间美术制作工艺等的研究，能系统地提高学生的综合实践能力和探究问题的能力以及制作表现技能。民间美术校本课程最好用身边的艺术来教学，突出地方民间美术特色。如北京可利用特色风筝沙燕儿、泥玩具、面人儿、毛猴儿、风车、剪纸剪影等进行教学。

传统的民间美术是在各自封闭的环境中渐渐形成的。不同民族和地域，不同历史、人文条件致使各地的乡土美术有其独自的表现题材、艺术方式和审美形态。鲁迅曾说过，"有地方色彩的，倒容易成为世界的，即为别国所注意的"。今天，这种地域个性鲜明的民间美术艺术，便成了独有的文化财富。

校本课程把北京的民间美术引入课程内容，学生易接受，对北京的民间美术讲解，让学生了解其美的内容、美的形式、美的色彩、美的内涵，让学生知道北京民间美术为何美。加深学生对北京民间美术的认识，对北京当地民间美术作品的珍视，有利于学生对北京民间美术的继承与可持续发展。

在小学阶段加强学生民间美术的学习，使我们身边的民间美术文化能够在小学的美术教学中得到充分的、可持续的传承与发展。作为美术教师的我们，

任务艰巨，应该适时、及时充电，对民间美术加以深入研究，领会到民间美术的精髓，提高各种民间美术制作技能，更好地把民间美术的美传递给学生，使学生真正感受到民间美术的价值，让学生真心喜欢上中国的民间美术！

走吧！博物馆里上课去

吴　宁

一、在广泛的社会文化情境中认识美术

美术是人类文化的一个重要组成部分，与社会生活的方方面面有着千丝万缕的联系，因此美术学习绝不仅仅是一种单纯的技能技巧的训练，而应视为一种文化学习。美术学习可以使学生认识人的情感、态度、价值观的差异性，人类社会的丰富性，并在一种广泛的文化情境中认识美术的特征、美术表现的多样性以及美术对社会生活的独特贡献。同时，培养学生对祖国优秀美术传统的热爱，对世界多元文化的宽容和尊重。

一直以来，有不少美术老师支持美术欣赏教学应片面、随意，但学生可就遭殃了。事实上，并非每一个人都是天才，富有艺术家潜质，虽不要求学生一定要有所建树，但应培养他们有扎实基础的美术技能与美术常识，否则美术的社会功能如何实现？

《中国美术教育》曾有一篇文章介绍一个美国专家在给孩子们上一堂美术欣赏课时，面对孩子们对一件作品五花八门的欣赏角度，她只是告诉大家："你们的发言都很精彩，很有自己独立的见解，但你们还是应该进一步了解这些作品，看看作者的想法和你们的想法是否吻合。你们应该到图书馆、博物馆去查资料看原作，也可以到电脑网络上去查询。"也就是说，欣赏艺术，除了要有直觉、有审美感受力，还必须具有能走出课堂、融入社会的丰富知识积累做支撑。一个目不识丁、不懂得起码的艺术规律的人，是难以正确地领悟一件艺

术品的真谛的。马克思早有这样的见解，他说："如果你想得到艺术的享受，你本身就必须是一个具有艺术修养的人。"

二、学习兴趣是提升学习效果的"灵丹妙药"

其实，几乎每一位美术教师都面临这样一个教学现状——在四个美术教学领域的学习中，学生认为"欣赏评述"课最为枯燥（见图1）。整节美术课孩子束手束脚，既不能动手实操，也限制了自由发挥想象的空间。其实，"欣赏·评述"课正是孩子们大量集中汲取美术营养的信息课，也是培养艺术修养与进行国际理解教育的人文课，没有它，就仿佛绑腿参加赛跑，无法面面俱到地进行美育。

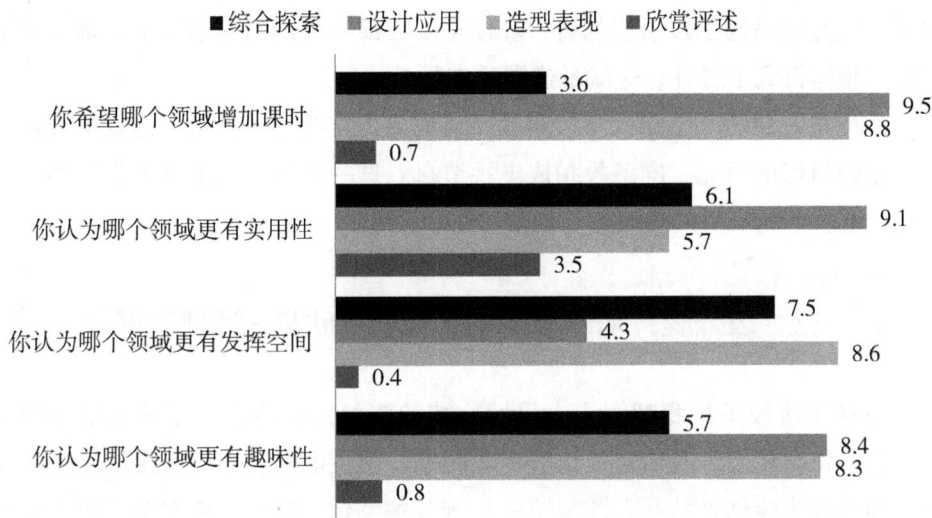

■综合探索　■设计应用　■造型表现　■欣赏评述

你希望哪个领域增加课时　3.6　9.5　8.8　0.7

你认为哪个领域更有实用性　6.1　9.1　5.7　3.5

你认为哪个领域更有发挥空间　7.5　4.3　8.6　0.4

你认为哪个领域更有趣味性　5.7　8.4　8.3　0.8

图1　关于美术课堂教学四个领域的学生（80人）问卷调查（单位：人）

美术课程总目标从语言、欣赏、素养三个点来描述"知识与技能"，勾勒出其具有文化属性、传承价值、综合特点以及终身学习特征。让我们领悟到其中蕴含着新的教育理念的本源——美术课程的文化属性。"欣赏评述"课是学生形成基本的美术素养的重要途径，"美术素养"这一理念的提出，从素质教育的角度指出，这是人的发展所不可或缺的一个重要部分，美术素养应成为终身学习的基础之一。

所以，简单把"欣赏评述"课定义为枯燥乏味的40分钟，着实不该。

与此同时，随着"社会大课堂"这一方案的深入开展，各教育系统对此高度重视，科学定位，整体规划，深度挖掘，强力推进校园、科研机构、高新企业等高端特色资源的培育，探索常态化机制和实践模式，努力把大课堂建成民生和民心事业，着力培养学生的创新和实践能力，进一步提升教育教学的品质。由此，《北京市中小学生社会大课堂建设方案》的落实开展仿佛为我在窘境中提了一个醒——假如我将二者有机地结合，也许会产生些什么化学反应、擦出火花呢？

于是，我连夜设计出了"迈开腿，走出校园上课"的计划，准备带孩子们到博物馆上一节真刀真枪的"欣赏评述"课！

在第二天的美术课上，当学生听说老师将把他们带出课堂，到校外去上"欣赏评述"课时，所有孩子都激动得乐不可支、手舞足蹈，"迈开腿"魔力生效了，它完全吊起了孩子们的胃口。以至于在那一时期的美术课上，学生的学习效果整体得到了提升，这就是连锁反应！

我的这一想法马上得到学校和教研员的鼎力支持，还吸引了北京电视台青少频道栏目组的目光，准备投拍成电视节目。这一意外惊喜更加给学生们打了一剂强心针。

三、迈开腿！来一节身临其境的"欣赏·评述"课

在准备阶段里，我翻阅了大量博物馆的资料，走访了许多学校附近的画廊、艺术馆。最后，我锁定了由著名收藏家、中央电视台《百家讲坛》主讲人之一马未都先生创办的私人博物馆——观复博物馆。这里环境清幽，有大量的艺术珍品，种类繁多，有瓷器、珐琅、字画、门窗、家具等。中国的古典家具驰名中外，千百年来，无论从造型、材质，还是寓意上都为人所津津乐道，结合下学期的设计应用课《造型别致的椅子》，考虑到知识的连贯，我选这节课带着孩子们一起欣赏、品鉴中国的古典家具——椅子。

初冬的一天，我带学生坐着校车来到观复博物馆，与孩子们一起欣赏、品鉴中国的格式古典椅子，上了一节别开生面的美术课（见图2）。

图2　学生在观复博物馆开展美术课

在教研员的带领下，在摄像机的镜头下，孩子们纷纷走出课堂，站在这里，站在一件件历史悠久的艺术珍品面前，触摸历史、触摸文化，这绝对和在课堂上翻翻教科书、看看多媒体课件的教学效果不同。这节与众不同的美术课，留给孩子们的是一次欣赏评述教学领域的新开拓，是一次奇妙的旅程，是一次人文精神的涵养，是一段难忘的记忆，更是一次中国传统文化艺术的深刻学习。

临走时，孩子们都依依不舍，不肯举步，我饱含深情地对他们说："同学们，我们就要离开观复博物馆了，今天的学习时间并不长，但相信你们已经对中国的椅子文化有了初步的了解。中华民族五千多年的文化博大精深，观复博物馆也许只是你学习中国传统文化的第一课，也许仅是你人生学习的第一步，你的第一个社会大课堂。我希望大家以今天的学习为契机，以后能更多地关注传统美术知识，为更好地继承和弘扬祖国的文化艺术多一份思考。"

于是，在那一周的周记中，孩子们都不约而同地选择记录这一课，记下了他们的心情和艺术收获。在本学期美术课最难忘领域调查中，58%的学生选择了"欣赏评述"（见图3）。

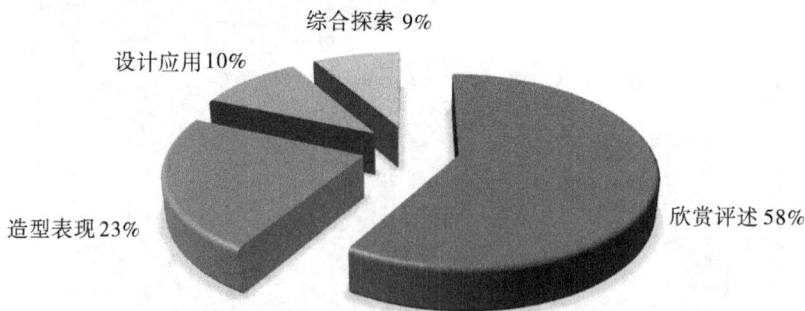

图 3 本学期美术课最难忘领域学生问卷调查

四、无痕美育开启无限未来

当代艺术的发展正呈现与社会生活联系日益紧密的态势，艺术与非艺术之间的界限正变得越来越模糊。在孩子未来的生活中，接触和谈论艺术是不可避免的事情。若指望每一个孩子将来都成为艺术家，这是不可能的，也是没必要的，但每一个孩子都会接触到艺术，这则是必然的。因此，美术技法的操作能力的培养只是其中的一个方面，艺术教育所指向的儿童艺术静养的培养越来越不是一个单一的概念，而应是综合的。

从某种意义上说，比之艺术创作能力，理解和欣赏艺术的能力对孩子将来的发展更为重要，至少，在孩子应具有的艺术素养结构中它不应是被忽略的一块。当然，艺术创作与欣赏又是不可分的，从接受美学的观点看，欣赏本身就是艺术创造的一部分，是观者对艺术作品进行的再创造。美术欣赏教育是培育任意美术素养的一个重要途径，特别是让孩子从小就接触经典，与作品直接对话，这样孩子发展的起点高了，眼界开阔了，对美的知觉和选择也就更加敏感。

随着课改的深入，我们也能了解到一些国外比较先进的美术教学模式，比如美国"DBAE"模式包含了美术创作、美术评论、美术史、美学这 4 个领域，是一种综合的美术教育法，具有先进性和可行性。美术课程在我国中小学美术教育的美术评论、美术史、美学这些比较薄弱的环节做了全新的改革，其中，"欣赏评述"是指学生对自然美和美术作品等视觉世界进行欣赏和评述，加强美学修养，逐步形成审美趣味和提高美术欣赏能力的学习领域。通过"欣赏评述"领域的学习活动，学生可以多角度欣赏和认识自然美和美术作品的材质、形式和内容特征，了解中外美术发展的概况，形成健康的审美情趣，发展审美能力，逐步形成崇尚文明，珍惜优秀民族艺术与文化遗产，尊重世界多元文化的态度。

现在的中小学美术教学中，培养学生有爱国主义精神是一个比较重要的子目标，而让学生了解我国传统文化的精髓，使之产生一种崇敬感，惊叹先贤为我们创造的这些财富，自然而然地会产生比较强烈的爱国主义情感。

作为新一代的美育者，应当从一代一代的老教师中汲取经验、发挥所长，取其精华、去其糟粕、大胆创新，将"教室小课堂"搬到"社会大课堂"，能够有机地挖掘出孩子们藏在心底的求知欲，无痕地去引领孩子，用更多元化的教学手段以美育人，使孩子在广泛的情境中认识美术，丰富审美体验，提升审美情趣。

水墨意境·美育探寻

王　磊

中国画亦称"水墨画"，它积淀了深厚的中华民族的文化底蕴，是我国传统文化的精华。水墨画作为中国传统文化的典型代表，因特殊的艺术风韵，以及其中蕴藏的丰富的育人价值，成为美术教学中不可替代的一个重要内容。水墨画教学提高了孩子的人文素养，是小学阶段孩子们认识社会、提升自我、涵养品格，接受传统艺术熏陶的重要教学手段。

一、新课标理念下小学阶段水墨画教学的现实意义

小学阶段水墨画教学策略将积极贯彻新课改要求，落实新课标精神，遵循"以学生为中心"的教育理念，尊重美术教学规律，结合时代发展组织相关教育教学活动。

（一）培养学生文化自信心

中国水墨画以其独特的艺术表现形式享誉国内外，独步天下，是中国优秀传统文化中一颗璀璨明珠。小学美术课堂教学活动将带领小学生回顾中国水墨画创作发展历史，了解中国水墨画创作艺术风格与表现形式，使小学生感叹于中国水墨画的精湛技艺和独特魅力，生发出对中国优秀传统文化的自信心和自豪感，增强学生弘扬祖国优秀传统文化的意识，使学生成为优秀传统文化的坚定继承者和弘扬者。

（二）促进学生个性化发展

传统的水墨画教学形式单一，教学方法不生动，限制了学生艺术想象力和创造力的提升。新课标理念下小学阶段水墨画教学应打造生动鲜活、氛围轻

松的水墨画美术课堂，跨学科融合，给予小学生足够的创作空间，激发学生潜能，使其可以放飞自我，释放个性。学习要为学生插上艺术创新的翅膀，并促进学生的个性化发展，落实新课标的理念。

（三）提升学生美术核心素养

新课标理念下小学美术水墨画教学策略着重以生动鲜活、氛围轻松的水墨画教学为载体，通过四大美术核心素养的引领，培养和提高学生的美术审美能力、美术理解能力、美术表现能力、美术创新能力等，从而有效提升小学生的美术学科核心素养，促进学生艺术品位的提升。

二、新课标理念下小学水墨画教学

新课标理念下小学水墨画教学的实施，要积极落实新课改理念，促进孩子们在水墨画学习过程中提升自主探究能力，注重将艺术知识与生活实际相结合，领悟艺术创作的真谛，形成较高水平的美术学科核心素养。

（一）领略水墨画意境

新课标指出，要以人为本，挖掘学生自身的个性，体现人的价值，完善人的品质。而社会正呼唤具有高尚品质的人。美术教育正是这样一个重要的文化阵地，其作用不言而喻。新课程标准提出，"美术课程具有人文性质，是学校进行美育的主要途径，是九年义务教育阶段全体学生必修的课程，在实施素质教育的过程中具有不可替代的作用"。而水墨画简练概括的造型，出神入化的运笔，富于变化的墨色，不仅为我国广大人民所喜爱，而且在世界艺术之林中也享有很高的声誉。水墨画有着深厚的传统文化底蕴，它在引导学生参与文化交流和传承方面的作用无可替代。水墨画已成为新时代的人文情操教育手段，它的笔墨既能协调手部肌群，促进儿童大脑发展，又可以锻炼学生的审美能力和艺术感。因而，在当代美术教育中应更加重视水墨画的教育教学。领略水墨画意境的水墨画作品鉴赏策略，指的是以多媒体设备为载体为学生展示形式丰富的水墨画作品，带领小学生走进水墨画勾勒的美好世界，通过多重感官的强烈刺激，使得水墨画的神奇魅力在学生头脑中立体化、清晰化，从而成功激发小学生的水墨画创作兴致。

（二）提升水墨画技艺

小学生的自主意识尚未完全形成，对于这一画种也一知半解，适当地引导学生从一些优秀的传统作品中学习学好水墨画，学会欣赏、感悟是必要的。习得水墨画创作技能是小学水墨画美术教学的核心内容，要将水墨画平、圆、留、变等笔法和浓、淡、干、湿等墨法传授给学生。比如，人美版小学美术三年级下册《彩墨游戏》，以游戏的形式将水墨画的基本绘画技巧展示给学生。还可跨学科融合，通过语文学科相关课程，了解国画大师吴冠中先生小时候艰苦求学之路，激励学生奋发学习，调动学生学习祖国优秀传统文化的积极性，增强学生水墨画学习的情感体验，升华小学水墨画教学的育人价值。

（三）丰富水墨画教学形式

教育家苏霍姆林斯基曾说过："在人的心灵深处，都有一种根深蒂固的需要，这就是希望感到自己是一个发现者、研究者、探索者。而在儿童的精神世界中这种需要特别强烈。"目前，小学水墨画教学过多采用临摹，学生产生单向的审美和思维定式，阻碍了学生的自主创造意识，造成思维闭塞，从而在一定程度上导致主题情感创造意识的失落。黄宾虹曾说："艺术之事，所贵于古人者，非为拘守旧法，固定不变者也。"因此，在儿童水墨画教学中，应抓住儿童的心理特征与行为习惯。那么，如何更好地、创造性地进行水墨画教学呢？

1. 用游戏激发学生的兴趣

古人云："书画同源。"书法讲究的是用笔用墨，水墨画讲究的是线条，线条是水墨画的生命线。孩子们是最喜欢做游戏的，在游戏中激发兴趣，体验快乐。因而，在水墨画教学中，可让学生做线条游戏，在宣纸上随意拖出一根线条，在不经意间让线条游离在纸上，体验使用毛笔作画的感受。不知不觉中，儿童就会在饶有兴趣当中感受到线的柔韧与墨的干湿，顺理成章地掌握水墨画的常识。

循规蹈矩地一笔一画，时间一长，学生就会乏味。水墨游戏刚好符合学生的心理，孩子们处在玩耍之中，在纸上随意地洒墨，用嘴尽情地吹墨，水与墨肆意地流淌，本是无心的，但加上孩子天生的想象力，加以联想。一棵棵小树，一块块田野，一片片山坡跃然纸上，再加上一些跳跃的人或小动物，整幅画顿时精彩起来，学生也兴趣盎然。

2. 在生活中孕育创新

生活是创作的源泉。美国教育家罗恩菲德早就指出："在艺术教育中，艺术只是一种达到目标的方法，而不是一个目标，艺术教育的目标是使人在创造过程中变得富有创造力，而不管这种创造力，将施用于何处。假如孩子长大了，而由他的美感经验获得较高的创造力，并将之运用于生活和职业，那么艺术教育的一项重要目标就已完成。"所以，在水墨画教学中，带领孩子们走出校门，既为学生的创作积累了素材，又得到了文化的熏陶。

水墨有"外师造化，中得心源"的创造原则，"气韵生动"的审美标准，并有"以形写神""得之象外，缘物寄情"等艺术理论，这一特点为学生提供了创想的翅膀。当孩子能够用水墨艺术形式抒发自己情感，能借助水墨画表达心中的兴奋之情时，这些作品将沁入孩子们的心田，成为孩子们心中的珍宝。

艾斯纳指出："任何一种艺术问题都不会有唯一正确的答案，都可以作多种解释。没有什么法则能告诉学生究竟是他还是她的解释才正确。"我们要充分尊重学生的个性特点，在教学实践中继承与创新，激发学生的学习兴趣，以学生发展为根本，不断提升自身的修养，重视培养学生的人文精神和审美情趣，注重学生课堂的实际获得。使学生在学习创作之中受到熏陶和感染，形成健康的人文素养，使美术教学更加有效。

综上所述，应在新课标的引领下，充分理解美术四大核心素养，使小学美术水墨画教学活动起到该有的熏陶和启蒙作用。运用丰富的水墨画教学手段，充分提升学生包括中华优秀传统文化修养在内的综合美术素养。

让"讨论"成为"主体参与"的抓手

孟学文

《道德与法治》课程是义务教育阶段落实立德树人根本任务的关键课程，是一门思想性较强的基础学科，它包含极其丰富的社会知识。学科内涵的丰富性决定了教学的个性化，也为教师、学生提供了很大的教育学习空间。因此，我以"讨论"为抓手，为学生创建一个自由辩论的舞台，抓住疑点问题，让学生各抒己见，在讨论中构建"主体参与"的教学模式，还给学生空间和时间，并让时间和空间发挥应有的效益，在问题讨论中明辨是非曲直，追求真知灼见。

一、"讨论式"教学模式的界定

"讨论式"教学是以教师主导，为学生创设一个有利于提高发展的环境条件，并引导他们，根据重点、难点，设疑提问，互相讨论。旨在把课堂上的主体地位还给学生，要求学生摆脱对教师的依赖，独立开展学习活动，从而使学生的自主学习能力不断得到强化。

二、"讨论式"教学模式的特征

（一）主体性

所谓主体性，是指把发展学生的主体性、能动性、创造性，促进教育教学过程的个性化放到中心地位，更多地强调唤醒与弘扬人的主体意识，充分肯定学生在教育过程中的主体地位，力争发挥学生的主体能动作用，使学生真正成为课堂的主人，学习的主人。"讨论式"教学更强调学生在教育中的主体地位，使学生从一个社会的旁观者转变为积极的参与者，让学生在讨论交流的氛围中"自由地呼吸"，发表自己的看法。通过信息交流，达到对某一问题的共识。

（二）拓展性

所谓拓展性，是指以某一教学内容为轴心，全方位、多角度地讨论相关问题，从而找到解决问题的思路。只有打开思路，从封闭式的教学中脱离出来，把学习范围从自身拓展到周围，才能真正开启学习创新的大门。在讨论教学中，教师可以安排时间让学生说个痛快，满足学生交流、表达的需要，鼓励学生解放思想、拓展思维，让学生身处有限的教室，思维却能遨游在无限的空间。

（三）创新性

"讨论式"教学的创新性，是教师引导学生抓住一个焦点问题引发讨论，然后在不断肯定或否定的过程中明确认识，让学生在由发散到集中的认知过程中，经历一个自悟自得的创新过程。这种教法有利于学生经历探索创造的过程，为学生提供更为广阔的发表独立见解的思维空间，其间有认同、碰撞、吸纳、排斥……创新思维火花在讨论中随时都会有所闪现。

（四）合作性

合作是指学生在开放、民主、愉悦的气氛中驰骋思维、各抒己见、感悟知识、共同探究。"讨论式"教学能将学习过程置于多向交流中，使学生既发表了自己的主见，又有利于吸取他见。俗话说"三个臭皮匠，赛过诸葛亮"，集体的力量是无穷的，只有大家相互启发，相互鼓励，才能找到解决问题的最佳途径。

三、实施步骤和方法

（一）提出问题

在教学过程中应千方百计地充分调动学生的学习积极性，引导学生开展富有探索性的思维活动，并给其思维活动以合理的施展余地。精心设计提问便是一种有效的方法，应把它作为开启学生智力、提高学生能力的突破口。

1.讨论的问题要贴近学生的生活实际

现代教学论告诉我们，密切教学与生活的联系，使抽象的、概念化的理论建立在学生已有的能力和生动、丰富的生活背景上，将会激发学生主动参与学习的热情，产生"一石击起千层浪""一花引来百花香"的效果，有利于开发学生的智力思维的潜能。

例如，在讲授《神通广大的现代通信》一课时，在处理如何将"消息快速传达给外省出差的爸爸"这一环节时，我设计提问："如果想让一条消息快速而准确地传达给爸爸，你愿意采取什么办法？为什么？"立刻，学生们纷纷说出了自己的想法。现在的孩子接触社会的机会非常多，他们能在自己理解的基础上提出很多办法，乃至一些超前的看法。这种发散思维的提问，不仅能激发学生的兴趣和求知欲，还拉近了课本与现实的距离，使学生积极主动地参与到课堂中来。

2. 讨论的问题要具有可拓展性

在讨论过程中，问题的选择、问题的难易，都直接关系到讨论问题的深度。

例如，在讲授《辽阔的国土》一课时，介绍完我国山脉骨架以及五种地形分配比例之后，我组织学生这样讨论："这么多的山，对我国人民的生产和生活有什么好处？"学生就抓住了"好"这一方面，纷纷答"森林资源丰富""水资源丰富""有众多的珍稀动植物"，等等，完全忽略了多山给人们带来的负面影响。当我意识到这一点后，及时调整为："这么多的山，你们认为好还是不好呢？"这样一来，学生不仅能从好的方面去考虑问题，还能说出多山的不利因素，以此加强对国情的教育。可见，讨论的问题一旦被扩展，学生的思路就会打开，从不同的角度和层次去分析问题，加深对问题的理解。

3. 讨论的问题要符合学生的认知规律

要让课堂讨论在学生全体参与的情况下顺利进行，就必须考虑讨论的问题是否符合学生的认知规律，即教师要把握住学生思维"最近发展区"，所设计的问题要富有弹性，也就是那种学生既不是轻易就能答出而经过思考又能够回答的问题。

例如，讲授《离不开他们的劳动》时，由于事先没有给学生明确"社区"的概念，当我提出问题"你家所在社区，都开展了哪些活动？"组织学生讨论时，他们的反应程度参差不齐。有的学生答非所问，有的甚至站起来一言不发。由此情况，我改用通俗易懂的语言介绍了关于"社区"的区域范围，之后，再组织讨论，结果就大不一样，学生结合自己的观察，说出了多种服务性设施，其中还包括我事先没有考虑到的内容。由此可见，教师的教学语言的不合理设计与表达，不仅会形成学生认知的障碍，而且还会销蚀学生热切求知的兴趣。

（二）组织学生讨论

1.形式上的要求

变换课堂教学的空间形式，如，根据前后座位距离的远近，将学生调整为2人、4人或6人学习小组，扩大参与面，有利于学生之间的讨论与交流；有时根据互补因素进行学习组合，使不同背景、不同学习成绩、不同层次的学生处于一组，利用空间距离的接近，促使学生从中相互启迪，相互补充，提高讨论的深度。

2.氛围上的要求

讨论活动中，尽量创设轻松、活泼的氛围，给学生以充分表达见解的空间。只有这样，学生才有可能充分发挥主观能动作用，勇于各抒己见，并积极表现其个性，展示其才华；只有这样，学生才敢于突破常规，"异想天开"，充分地体会到自己的新颖见解被他人接受并赞赏的满足感和自豪感。

3.对教师的要求

在讨论过程中，学生正处于主体，乐于敢于发表自己的见解和看法。而教师呢，所扮演的角色应该是旁听者，所起的作用只是组织、启发、点拨，并以此来鼓励学生彼此间的讨论和交流。

（三）归纳总结

归纳总结，即帮助学生将讨论中的知识系统化。在这一阶段中，包含两个层次。首先由各组学生代表阐明讨论后的结论，这时，教师还应保持缄默，不急于做肯定或否定的回答。其次当学生发言完毕后，教师再重新调整下一步的教学行为：学生的结论是正确的，应予以明确重申，并适度表扬；有时学生的想法看起来很稚嫩，缺乏一定的深度，甚至是错误的，教师也不能无情地否决，而是采取诱导的方法，重新设计提问，将学生的错误观点一步一步引入正确观点的轨道。

例如，讲授《红军不怕远征难》一课时，我组织学生讨论"面对敌人的围追堵截，我们的红军战士表现得如何？"有的同学说"红军战士奋勇杀敌"，有的同学说"红军战士没有被困难吓倒"，还有的同学说"红军战士不怕死"……这些学生，都说出了红军战士不畏强敌的表现，但没有更深入问题的本质中来，于是，我抓住一个学生的回答，继续提出问题："为什么红军战士连死都不怕？"这样一处理，学生自然而然地就能答出"为了彻底解放，翻身做主人，使全国人民过上幸福的生活"等中心问题了。

四、达成的效果

（一）创设了平等和谐的教学氛围，协调了师生关系，增强了团体合作意识

在"讨论式"教学的实施过程中，由于给学生的是宽松的学习环境，所以他们思维活跃，敢于发表自己的见解，有时会因为一个问题和同学、老师争得面红耳赤。在课堂上经常能听到他们充满自信地说："老师，我们小组认为……""我们不同意你们组的意见，我们认为……"等等，诸如此类，由于每个学生都参与到问题讨论中来，而课堂上又有充分表达自己意见的机会，所以，既调动了广大学生的积极性，又增强了同学们的团队精神。

（二）培养了学生广泛收集社会信息的能力

为了丰富自己的知识含量，以便更好地在课堂讨论中发表独特的看法，学生将目光投向广阔的生活空间，广泛查找与课堂内容相关的资料，养成了搜收社会信息的习惯。从一个学期的课堂表现来看，他们发现和捕捉生活的能力增强了，头脑中的材料越来越多，讨论时也能文思泉涌了。长此训练下去，为他们更好地认识社会，适应社会生活打下了坚实的基础。

（三）促进了语言表达能力的发展

"讨论式"教学强调学生的全面参与，在鼓励他们分析和解决问题的同时，也为培养语言表达能力提供了条件。现在，经常在课堂上看到学生能在小组讨论中各抒己见，畅想、畅言，而且他们下课后仍然意犹未尽，或滔滔不绝谈看法，或争论不休求答案，可见，学生们全身心地投入到讨论的氛围中。在彼此交流、补充的同时，学习效率也大大提高了。

利用 PBL 培养创新能力

沈　红

随着我国基础教育课程改革的深入进行，一种新的课程形态——STEM 活动走进了我国学校的教育生活。在参加 STEM 的课程培训时，我了解了一种叫PBL 的教学方式。通过这种方式及多学科的整合，寻找教师间的合作，能够更好地培养学生的创新能力。

一、什么是 PBL

PBL（Problem-Based Learning，也称作问题式学习）是一套设计学习情境的方法，最早起源于 20 世纪 50 年代的医学教育。PBL 以问题为导向的教学方法，是基于现实世界的以学生为中心的教育方式。

二、PBL 的基本要素

（1）以问题为学习的起点；学生的一切学习内容是以问题为主轴所架构的。

（2）问题必须是学生在其未来的专业领域可能遭遇的非结构化的问题，没有固定的解决方法和过程。

（3）偏重小组合作学习和自主学习，较少讲述法的教学；学习者能通过社会交往发展能力和协作技巧。

（4）以学生为中心，学生必须担负起学习的责任。

（5）教师的角色是指导认知学习技巧的教练。

（6）在每一个问题完成和每个课程单元结束时要进行自我评价和小组评价。

总的模式是，教师课前提出问题—学生查找资料—分组讨论—教师总结。

学生大多具有原始的创造欲望，一个人的创新意识表现为敢于突破前人的规范，善于变换角度重新审视事物，善于从前人或他人的错误中总结经验，吸取教训，独立地对已有知识重新认识、组合、表达、应用等，善于从实践活动中产生疑问、获得结论、提出设想。PBL 的课程设计是创新的基础，在道德与法治课堂上可以设计出符合 STEM 的教学设计，利用 PBL 方式完成。

教育传递知识的功能必然更多地为信息系统所替代，教育的根本意义和价值在于培养创新精神，发展实践能力，塑造健康向上的人格。因此，我们从现在起就要注重对学生进行创新意识和创新精神的培养，《道德与法治》课给了学生发展个性的广阔天地。同时，也点燃了学生求知的欲望和创新的火花，让学生的创新精神在《道德与法治》课程中得到培养和发展。

三、在教学中的实际应用

（一）实践一

我在《道德与法治》课上尝试利用 PBL 的方法引导学生学习《闻名世界的文化遗产》一课。

我的授课流程如下。

1. 首先通过课前的一系列活动创设活动情境

学生自主学习网络视频，了解学习内容，根据自己的研究兴趣自动分组。开展分组研究，完成创新性作业，进行说明。

2. 当小组同学都完成调查后，在课上进行分组汇报

分组汇报过程中，学生的生生评价与老师的点评最为关键，给每组同学适当的肯定，激发学生分组探究的兴趣。

3. 课后学生可以根据课上同学们及老师的建议修改研究成果

我们从孩子们汇报的作业形式、参与状况、完成时间三个方面进行评价，学生通过小组自评、小组互评、师评等形式了解本组作业完成情况。通过分层评价，孩子们清晰了本组作业的优、缺点，对于提升作业质量起到至关重要的作用。

4. 我的思考

（1）小组学习探究解决问题。

我们课上用小组合作及自主选择的分层作业，充分调动学生学习的积极性。会素描的去画画，爱动手的制作模型，能说的讲解，力争做到人人有事做、事事有人做。在探究性活动中，一方面，我引导学生将所学的理论知识与客观实际相结合；另一方面，还要引导学生运用想象、联想、演绎、归纳、类比等方法发现实际问题，运用分析、综合等方法探索解决问题。

（2）大学科引领分组活动。

孩子们完成作业时，需要多个学科老师的支持与配合。例如，学生在制作模型时遇到了困难，知道金字塔的高和底边的长度如何才能制作出金字塔的模型？不知道侧面的小三角形有多大怎么办？数学老师给出了很好的建议：用一把尺子比出高后，再用另一把尺子一搭就是斜面三角形的高了。孩子们很快掌握了这个方法。除了数学，美术、信息、科学、综合等学科的老师也都参与了指导，使孩子们的研究得以深入准确。

（二）实践二

我将《道德与法治》中的"丝绸之路"一课相关内容，与科学、美术、茶艺相融合，设计了《丝路商贾》一课。

"一带一路"是丝绸之路经济带和21世纪海上丝绸之路的简称，是合作发展的理念和倡议。借助既有的、行之有效的区域合作平台，借用古代"丝绸之路"的历史符号，高举和平发展的旗帜，主动地发展与沿线国家的经济合作伙伴关系，共同打造政治互信、经济融合、文化包容的利益共同体、命运共同体和责任共同体。我们的学生要从理解丝绸之路是一条联系古代东西方经济、文化的重要桥梁开始，了解国家的战略构想。

《义务教育道德与法治课程标准》明确指出，《道德与法治》课程立足于发展学生核心素养，以引导学生学习和掌握道德与法律的基本规范，提升思想政治素养、道德修养、法治素养和人格修养为主旨，坚持学科逻辑与生活逻辑相统一，主题学习与学生生活相结合。学生要了解中华民族对世界文明的重大贡献，了解不同文明之间交流互鉴的重要性，懂得和而不同的道理。

科学课的课标指出，必须建立在满足学生发展需要和已有经验的基础上，提供他们能直接参与的各种科学探究活动。

美术课尝试各种工具、材料和制作过程，学习美术欣赏和评述的方法，丰富视觉、触觉和审美经验，体验美术活动的乐趣，获得对美术学习的持久兴趣；了解基本美术语言的表达方式和方法，表达自己的情感和思想，美化环境生活。

我校开设了茶艺社团，可以对中国茶文化展开研究。

《道德与法治》学科本身就是一门综合性很强的学科，因此，此综合实践课以道德与法治课作为总讲。学生先了解丝绸之路的发展，了解东西方物产、文化方面的差异，创设出大的学习情境，提出问题，激发学生想解决问题、探究问题的欲望。为了让学生更了解我国商品的优势，我们按学生研究的兴趣分成三个组，分别通过实践活动对丝绸、瓷器、茶叶进行研究，学生在各科老师的带领下分析问题、解决问题，最后回到主会场分组进行汇报评价。（见图1）

科学小组探究丝绸的优点	美术小组探究瓷器特点	专业的科学探究材料
茶艺社团成员带领同学泡红茶	通过网络查询丝绸之路相关资料	分组展示研究成果

图1　探索丝绸之路的活动过程

1. PBL 的实施步骤

（1）提出问题。教师课前设计教学情境，准备好问题。教师认真备课，充分熟悉教学内容，课前调研学生，了解学情。

（2）分析问题。学生分组合作学习，以组为单位讨论、交流，之后让全班同学相互间再进行讨论和交流，整理出学生自己的观点和看法，此环节尽量让全体学生都参与进来。教师发挥引导作用。

（3）解决问题。在分析问题后，学生们分组尝试解决问题，梳理解决问题的方法。条件允许，可以有专业教师指导学生用不同的思维图总结，分组汇报研究成果。

（4）结果评价。学生汇报时可采取多种评价方式，如自我评价、小组互评及教师评价等，评价内容可以是小组合作的状态、问题解决方法的合理性、汇报的精彩程度等。

2. 我的课后思考

由道德与法治教师主讲丝绸之路发展及丝绸之路贸易商品，创设问题情境，学生对丝绸之路有一个总体的认识。之后再由三科专业教师针对丝绸之路中我国出口的主要商品进行分组实践探究，分析问题、解决问题。孩子们从主会场到达各自的专业实践区域进行实践探究，制作实践成果。最后回到主会场进行分组汇报、评价总结。多学科围绕一个主题服务。通过考证发现中国南方最早的丝绸织物成品为家蚕丝织成，采用平纹织法，进而引申出丝绸的纺织方法。通过红茶的研究及品尝感受我国茶文化的博大精深。通过制作创意瓷器等联想丝绸之路是一条联系古代东西方经济、文化的重要桥梁，了解我国商品的优势，产生民族自豪感。课程以主题的形式对相关资源进行整合学习，有效地培养和发展学生解决问题的能力、探究精神和综合实践能力。整个课程的设计运用了 PBL 模式，多学科共同促进学生成长。

低年级科学思维进阶发展的策略研究

关春艳

对于每一个学习的个体来说，从最初基于他们先前经验而形成的特定想法，发展到能够解释较大范围有关现象，都有一个发展的过程。学生获得更为科学的概念所经历的途径会不一样，因为这取决于个人经验和在进程中得到的有效帮助。那么，教师就要在学生不同的学习阶段，把握其学习经验和理解核心概念这个总目标之间的联系，确定学生掌握概念的进展过程，从而整体规划教学活动，给予学生恰当的支持。特别是在小学阶段，教师为所有学生提供的学习机会尤为重要。

大单元教学基于学科核心素养、学生的认知发展规律和学科知识体系的建构，从长远的角度考虑学生的发展，也就是我们说的关注学生的学习进程。大单元教学以大主题、大任务为中心，需要教师依据学生的已有经验，进行教学内容的选择、教学方法和策略的设计，使教与学的过程适合学生的需要，激发学生的兴趣，助力学生思维的进阶发展，为学生向核心概念进阶提供有效的学习机会。

本文以湘科版《科学》教材一年级上册第二单元《探访大自然》单元的内容为例谈谈在单元教学思想下如何助力学生思维的发展。本单元内容指向"生物具有区别于非生物的特征"和"地球表面大部分覆盖土壤，生存着生物"这两个核心概念。分为三课时完成，分别是《初识大自然》《考察大自然 —— 从校园开始》《大自然中的发现》。

一、点燃思维的火花

在本单元学习中，学生要像一个科学家一样进行考察。第一课《初识大自然》引导学生调取已有认知经验，并进行梳理和提升。通过对"大自然中有什么"进行交流和研讨，学生能够了解到植物、动物、河流、山脉、海洋等构成了自然世界，为后面学习认识生物与非生物的区别以及区分自然世界和人工世界，埋下了伏笔。接着，通过达尔文考察大自然的故事，让学生感受到我们可以像科学家那样对大自然进行研究。这样，开启后面两课的"校园寻宝"的考察活动。下面我们就来具体谈一谈。

师："校园里有没有属于大自然的事物呀？如果我们像科学家一样到校园里实地考察，你觉得我们可能找到什么？在哪儿能找到呢？"

孩子们很快便锁定了校园中的一处绿化景观。（见图1）

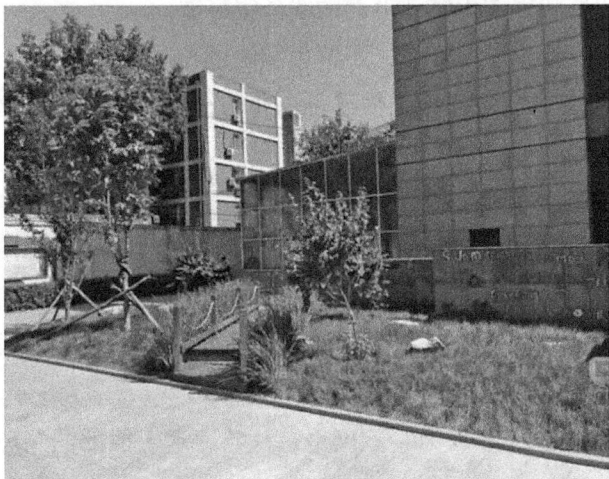

图1　校园中的一处绿化景

生：绿化景里有很多植物，小动物们也喜欢在植物上生活。

……

师：如果我们真的去那里考察，我们要选择什么样的标本带回来呢？

生："与众不同的""特别漂亮的""我没见过的"……

孩子们纷纷发表着自己的看法。

这时，教师做出适时引导，出示两张图片。

师：这是两个同学考察时带回来的标本（见图2）。你认为哪位同学的标本好，为什么？

图2 两位同学考察带回的叶的标本

生1：我认为甲同学的标本好，因为它很漂亮。

师：它有什么特点让你觉得很漂亮？

生1：它的形状很像手掌，上面的线条很好看。

生2：它的颜色也非常好看，是黄色和绿色相间的。

师：你们观察得非常仔细，描述得也非常清晰，如果你是这位同学，你还想怎样观察这片叶？

生3：我还想闻一闻它的气味。

生4：我还想摸一摸它有什么感觉。

……

生5：我和他们的想法不一样，我认为乙同学的标本好，因为它上面有个洞，可能是虫子咬的，这很特别。

师：你说它特别，是因为它不仅是一片叶，它上面的洞洞还能告诉我们一些事情对吗？

生5：对，它能告诉我们，虫子在这里生活过。

师：同学们不仅能够利用眼、耳、鼻、舌、手对大自然的事物进行细致全面的观察，还能关注到事物的细微特点，发现并探索这些细微特点中隐藏的更多信息。那么我们一会儿就去绿化景中考察校园里的"大自然"吧！

……

真实世界的课题会激发学生的兴趣和动力。校园考察可让每个学生置身于真实且熟悉的情境中。校园这个真实的环境，能够燃起孩子们渴望探索的欲望，并对考察活动做出自己的预期。学生带着预期在教师指导下制订考察计划，会使观察的目的性更强。

　　但是，在真实的情境中信息量是巨大的，低年级的孩子还不能判断哪些信息是有效的。教师要帮助学生聚焦复杂事物及现象的关键特征，即与概念形成关联的特征。通过一系列的追问，组织孩子对问题进行分析和梳理，将大的问题逐步转化和缩小为可研究的小问题。而之前的预期也会逐渐更有针对性。

二、巧用"问题链"，促进观察与思维协同发展

　　课堂教学继续进行，"你观察到了什么？""在哪儿观察到的？""它是什么样的？""你有什么有趣的发现？"这些问题指引着学生思考，明确了观察对象、观察目标以及方法和原则之后，考察活动开始了……

　　在教师的指导下，学生有的用放大镜探索，有的在记录单上描描画画，有的用镊子将物品翻过来查看……（见图3）

图3　学生的考察活动

　　学生的考察活动收获颇丰（见图4）。教师组织学生将他们的记录单贴在集体记录单的场景图中（见图5）。

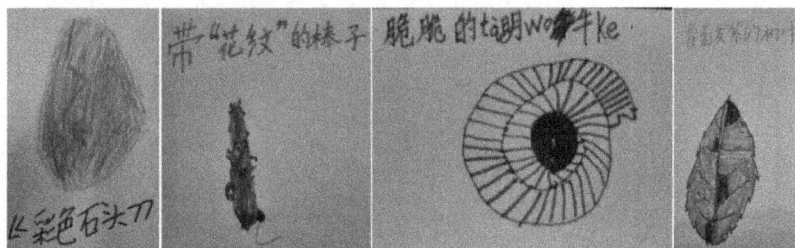

图4　学生记录单

图5 集体记录单

像科学家一样考察，给孩子们创造与大自然亲密接触的机会。虽然校园只是简化版的大自然，但是这个校园寻宝活动依然是大概念发展进程中至关重要的一步，顺水推舟，使学生思维的发展顺利推进。

学习者带着预期进行事实收集，因此这个收集的过程是由思维参与的积极行为。而对收集来的事实材料，要利用思维加工才能得出结论、形成概念。

……

考察交流会开始了。

生1：我带回来一个长长的叶子，上面还有两只小小的蜗牛。右边的那只特别小，还在爬，而且没有壳。

生2：它可能是从左边的壳里钻出来了。

生1：不，左边的壳里有蜗牛。

生3：不可能！蜗牛要是从壳里钻出来就死了！

生1：有可能是这两只蜗牛品种不一样。（见图6）

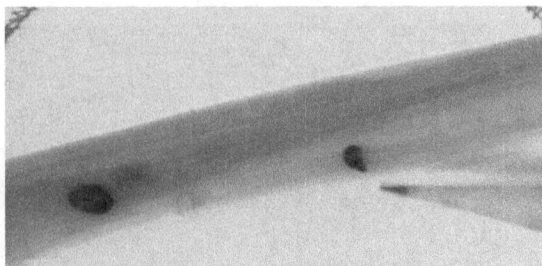

图6 学生展示1

生 2：我也找到了三只蜗牛，在这块石头上面。这块石头有泥土的气味，还有好多小洞洞。我用手一碰蜗牛，它的身体就缩回去了，一会儿才出来呢！蜗牛的身体是螺旋的，很光滑，但也有一些棱……（见图7）

图7　学生展示2

生 3：我带回来的是一片叶子，它有个大口子。

师：你为什么要带回这个裂口子的叶子呢?

生 4：它的裂口里流出很多水儿，有叶子的味儿。

生 5：我觉得他认为这个叶子的气味很奇特！

生 3：是的！我还看到裂口上边有黄色的地方，我觉得是虫子咬的痕迹，后来口子就越来越大了。（见图8）

图8　学生展示3

生 5：我看到了有小齿的叶子。

生 6：我也找到了这个，和他的很像！

我请这位同学也把叶子拿上来，让全班同学观察和比较，大家一致认为，他们的叶子是同一植物的。（见图9）

图9 学生展示4

交流展示会为学生汇集了更丰富的研究对象，让学生发现更多有趣的新问题，使其充分体验了科学研究的乐趣，也体会到了亲身实践的获得感。杜威认为，观察与思维协同发展，观察与思维是不断交互的，我们的观念就在这一次次交互作用的过程中，逐渐指向更可靠、更本质的推论。在整个考察和汇报的过程中，我们不难发现，孩子们的观察和思维是内在联系、相互促进的。于是，站在大单元角度，教师从核心概念出发，设计了一系列的"问题链"，不仅肯定了学生目前的认识和收获，更加关注学生对后续观察活动的预期，指导和推动学生科学考察活动的延续，促使学生观察和思维不断地相互促进，形成一个很好的循环过程，从而推动其学习进程。

在此过程中，学生通过观察收集特定的证据材料，继续训练和巩固了多种感官参与观察的方法。还补充了新的观察方法，即借助简单的工具——放大镜进行更细致的观察。通过教师的引导，学生经过比较、分析、综合等思维加工，即获得了更高层次的认识：

①大自然的事物都有自己的特征。

②不同的感觉器官可以帮助我们更全面地认识事物的特征。

③通过观察和比较，可以发现事物的相同点和不同点。

④有些现象不能直接观察到，但是可以根据观察到的特点去推想曾经隐藏起来的故事。

⑤科学考察是科学研究的方法之一，我们可以像科学家那样研究问题。

三、科学研究不止于结论，呵护思维持续发展

课堂教学继续进行。

师：我们考察大自然有了这么多收获。那么，我们该如何整理物品呢？想一想科学家是怎么做的？（见图10）

一位同学：科学家把他带回来的标本分类整理。

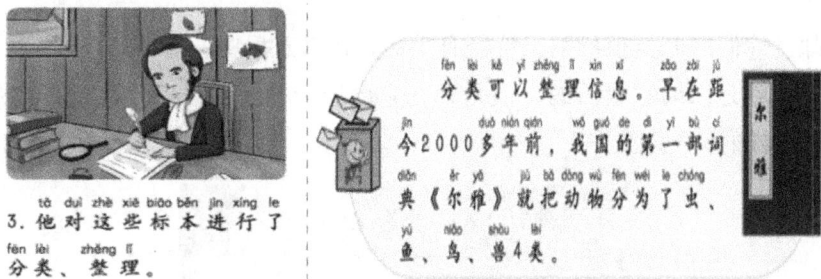

fēn lèi kě yǐ zhěng lǐ xìn xī zǎo zài jù

分类可以整理信息。早在距

jīn duō nián qián wǒ guó de dì yī bù cí

今2000多年前，我国的第一部词

diǎn ěr yǎ jiù bǎ dòng wù fēn wéi le chóng

典《尔雅》就把动物分为了虫、

yú niǎo shòu lèi

鱼、鸟、兽4类。

tā duì zhè xiē biāo běn jìn xíng le

3. 他对这些标本进行了

fēn lèi zhěng lǐ

分类、整理。

图10　教材中关于分类的资料和插图

教师继续引导：刚才有的同学说自己的"宝贝"和其他同学的很相似，你们还记得吗？那么，这些相似的特点就可以作为我们分类的标准，对不对？

接下来，教师组织学生利用上个单元学习的分类方法，引导他们确定合适的分类标准，以组为单位开始分类活动……

第一组：把石头分一类，把花儿分一类，把叶子分一类，把蜗牛分一类。

师：你们是按照什么标准分类的？

生1：我们是按照"种类"分的。

生2：我们还可以按大小分类。这些是大的，这些是小的。

生3：还有一种方法呢！是有生命的一组，没有生命的一组。（见图11）

石头　叶子　花儿　蜗牛　　大的　小的　　有生命的　没生命的

图11　第一组学生的分类情况

第二组：补充了一个按照有没有裂口的分类方法。（见图12）

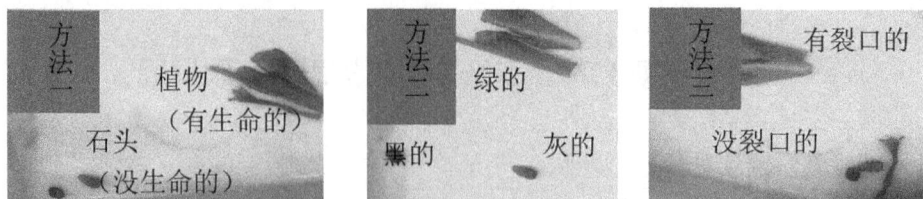

图 12　第二组学生的分类情况

第三组：分成三类，一类是有生命的，一类是曾经有生命的，一类是没有生命的。

师：你们的分类很特别，曾经有生命是什么意思呢？

生：就是以前它是活的，但是现在它已经干枯了，没有生命了。这两个树枝就是这样的。（见图 13）

图 13　第三组学生的分类情况

孩子们都十分欣赏他们的想法。

……

在汇报交流会上，学生通过观察和比较，发现有些物品之间是相似的，或者具有相似的特征。学生通过考察活动获得了新的系统的经验——"不同的物体具有不同的特征""不同的物体也有相似的特征"。但是，学习者观察所获的经验，在解决当前问题的同时，又引出了更高级别的观念，为新问题的解决及构想提供了支撑，继而指向了下一阶段新预期与选择的观察。正是由于复杂多样的事物之间存在着相似的特征，我们可以根据这些相似特征给物品分类。分类也是科学家研究问题时所用的方法。学生完成了一次又一次由思维到观察，再到思维的过程，于是分类活动开始了……

本单元的分类活动较之上个单元，又有新的变化。即分类对象种类更多更复杂了。这给学生制造了一个分类标准的难度。由于是低年级学生，他们在分类的时候仍会只做一次划分，而且大多采用多分法，即给面前的物品一次分成两个以上的类别。这时候很容易出现标准不唯一的问题。面对这样的情况，我们不必强行纠正，只要他们能清楚划分的标准——事物相似的特征，并能根据这个标准分类就可以了。随着科学课的学习，他们还会经历很多的分类活动。在整个学习历程中，他们会不断地反思和修正，逐渐建立起正确的分类方法。就像科学概念的发展进程一样。

在上一个单元中，学生由给物品分类掌握了简单的分类方法。而在这个单元考察活动伊始，教师就用各种方法，鼓励引导学生去收集各种各样的物品，为本课的分类活动做足了准备。学生不仅能沿用上个单元给物品分类的标准，如颜色、大小、形状等，还能在这个单元的大自然情境中感悟出物品有"是否有生命"之分。这源于这一大自然真实而鲜活的情境，他们在描述小蜗牛的运动、花朵的盛开以及小虫子啃食树叶等事实的基础上，自然就建立起这些事物是"有生命的"这个概念，初步建构起"生物与非生物"的认识。在今后的学习进程中，这个概念还将不断地充实和完善……一步步靠近核心概念。科学研究的收获，不只让我们观察到现象，还能够让我们看得更远。

总之，在大单元教学的思想引领下，基于核心概念的建立，在真实的情境中，利用学生原有的经验引导学生进行观察与思维的不断交互。关注学生的预期与选择，不断推动他们的学习进程和思维发展。

巧设问题情境　促进思维发展

——以《空气能占据空间吗》一课为例

马建坤

一、教学背景分析

从《义务教育小学科学课程标准》看，《空气能占据空间吗》内容属于"物质的结构与性质"学科核心概念下的学习内容——"1.2 空气与水是重要的物质""空气是一种常见而重要的混合物质"。在课标 3—4 年级学段的内容要求中明确提出要说明"空气具有质量并占有一定空间，空气总会充满各处"。

从教材看，《空气能占据空间吗》是教育科学出版社《科学》三年级上册，《空气》单元的第二课。第一课，《感受空气》是单元的起始课，也是进行本课教学所必需的前期准备，学生在一年级《认识一袋空气》中建立了对空气的认识，知道我们的周围处处有空气的存在，知道空气无色、无味，能流动，没有一定形状，能用各种方法感受到空气的存在。同时，在传递游戏中感受空气与固体（石块）、液体（水）的相同与差异。本课属于概念形成的课，将通过多个实验，运用类比、归纳等方法概括出空气占据空间。

从学情看，学生经历了一年级《我们身边的物体》，二年级《材料》，本册书《水》单元内容的学习，在前期的教学活动中，学生已经建构了非常丰富的对于固体和液体概念层面的认识，但是学生头脑中的物质是实实在在能够触摸到的，虽然经历了单元起始课《感受空气》，学生能够用各种方法感受到空气的存在，但空气真的存在吗？用什么办法可以帮助我们看到空气的存在呢？并不是所有学生都能说得出来。同时，对于三年级的孩子，理解"占据""空间"

的概念也存在一定的难度，因而教学设计通过砂、水、钩码等构体，运用类比的方法，让学生理解"占据空间""腾出空间"等概念，建立空气占据空间的概念，以进一步丰富学生对物质的认识。

二、教学目标和重、难点

1. 科学观念目标

通过反复多次探究，理解空气可以占据空间。

2. 科学思维目标

利用类比推理（砂、水），通过反复多次实验、归纳总结，建构空气占据空间的概念。

3. 探究实践目标

在教师的指导下，用塑料小鱼、塑料杯、带孔塑料杯、打气筒等材料，分步操作，进行观察，探究空气能否占据空间。

4. 态度责任目标

对空气能否占据空间表现出探究的兴趣。

在教师的指导下，对空气是否占据空间进行合作探究，如实记录和描述。

5. 教学重点

通过反复多次探究，理解空气可以占据空间。

6. 教学难点

能运用空气占据空间的原理对实验现象及生活中的问题做出科学的解释。

三、活动准备

1. 分组材料

大水槽、水、塑料杯、带孔塑料杯、塑料小鱼、打气筒、毛巾、记录单。

2. 演示材料

塑料瓶、砂、水、漏斗、烧杯、课件、板贴等。

四、教学流程

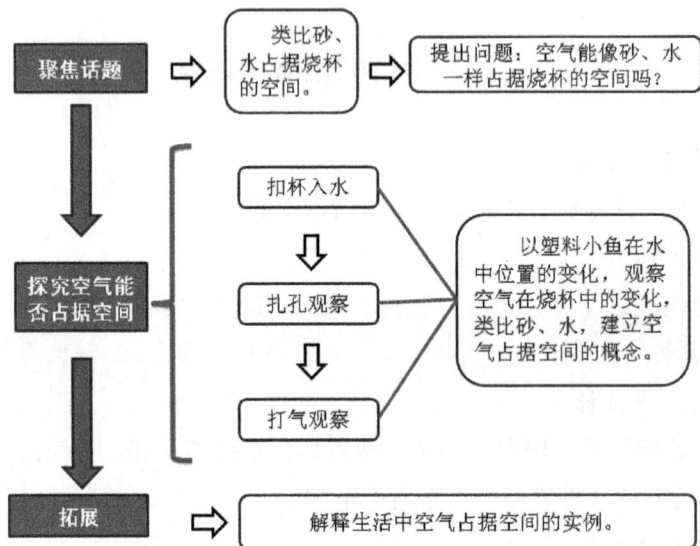

五、教学过程

（一）聚焦话题：建立与固体液体的关联，提出问题

　　教师出示三个烧杯，里面分别装满了砂、水和空气（见图1）。通过问题引导，钩码放入其中会发生什么现象，先让学生认识到砂子和水可以占据空间，再通过观察往装满沙子和水的烧杯中放入钩码进行分析（见图2、图3）。板书出示分析的结果，用绘制简图的方式及时记录学生的思维活动。砂子不出去，不能腾出空间，钩码进不去，只有砂子出去了钩码才能进入砂子占据的空间。水也是如此，那空气有没有这样的性质呢？通过谈话会发现，有一部分学生认为空气不能占据空间，因为空气摸不到，又随意流动。一部分学生认为空气能占据空间，因为空气虽然很轻，但是也有重量。还有一部分学生不能确定（见图4）。

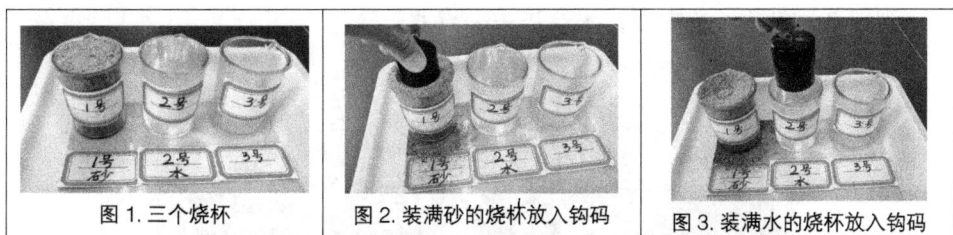

图1.三个烧杯　　　图2.装满砂的烧杯放入钩码　　　图3.装满水的烧杯放入钩码

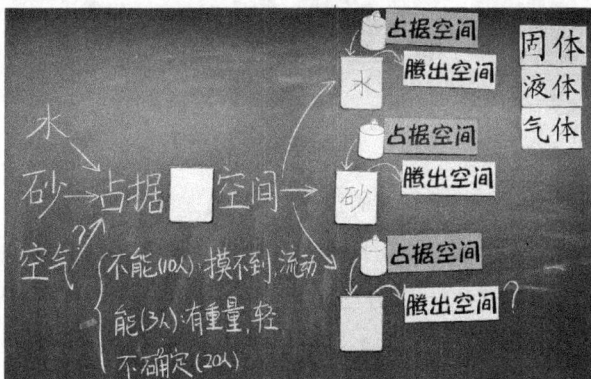

图4　提出问题环节教师板书

（二）实验探究：空气能否占据烧杯的空间

1. 扣杯入水

师：空气到底能不能占据烧杯的空间呢？如果空气真的在烧杯里占据着空间，我们也看不到。如果钩码进入烧杯，真的会有空气出来，腾出空间吗？可是我们还是看不到。有没有什么好办法帮助我们看到空气呢？

学生：我游泳的时候吐气，会有泡泡。

师提问：真的呀！借助水可以来观察空气吗？不过，水和空气都是无色透明的，我们还是很难区分的。老师这里有一条塑料小鱼，看看它能不能帮到咱们。我把它放在水中，它在水的什么位置？

师：小鱼漂浮在水面上，可以说小鱼的位置就是水和空气的交界处，我们可以借助小鱼来观察水面的位置，你同意吗？

师提问：如果我拿一个杯子扣住小鱼，然后将杯子竖直压入水底，小鱼会在杯子的什么位置呢？（教师板贴形式演示，扣杯子竖直向下的过程，同时取下漂浮在水面的小鱼）

观点1：在杯子的底部，水进入杯子里了，小鱼会漂起来的。

观点2：在杯子口的地方，杯子里面有空气，水进不去。

观点 3：在杯子的中间，水会进去一点儿。

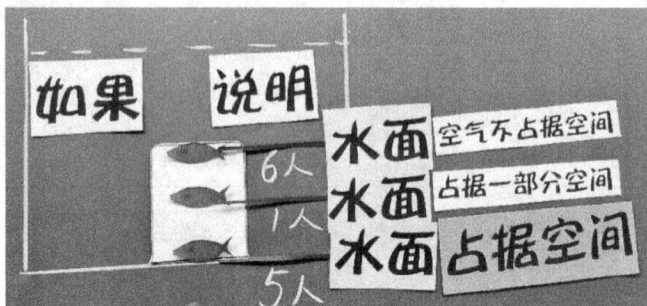

图 5 做出假设环节 PPT

明确了实验假设后，PPT 出示提示性问题：当把塑料杯压入水槽底部时，小鱼在杯中的什么位置？这说明了什么？杯子内的水面在哪儿？水有没有进入杯子里面？（见图 5）学生通过自己动手实验，验证空气占据杯子空间。

2. 扎孔观察

师提问：空气占据了杯子的空间，所以水进不去，小鱼停在了杯口的位置。小鱼在水底待闷了，想游到上面玩一玩。不改变杯子的位置和方向，你有办法让小鱼游上来吗？可以怎么做？跟同学商量一下。

学生：可以把杯子底下钻个洞，让空气跑出去，水流进去，小鱼就会升高。

师追问：杯子底下扎个洞，让哪儿的空气跑了？为什么要让空气跑了？

师：为了大家的安全，老师给大家准备了一个杯底已经扎好小孔的塑料杯，试一试，空气真的会从小孔跑了，让小鱼游上来吗？

明确了实验观察要点后，PPT 出示提示问题：松开手之前，水面在什么位置？当松开手之后，小孔的位置有什么现象发生？杯子中的水面发生了什么变化？说明什么？学生通过自己动手实验，再次验证空气占据杯子空间。看来空气可以占据空间，也可以腾出空间，被水占据空间。

3. 打气观察

师：水的本领还真大啊！把空气挤出了杯子，小鱼玩累了，想去水底休息休息了，你能利用空气占据空间的性质想办法让小鱼再沉下去吗？跟同学商量商量。

学生：可以往杯子里充气，让空气把水挤出去。

师追问：为什么要往杯子里充气，怎样充气？看到什么现象，小鱼会沉入水底？

教师出示打气筒，我们就用它把杯子里的水赶出去吧。

PPT 出示提示问题：当慢慢向杯子打气时，杯子里发生了什么变化？这说明什么？学生自己动手实验，看到杯子里的水被空气挤出去了，空气又重新占据了杯子的空间，小鱼再次沉到水底。

（三）研讨交流，小结归纳

提问思考：在刚才的三次实验中，小鱼在水中的位置发生了哪些变化？说明杯中的水和空气发生了怎样的改变？空气能占据空间吗？说说你的理由。

（四）拓展延伸，应用挑战

生活中，我们经常会用到漏斗将液体注入不同的容器，但有时会发生这样的情况，液体在漏斗中停住不流，这可能是怎么回事？有什么好办法解决这样的问题？

【板书设计】

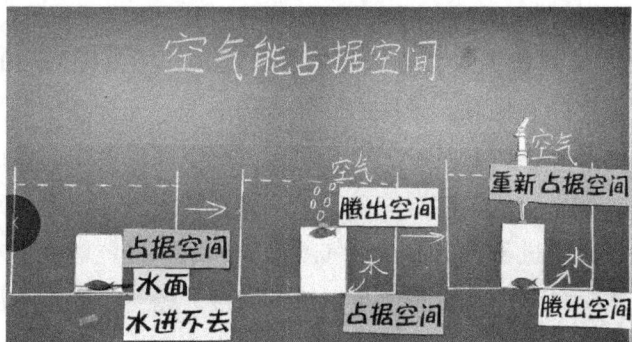

图 6　教学板书

六、教学反思

本课是一节经典的探究实验课，也是一节比较有深度的思维训练课，非常注重对学生思维的发展和提升。教学中，教师首先借助固体砂、液体水帮助学生理解占据空间的概念，运用类比迁移的策略，提出空气也是一种物质，能像砂和水一样能占据空间吗？空气看不见，摸不着，占据空间看不到，腾出空间也看不到，如何想办法让我们看到空气呢？引导学生借助水来观察空气。水和空气都是无色、透明的，为了便于区分水与空气，再次引出塑料小鱼，观察小鱼在水槽中的位置,明确小鱼在水与空气的交界处。虽然课上学生已经对空气能否占据烧杯的空间进行了讨论,并有了自己的观点及理由,然而当教师提出用烧杯竖直倒扣住小鱼,一直压入水槽底部后,小鱼会在烧杯的什么位置?学生的回答五花八门,有学生认为小鱼会在烧杯顶部,水会全都流入烧杯;有学生认为小鱼会在烧杯底部,水进不了烧杯;还有学生认为小鱼会在烧杯中间,会进一些水。有学生虽然预测到小鱼的正确位置,但是说不清理由。而且,很多学生的预测与之前对空气是否占据空间的观点是不一致的,这说明学生的头脑是混乱的。为进一步说明,在实验前,帮助学生厘清观点,明确假设的重要性。接着,在教师的引导下,进一步明确假设,通过扣杯入水、扎孔观察、打气观察层层深入地类比砂、水占据空间的特点,归纳总结出空气同样可以占据空间。

七、案例评析

本节课授课教师在学生已有认知的基础上,利用类比推理的方法帮助学生建构空气占据空间的概念。开始的砂和水的引入,充分考虑到了学生的原有认知,在他们熟悉的物质的基础上展开对于占据空间的讨论,从而得到一个思维推导的过程:如果空气也能够像砂和水一样,钩码进去,空气跑了,腾出空间;空气不跑,钩码进不去,那么空气就像砂和水一样能够占据空间。在整个教学过程中,教师始终非常重视学生思维的发展,始终引导学生层层深入地分析问题,借助水来观察空气,借助小鱼的位置来判定水和空气的交界处,通过学生感兴趣的小鱼来演绎空气占据空间、水占据空间、空气重新占据空间,进而类比推理建立起空气也能像砂、水一样占据一定的空间。

教育信息化赋能"双减"落地实践

吴 阳

一、实践背景

2021年7月，中共中央办公厅、国务院办公厅印发了《关于进一步减轻义务教育阶段学生作业负担和校外培训负担的意见》，要求各地区各部门结合实际认真贯彻落实。意见要求发挥学校教育主阵地作用，坚持政府主导配合多方联动的模式，努力提升教育教学质量、促进教育公平；结合学生实际需求提供优质的学校课后服务；科学合理地布置和管理作业、减轻学生学业负担；真正做到"五育"并举，从长远发展角度培养学生创新精神和实践能力。党中央以"双减"为"小切口"推动基础教育"大改革"，落实立德树人根本任务，建设高质量教育体系，同时着眼于百姓"急难愁盼"的教育问题，致力于有效缓解家长焦虑情绪，对于学生和家长的相应负担要在1年内有效减轻，3年内成效显著。"双减"政策提倡采用对于重点、难点问题先行试点的工作原则，积极推广典型经验，逐步贯彻落实。

二、实施概述

芳草地国际学校以推动"双减"政策落地见效为宗旨，以数字化校园、精品课程频道、学校课程交流圈、线上线下混合式学习的双师课堂为平台，提出推进优质教育资源数字化共享，扩充线上教育资源智能库，构建普惠性的师生数字资源教育资源公共服务体系。

建立、累积学校学生学业成长大数据，灵活运用提高校内教学精准性。将教师课堂反馈、学生课后作业等数据收集、整理，利用多维数据统计，为学生提供个性化的作业辅导；采用课后服务"一班一表"制度，生成个性化的"课后服务课程表"，助力学生增效减负；采用教育信息化与教学深度融合，以复杂信息可视化为设计目标，设计信息化辅助教育提升课堂教学效率，满足学生多样化的需求。

与此同时，在推进"双减"的过程中，不能忽略家长群体对相关工作开展的诉求与期待。根据学校的调查结果，在集团 5143 名受访家长中有 82.6% 的家长支持学校课后服务，56.1% 的家长会让孩子参加暑期托管班。数据显示，68.3% 的受访家长关注内容安排是否充实和科学，63.3% 的受访家长关注时间能否高效利用，55.0% 的受访家长关注能否符合孩子兴趣，家长总体上希望学校能够辅助孩子高质量完成作业，同时发展兴趣爱好、增强体育锻炼。

综上所述，根据政策要求结合学生学习需求、家长教育诉求，学校积极制定服务方案，在"互联网 +"背景下科学合理利用教育信息化手段促进教育高质量发展。在学校现有案例中可以发现信息化技术在教育提质的过程中扮演着重要角色，尤其是我们的航空航天方向的科技创客、心理健康方向的心理特色课程、自然教育方向的生物多样性课程等。由此可见，在人工智能、物联网、大数据、云计算高速发展的大背景下，教育信息化有望成为助力"双减"政策精准落实的有效"帮手"。

三、实践分析

落实"双减"政策，应结合教育信息化发展的技术优势，让区域间教育资源从集中走向共享，让课后服务从粗放走向精准，让作业布置与管理从零散走向科学，让学生发展从单一走向综合。根据"双减"政策提出的八项要求，融合教育信息化领域技术的最新发展，我校提出了具体的技术路线和实施路径，以期实现内外联动，科学施策，为教育高质量发展提供参考和依据。

（一）提高作业布置和管理的精准性助力减负

第一，健全作业管理机制，合理调控作业结构、加强作业统筹，加强对作业的质量监督，同时，不得要求家长检查和批改作业。第二，提高作业设计质量，发挥作业诊断、巩固、学情分析等功能，使得作业设计符合学生年龄特点和学习规律。第三，鼓励布置分层、弹性和个性化的作业，同时做好及时反馈，给予个性化的作业指导。第四，科学合理地利用课后时间完成书面作业，并展开适宜的阅读等活动。

针对上述四点建议，我校依托教育信息化背景和现有数字校园平台对课后作业的设计与管理，具体从以下四个方面入手。

1. 利用智能技术支持作业布置和批改

"双减"政策对作业布置质量提出了高要求，要摒弃作业布置的盲目性，根据学生自身的情况合理布置。利用我校现有智能技术构建作业管理模块，在系统中形成实践性拓展作业，以及配套微课知识点讲解，这样能够大量储存适用于本校的校本题库资源，供教师在布置作业时随时参考取用。

选择好的题目可以通过数字校园系统进行一键发布，学生完成后系统会自动接收并生成记录。例如，我们采用的"课程圈"形式，实现作业精准设计与过程性行为数据的记录（包括但不限于作业时长、作业轨迹、作业质量等），该种全流程式的作业管理模式，既能够根据学生自身需求布置作业，又能提高作业管理的效率和质量。

2. 对作业数据进行诊断和学情分析

纸质作业往往只能看到学生作答的最终结果，无法全面了解学生解题过程的思路，从而无法判定其错误的原因，也无法统计作业数据，导致作业没有充分发挥加强和巩固学习的作用。因此我们利用学科特点，针对现有信息化条件利用对应的智能平台布置和完成一些特定作业，使教师能够追溯作业的答题过程，有利于对学生的作业情况进行步骤诊断；与此同时，学生的作业数据都能够留存在后台，通过学习分析技术，能分析每一位学生作业的完成情况，定期出具学情分析报告，明确学生的兴趣和知识欠缺，为精准教学做准备。这样，就能更有效达到作业巩固学习的目的，也能够呼应国家提出的充分发挥作业诊断与巩固功能新要求，否则单凭教师手动进行作业分析，很难达到相关要求。

3. 突出作业个性化特征，提高作业精准性

要求鼓励提高个性化作业和个性化指导，以此来提高作业的精准性。要实现作业的个性化推送，要了解学生的个性所在，这就需要一个庞大的数据库支持。在积累了一定数量的学生兴趣和薄弱点数据后，我们可针对不同学生的学习情况进行作业的精准推荐，达到举一反三的效果，将学生反复出错的题目形成个性化错题本，助力学生突破难点。

作业的及时反馈也是以往的一大难点，学生通常不能及时得到针对自己的个性化学习情况反馈，应适当尝试利用类似腾讯作业君、智能电子纸等智能平台功能，在学生提交作业后，给予学生及时的反馈，让其能够明晰自己的薄弱之处，有针对性地解决，进而提高学生的自主学习意识、学习效率和核心素养。

4. 合理利用课后时间完成作业并开展延展性活动

以往作业给学生造成了巨大负担，使其放学回家后还要花费大量的时间完成作业。利用信息化手段展开作业分析后，作业的布置更加科学合理，题目更加精准，会排除不必要的题目，使得作业总量下降但质量提升。

在校期间，我们也会对完成作业的时长进行定时，并收集、整理数据，完成数据分析，使学生能够在合理的时间段内完成作业。完成作业后，依据对应大数据分析可为学生提供数字化阅读教材，帮助学生扩展知识面。在应用实践中，我们充分利用现有数字校园功能，验证了利用智能技术助力"双减"政策在作业布置与作业管理方面"走深走实"的科学性和可行性。

（二）双师课堂助力"五育"并举促进学生全面发展

"双减"政策中强调要引导学生开展适宜的体育锻炼，开展丰富的科普、文体、艺术、劳动、阅读等方面兴趣小组及社团活动，促进学生的全面发展。要促进学生德、智、体、美、劳全面发展，资源和考评是重要的两个方面。我校依托北京芳草集团以及外部资源，为学生提供丰富的在线课程，使得发达地区的优质资源向云南省市区流动。同时，我们更注重课程的互动性，着重激发学生的学习兴趣，逐步构建在线兴趣小组，让我校与北京的学生能够实现在线交流，拓宽自己的视野。

双师课堂除了同步直播课程，异步点播课程也十分必要，学生在完成课后作业后，可以依据自己的兴趣，点播自己喜爱的课程进行学习，从而发展自身的特长。学校通过音视频会议进行了课程教育垂直化定制，安装于普通教室的一体机大屏上，实现跨区域、多班级、多角色的实时教育教学的联动，同时支撑教室间的连接，使异地学生实现交互课堂。基于这种技术手段的多场景教学与资源共享，具体实现方式可分为课前、课中和课后。

1. 课前统一管理教学设计与目标

课前，与北京校区的信息化设备进行统一平台绑定管理，使得不同校区课程安排同步。课程根据双方校区的教学目标和教学设计，做有针对性的编辑和删减，以保障课程的准确性。

2.课中实现异地多维互动

课中将北京校区的教育资源，如课件等实现在线共享，同时芳草集团的名师还可以实现对课程材料的在线批注，使教学资源的呈现更加具有互动性；借助人工智能等技术实现多地在线协同智能提问和互动回答，通过学生听课状态，实现"高互动""深体验"的实时课堂。

3.课后利用云存储实现随时回看

课后利用云平台储存授课视频、课件资料以及学生的学习数据，供教师和学生随时进行回看和巩固。同时，利用学生大数据，对不同学校学生的学习状态、学习成绩等进行分析，实现"一校一诊"，根据学校的个性化情况做有针对性的分析，助力教学效果的评估和后续教学的改进。与此同时，容量巨大的云储存空间还能形成数据和资源的沉淀，以便对学生的学习成果进行纵向诊断和评价。

同时，"三个课堂"作为课堂教学的延伸，从不同角度为昆明西山芳草地提供优质资源。"专递课堂"主要针对学校提供网上同步上课服务；"名师课堂"通过组建网络研修共同体等方式，形成京昆网络环境下教研活动的新形态，使名师资源得到更大范围的共享，促进教师专业发展；"名校网络课堂"以集团优质学校为主体，实现优质教育资源共享，缩小京昆、集团校际教育质量差距。

（三）创新家校社协同方式保障优质课后服务

做好课后服务是"双减"政策提出的一项重要工作，第一，要充分保障教师主体的权益，完善家校社协同机制，密切家校沟通，创新协同方式，推进协同育人共同体建设。第二，拓展课后服务渠道，利用好社会资源展开优质服务。第三，注重线上学习服务，提供丰富优质的线上教育教学资源。

根据政策要求，要实现家校社三方协作，学校首先为三方主体提供一个能够共同使用的平台，让学校可以在平台端上传学生的在校信息和学习数据，家长可以通过手机端查看孩子的状况，实现信息共享。平台还具备一定的管理功能，将学生监管、课后服务、学习课程整合实现，契合"双减"政策提到的保障学校课后服务条件。

四、实践反思

随着数字化、信息化的发展，教育信息化也需要适应这种发展大趋势，及时顺势而为，教育信息化就是加快传统教育的转型，"双减"政策的落地是为了更加高效地教育学生，而教育信息化出发点就是为国家战略提供支撑，强化在"服务""育人"方面的价值。基于现有的互联网、大数据等平台和科技，可以更加高效地服务学校教育。扎实做好"双减"工作是当前和今后一个时期加快基础教育高质量发展、办好人民满意教育的首要任务和当务之急。学校将"双减"工作作为重大民生工程列入重要议事日程，高效推动这一工作落地落实落细，全面推进信息技术与教育教学深度融合，不断扩大优质教育资源覆盖面，办好人民满意的教育。

小镜头中的大世界，微电影中的儿童梦想

赵红志

芳草地国际学校位于北京市朝阳区，是一所具有悠久历史的知名学府，拥有丰富的教育资源和深厚的文化底蕴。学校秉承"走进芳草，欣欣向荣"的办学理念，注重学生的全面发展和个性化教育，积极探索创新教育模式，致力于培养具有国际视野、创新思维和领导能力的优秀人才。芳草地国际学校的微电影社团，是在学校的支持和鼓励下，由学生自主发起和组织的一个特色社团。社团成员来自全校各个年级和班级，他们热爱电影艺术，善于观察和发现生活中的美好事物，通过微电影这一形式，通过光影语言展现出榜样的力量和社会主义核心价值观的内涵。

一、德育为先，向阳而生

习近平总书记在 2016 年向广大教师提出了做"四个引路人"的殷切希望："广大教师要做学生锤炼品格的引路人，做学生学习知识的引路人，做学生创新思维的引路人，做学生奉献祖国的引路人。"随着互联网的快速发展，自媒体短视频在学生群体中快速发展。

自 2016 年开始，越来越多的学生经常将自己拍的小视频上传到网络。拍摄过程中遇到了技术难题，他们就会向我请教。小视频的内容、价值取向、技术水平参差不齐。如何引导学生正确认识并使用新媒体，在互联网世界中做好学生引路人，成为我关注的焦点。

在我的建议和支持下，几位热衷电影制作的学生利用每周课后时间，组建起电影社团，成员们利用集体的智慧，最终确定了"晓微启航"这个名字——

"晓"为拂晓，同音"小"，寓意初升的太阳；"微"为微电影之意；"启航"寓意新的开始，是为祝愿社团如初升的太阳生机勃勃又富有朝气，开启同学们的微电影梦想之旅。

在微电影社团活动中，作为学生的引路人，我注重贯彻学校、教师、学生和谐发展的办学理念，创设良好的育人环境，坚持以养成教育为基础，以爱国主义教育为核心，以感恩教育为抓手进行活动指导。在微电影的创作过程中，引导学生选取具有积极向上、健康阳光的主题，例如拍摄了古典名著《西游记》片段三借芭蕉扇，《金色鱼钩》等微电影。通过把握主题方向，可以有效地引领学生在拍摄微电影的过程中贯彻正确的价值观等。引导学生将社会责任感和道德素养融入微电影的创作中。在拍摄过程中，可以关注身边的人物和事件，从中发掘优秀的道德榜样和精神品质。通过这种方式，学生可以在参与微电影创作的过程中，培养自己的道德素养和社会责任感。

二、特色活动，自主绽放

从学生社团到全校课程，越来越多的学生想要参与进来，得到更加有营养的课程滋养。依托综合实践课程，我们针对3—6年级学生开设了"剧本编写、拍摄技巧、后期编辑"等完整电影课程，搭建微电影节等平台让每一个孩子"走近电影，了解电影，创作电影，爱上电影"。并创造性地以微电影节的形式作为课程结业评价。这是学生们主导的盛会，他们从策划、编写，到拍摄和制作，全程亲力亲为。这个过程不仅赋予了学生创造力和团队协作能力，而且使他们更深入地理解了电影的主题和价值观。在微电影创作过程中，作为指导教师，尽量引导学生去选取有意义的主题，编写引人入胜的剧本。

每年，学校都会举办一次微电影节，大屏幕上展示着学生们用心呈现的作品。电影节通过校内放映、线上直播等多种形式进行，让更多的人能够看到他们的成果。这种展示形式不仅让学生感到自豪，也激发了其他同学的创作热情。

三、晓微启航，辐射影响

我们的微电影活动得到了社会的广泛认可和关注。北京少年报曾整版报道过我们的微电影活动，中国网、搜狐网等网站纷纷转载。拍摄的社会主义核心价值观系列作品《民主》在《求是》杂志网站上进行展播。在周边社区的要求下，电影节获奖影片在社区活动站播放。朝阳有线电视台、朝阳区青少年活动中心都提出了展映要求，部分影片制作同学更是受邀参观朝阳传媒影视制作中心。这种认可不仅是对学校活动的关注，更是对我们未成年人思想道德建设工作的肯定。通过参与微电影节，更多的学生和家长欣赏到了同学们的创作成果。看到他们在参与过程中收获成长和满足，作为教师的我们感到无比的欣慰。

微电影节的实施效果非常显著。它不仅激发了同学们的创造力和团队协作能力，提高了他们的社会责任感和道德素养，还让我深入了解了未成年人思想道德建设的重要性。

四、静待花开，共促成长

在"走进芳草，欣欣向荣"办学理念的指引下，微电影社团成为芳草地国际学校的一项重要传统活动。每年的"噢·斯卡我来了"微电影节，不仅吸引了全校师生的关注和参与，也成为学校向社会展示未成年人思想道德建设成果的重要窗口。通过微电影创作和展播，学生们在实践中厚植爱国情怀、锻炼实用技能，加深了对社会主义核心价值观的理解和认同，同时向外界传递了芳草地国际学校的教育理念和精神风貌，以特色课程、特色活动、特色社团的形式进一步丰富了学校的课程涵养。一部部作品的推出，展示着学生的想象力、创造力、爱党爱国的向心力，得到了广大家长、教育同行的认可，提升了学校社会美誉度。

晓微启航，每个人心中都可能埋藏着泥土中的小小梦想，这些梦想如同细微的种子，经常被忽略，缺乏足够的关注与滋养。然而，这些微小的萌芽，可能代表着我们内心最真实的向往和追求。作为生命的园丁，我们的责任是勤奋地耕耘、施以肥料、浇灌，关爱每个微小的萌芽，赋予它们成长的机会与空间。我们已经开启航程，渴望远航，去寻找那些梦想的种子，让它们在我们的精心呵护下茁壮成长，绽放出属于它们自己的光彩。

落实"双减" 信息科技学科的转向与提质

——小学网络安全教育课程的实践探索

李永恒

2021 年 7 月，中共中央办公厅、国务院办公厅印发《关于进一步减轻义务教育阶段学生作业负担和校外培训负担的意见》（以下简称《意见》），彰显出国家对教育前所未有的改革决心与力度，产生了巨大社会反响。

笔者作为一线的信息科技学科教学实践者，要积极落实"双减"政策，助力小学信息科技学科的三个转向，促进信息科技教育体系与教学质量的提升。

一、观念转向：从"学会技术工具"到"全民数字素养提升"

高质量完成"双减"目标与任务，不是看取缔了多少线下、线上的培训班，也不是看是否减少了作业，关键是看能否建设高质量教育体系、实现高质量教育发展模式，为国家的数字战略培养人才。

"双减"呼唤建立与发展适合于每个人的教育体系与实践模式——结合小学生的生活学习的真实问题，帮助学生认识、了解网络安全现象，解决与防范网络安全问题，规范与宣传网络安全行为，遵守和认同网络安全伦理，指引小学生正确运用网络。

二、模式转向：从"割裂"到"整合"

"双减"减的是负担，有学生的负担，也有家长的负担。"减"的目的是"提"，提高育人的质量，我们要回到学生成长的本源上来考虑问题。

目前我国还没有形成小学生个人家庭、学校、社区、社会相协调的网络安全教育生态系统。小学生沉迷网络游戏，容易成为网络诈骗受害者，网络伦理失范等问题已经成为广泛关注的社会问题。

基于此，笔者结合"双减"背景，创新信息科技学科教育教学方式，整合学习资源和实施路径，探索出了网络安全教育课程的实践育人芳草模式，回归学生成长本源去落实"双减"政策。

具体教育教学实践是，育人先育德，突出学生自主学习的"自育"，指导学生在生活实践中提升网络安全主动预防的能力。全面培养小学生融通网络道德认知和行为能力，保护好自己并惠及身边的人，从而形成保护链条。要进行更深层次上的网络规范教育，个体能立范，成就最好的自己，具有成为和作为新时代网络榜样的底蕴和责任担当。

三、提质转向：从"判断"到"增值"

提升信息科技学科教学质量和服务水平，包括学生课堂的学习、下课的作业、课后的服务，让简单的正误判断增值为多元标准。既要明确学生在知识体系上的漏洞，又要分析学生思维方法上的不足，还要把握学生学习的态度，让学生快乐回归校园，在校园内实现健康成长。

作为教师要以科学的质量观，来考虑如何让我们学生成长得更好，成为身心健康、幸福成长，具有家国情怀，有担当、有本领的社会主义建设者和接班人。

为此要将传统的理论宣讲和单一技术学习，转变为真实生活情景中的解决实际网络安全问题，凸显"自育"，生活与学科融通融惠，认知与行为并重，理解与示范呼应。

落实好"双减"政策，提升教育教学的质量是最终目标，可通过以下三个路径实现。

（一）教学提质

结合《意见》，我们做了大量的网络安全教育课程实践育人模式的探索和研究，构建与实施小学生网络安全教育课程。聚焦十二个网络安全主题内容，从课程资源多元、课程内容多元、教学方式多元、实施路径多元四个方面，构造基础课、拓展课、实践课三级结构，形成出课程体系（见图1）。

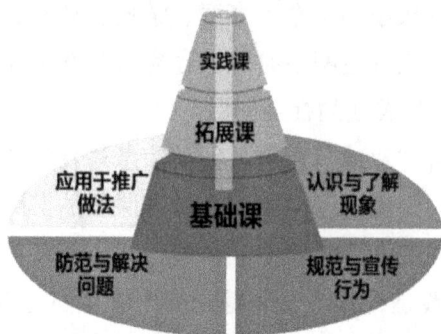

图1　网络安全教育课程结构

进一步探索小学生网络安全教育课程实践育人的芳草模式（见图2）。

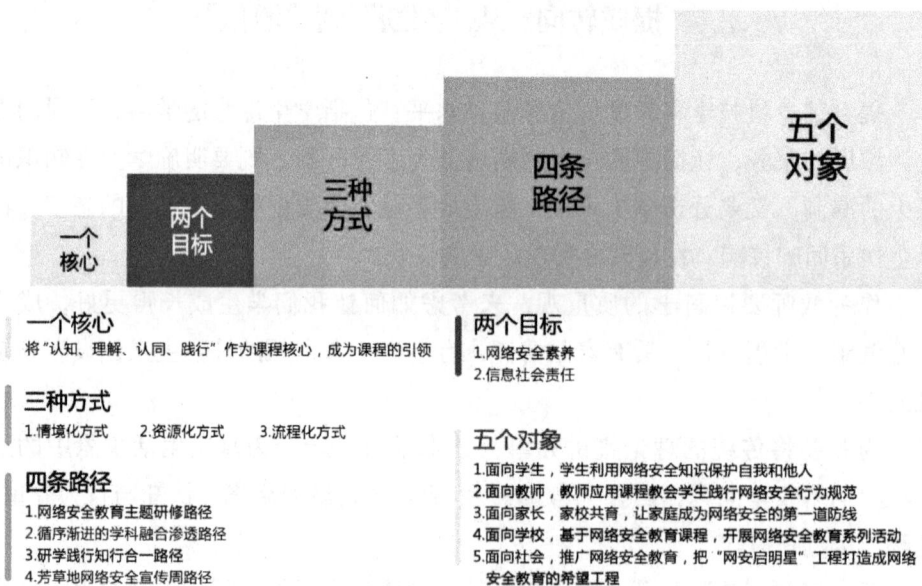

图2　芳草地国际学校网络安全教育课程实践育人模式

（二）作业提质

作业可以是单元教学设计当中的一部分，是学生学习的一部分。很多信息科技学科教师过去不太重视作业，对作业设计，通常只有两种表述方式，一是"完成作品"，二是"略"，缺乏深入思考与研究。教师要在理解基础型、拓展型、综合实践型作业的功能的基础上，做好不同类型作业的结构性设计。同时各学科协调，全面压减作业的总量和时长，管理者和信息学科老师要重视提高作业设计的质量、布置作业的科学性，加强长周期作业的设计与指导，丰富批改作业的形式，及时地反馈作业情况并进行个性化作业设计（见图3）。

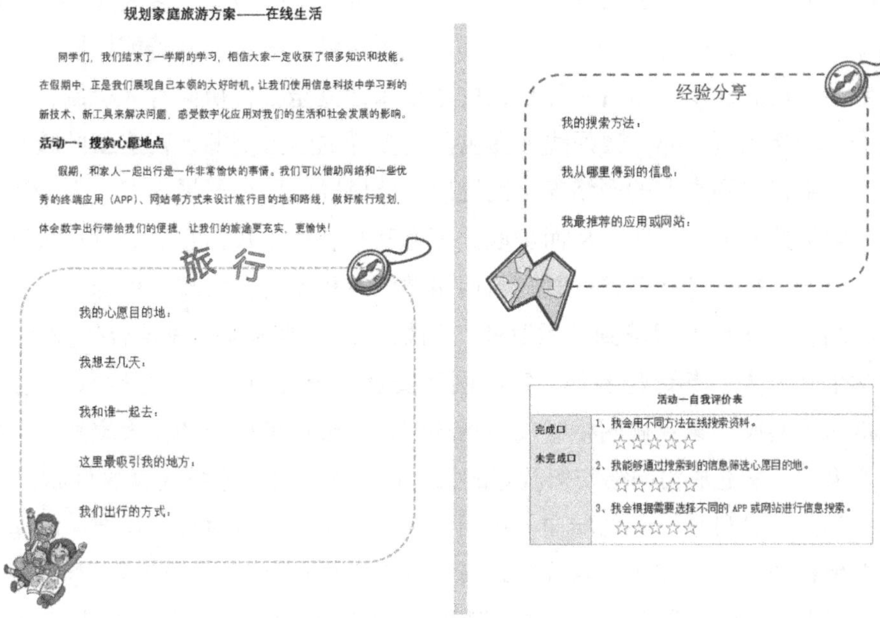

图3　作业部分设计示例

同时，构建出诊断性、过程性、总结性评价为一体的多元学生发展作业评价体系，例如，开发学生网络安全自评表，诊断学生对于网络安全的了解情况。设计以小学生网络安全行为指导、安全上网习惯为导向的学生发展性评价标准，设计小组互评表，从活动计划及分工、作品设计、语言表达三个层面进行评价。评价体系既关注小组活动过程又关注结果，师生共同达成从认知到理解，从认同到践行。

网络安全教育不能只关注防范知识和应对行为，其最困难也是最核心的内容是如何让更多的人理解网络安全的价值，理解网络这把双刃剑对于小学生学习成长不可或缺的意义。因此，网络安全教育应定位于对未来的、深层次的、理性的反思，而不能视为对现实网络安全的被动反应和机械应对。

为此，创新了信息科技课单元作业形式，如编写程序，创建知识测验随机题库，提升学生的信息素养。结合小学生爱玩喜欢挑战的天性，设计出有意思的棋类游戏作业，设置出清晰的规则，让同学玩中学、学中玩。

（三）家校协同教育提质

指导家长提升家庭教育的理念、水平，形成家校协同育人的良好局面。

笔者认为，解决家校协调"最后一公里"问题，应建立"家—校—社"协同的网络安全育人平台或系统。学生的信息社会责任教育是多因素共同作用的结果，学校、家庭与社会是学生活动的主要场域，三者之间若能协同，教育就能事半功倍。这要求由占主导地位的学校来建立全方位协同育人机制，借助网络平台和移动端 App，教师线上提供丰富多样的学习资源，营造新的教与学方式，学生在遇到真实的网络安全问题时，能够随时随地开展学习，与身边的家长和同学共同解决问题。从而争取到家庭和社会对学校信息社会责任教育的支持和配合，把信息社会责任教育与网络技术有机融合，实现课内课外、线上线下的结合，从技术保障到技术赋能。例如，芳草地国际学校结合作业提质，鼓励学生和家人一起讨论制定"家庭网络安全亲子公约"，与父母约定，孩子做合格的小网民，家长做网络时代的榜样父母，形成家庭公约，大家相互提醒督促评价，让家庭成为网络安全教育的第一道防线，达成家校共育的目标。

小学生信息科技学科的转向与提质，是一个慢生长的过程，需要一种坚持与扎根生长的意志。落实"双减"政策，我们需要这种扎根的精神，相互彼此赋能的借力，才能给学生的未来成长赋权、赋能、赋力，成就每一名小学生。

高阶思维为信息科技课堂赋能

苏　菲

"双减"是一个压力与机遇并存的重要教育契机。在这个过程中，教育的目的将更关注激发学生的潜能，提升学生的综合素养。在"双减"背景下，教师将积极探索如何发挥教学应有的育人功能，如何实现高质量的课堂，即如何实现教学过程的最优化、教学效果的最大化。学生是课堂的主体，学生愿意学习并且在这个过程中感受到成功的喜悦，感受到通过自身的思考、努力、探索、实践能够解决问题，这样的过程能激发学生学习的内驱力，培养学生学科思维，发展核心素养，让学生思维的发展发生从低阶思维到高阶思维转变，实现课堂教学质量的最优化，是"学习真正发生"的过程。

在小学信息科技教学中，教师通过创新课堂教学内容，将传统的讲授、练习、展示转变成启发思考、探究实践、交流碰撞，赋能学生的思维提升，环环相扣，让学生在构建信息科技应用实践的过程中突破学习的重、难点，不仅使学习达到既定目标，更能实现思维的跨越。

一、启发思考，构建认知模型

"双减"背景下的信息科技课堂，应该是灵动的、层次丰富的。学习的素材也应来源于学生的实际需求。学习者在学习思考的过程中，从自己整理的材料中提取共性或发现规律，找到其蕴藏的本质内容。

新课标改革背景下的信息科技课堂，如何让学生真正提高他们的信息意识、计算思维、数字化学习与创新能力以及信息社会责任，就需要关注新的课程内容是否符合学生在生活中实际遇到的问题或困难。例如，提高信息社会责任可以从网络安全入手，找到学生现实中遇到的有关网络安全的问题。同学们可以以小组为单位，通过前期资料的收集、整理，形成自己对网络上某一个不安全因素的资料集，在这个资料集中有大量关于网络安全的数据。同学们发现这个文字表述的数据呈现不够直观，不利于后期宣传。在前期的课程中思考、讨论、制作，用表格的方式呈现数据。

数据图表反映思维的变化，这样的课程在新课标下更为常见。例如，学生可以用图表呈现网络安全数据，提示大家网络安全的重要性。学生分成小组可以在前期进行数据表格展示，而后在老师的启发下进行讨论，结合自己的知识经验，讨论更优化的数据呈现方式，探讨出图表的表现形式。在整个学习的过程中，学生通过将数据信息的文字表述形式，改变到表格表述形式，再结合已知，提出图表的表现方式，在这个过程中，学生逐步形成对不同类型数据的认知模型。

二、探究实践，从"知识层"到"思维层"

如果说"知识层"决定了学科学习的广度，那"思维层"决定了学科学习的深度，同时能反作用于学习的广度。思维层的提升包括思维逻辑性、广阔性、深刻性、独立性、灵活性、批判性、创造性和预见性，思维品质的培养，是慢慢从低阶向高阶发展的一个过程。学习者的能力素养与思维品质直接相关。

如何在教学中结合学生真实需求创设问题情境，把学生带入一个研究的氛围中，这样才能促进学生去主动探究，主动寻求方法解决问题。真实的需求情境比单纯的创设情境要更贴近学生实际生活，更能调动学生的积极性，吸引学生有效注意，提升思维活跃度。

在思维递进的过程中，学生从形象思维过渡到抽象思维，并从抽象的事物中找到规律，这样的学习非常有助于学生的信息意识的培养。但在前期，要求教师对学生的学情有更清晰的判断。在用数据图表呈现网络安全的课程内容中，教师通过调查问卷等方式对学情进行摸底，了解到学生们在数学学习中接触过柱形图、折线图等，生活中也见过一些图表。这样，学生能够根据已有经验联想到图表内容。学生在学习中根据数据信息创建图表，并尝试修改图表的外观，这些是"知识层"内容。而学生在学习的过程中，利用不同方法探究出制作图表的方法，通过自我探究和小组合作的方式，理解不同类型图表，并能够分析出图表的特点，识别图表中呈现的网络安全信息。同时通过图表数据，意识到网络存在的各种威胁，认识到网络安全的重要性以及网络安全对国家安全的影响。形成正确的网络价值观，养成绿色上网的好习惯，并带动更多的人注重网络安全，这样的内容就过渡到"思维层"了，这样的探究过程，更能促进学生核心素养的提升。

三、交流碰撞，深度学习

学习者的实践操作为自身高阶思维的提升创造了基础，交流讨论使学习者的思维火花得以互相激发和碰撞，为学习者自身深度学习搭建了阶梯。学习者在实践的过程中形成了自己的初步思维，将知识内容和思维训练有效整合，是对思维过程的再梳理。分享交流的环节是学习者思维整合、内化的过程，在这个环节中，不仅仅是学生，教师也会得到新的启发，双方在不断的交流碰撞中共同成长。

以学生的信息意识培养为例，培养学生的网络安全意识非常重要。教师可以借助数据图表让学生进行对比分析，同时这样的数据图表对于培养学生的计算思维有重要的作用。例如，教师设计"尝试创建图表并分析选择图表依据"教学内容，学生说出插入图表的具体方法，教师追问，"你们选择的是什么图表？"学生答出不同图表的类型，教师再追问，"这些图表有什么不同？""为什么你要选择这样的图表？""你们觉得哪个更好？""你们觉得哪个更适合啊？"这样的追问促进了学生的交流，学生在讨论的过程中提出自己的观点，吸取他人的意见，再对自己的观点进行思考。这样的交流过程不仅可以对编辑图表知识回顾，还可分析出图表中网络安全这些数据所表达的比例、趋势、对比等，通过这些变化意识到网络安全的重要性，再结合自身实际给出合理的应对网络安全的建议。

教育的本质是成长，教育的过程就是人成长的过程。在育人的课堂氛围中，教师不再是技能的传授者，而是思维发展的引领者。教师关注学生的学习体验，学生在实践中获得思考，又将思考的结果运用于实践，实现可持续发展。

核心素养导向下小学信息科技单元
主题教学设计的研究

邱　晨

《义务教育信息科技课程标准（2022年版）》中指出"信息科技课程要培育的核心素养是信息意识、计算思维、数字化学习与创新、信息社会责任"。倡导真实性学习，鼓励学生在"做中学""用中学""创中学"，突出运用信息科技解决学习、生活中遇到的真实问题。

基于课标要求，笔者在小学信息科技课程教学中开展指向核心素养培养的单元主题教学设计研究。单元主题教学设计是指根据课程目标，遵循学科的一般规律，以一个单元为整体，以主题为线索，重组单元学习内容，设计课时的单元教学。下面笔者以《在线学习》单元为例，从主题设计、内容规划、目标制定、活动设计、评价设计等维度阐述核心素养导向下小学信息科技单元主题教学的具体设计策略。

一、精心设计单元主题　突出内容育人价值

单元主题的确定是开展单元整体教学的第一步。课程标准指出，小学阶段，应该注重生活体验和创设真实情境，在真实问题的解决过程中进行知识的建构，掌握技能，从而培养学生的核心素养。

结合课程标准中单元教学内容的相关要求、学生已有的经历或经验、社会热点问题、学校各年级开展的"劳动真快乐"主题活动，我选择了真实的学习情境，以在线学习单元为例，进行合作学习，形成"协同创作劳动真快乐风采

展示作品"在线学习的单元教学主题，引领学生在问题解决过程中提升数字素养与技能。

二、整体规划单元内容　突出内容横纵关联

单元教学重要的特征就是内容组织的结构化，在整理规划单元内容时，理清单元知识内在逻辑联系，并形成结构清晰、逻辑有序的知识体系。因此，在教学内容的框架上，我对教学内容进行重组，实现知识的横纵联系。

规划完成"协同创作'劳动真快乐'风采展示作品"主题单元共计四课时。该单元从"协同创作劳动真快乐风采展示作品"主题教育活动出发，以展示小组劳动风采为目标，协同创作小组展示作品为主线，将在线协作学习与学生学习生活有机融合，以问题驱动学生思考探究，用问题链引领学生逐步学会运用在线协作方式完成作品的协同创作。运用共享文档完成小组作品的整体规划，初步体验在线协作学习，学会协作编辑的设置方法。学会运用数字设备搜集、收集作品设计过程中需要用到的素材，依据需求查找素材汇总的方法。选择本组适合的在线文档协作类型，小组协同创作劳动风采展示作品。各组展示作品，点评交流，遵守相应的规范，最后发布作品，分享给其他人，初步认识在线安全的重要性。

该单元教学内容框架，如图 1 所示。

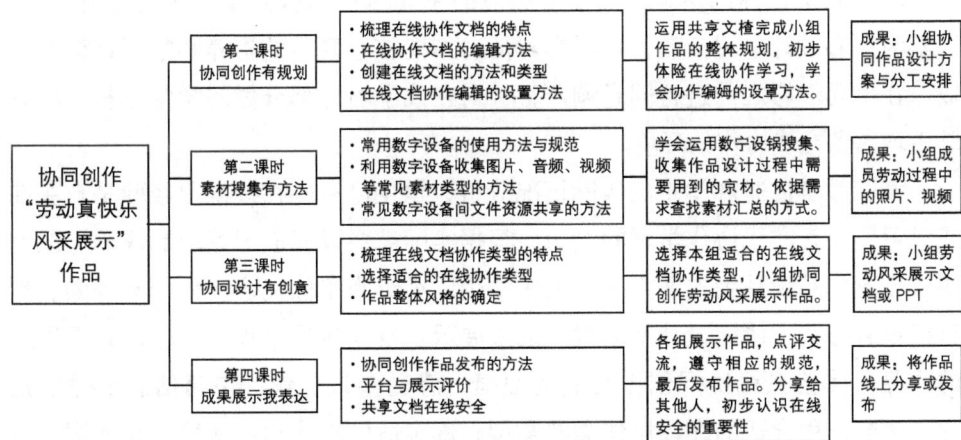

图 1　单元教学内容框架

三、科学制定单元目标　指向核心素养培养

制定单元教学目标是将单元知识与核心素养进行有机整合的过程。信息科技课程的教育价值在于培养学生信息意识、计算思维、数字化学习与创新、信息社会责任的核心素养。我充分研读了课程标准中的内容要求和学业要求，针对教学内容的特点结合学生的实际情况，制定了指向核心素养的学习目标。例如，"协同创作有规划"学习主题，我制定的目标如表1所示。

表1　"协同创作有规划"主题课程标准对本单元学习内容的具体培养目标

学段培养目标	指向核心素养培养
1. 结合主题情境，提出并分析运用在线协作解决问题的方法。	计算思维
2. 整体规划作品，运用共享文档进行协作编辑、信息交流汇总，自主梳理共享文档的特点，体验协作学习的过程。	信息意识 计算思维
3. 通过在线协作文档完成小组方案、分工，学会按照要求在共享文档中填写信息，掌握多人编辑文档的方法，体验在线合作完成文档的便捷，感受多人合作、快速信息汇总的过程。	数字化学习与创新
4. 在体验、感受、认同在线协作文档优势的过程中，维护自身与共同协作人的信息安全。	信息社会责任

四、系统设计单元活动　指向真实问题解决

单元教学目标的落地，需要有相应的单元活动加以支撑。在真实情境中，以学为中心设计学习活动，每项学习活动指向核心素养的培养和学习目标的达成。在单元学习之前进行问卷调研，针对在线学习这部分做的学情分析，所有学生均具备在线协作的环境。

基于教学内容和学生的实际情况分析，学生已有的在线学习经验是自主在线学习，缺乏在线协作学习的经历，根据实际需要以完成"劳动真快乐"线上协作创意作品设计为实践主线，引领学生以小组为单位在协同创作有规划、素材搜集有方法、协同设计有创意、成果展示自我表达的过程中，形成风采展示的作品。体验在线协同创作文档的便捷，感受多人合作，快速信息汇总的过程，学会选用合适的在线协作文档类型，逐步适应在线学习环境。在探索发现中感受劳动的快乐，在亲身实践中提升信息素养。

协同创作"劳动真快乐"风采展示作品的单元主题第一课时核心学习活动

见表 2。

表 2　"协同创作劳动真快乐风采展示作品"单元主题核心学习活动

	学习活动设计	实践任务设计	指向核心素养培养
第 1 课时	活动名称：协作编辑我能行。 活动形式：小组合作。 活动过程：利用教师给出的共享文档模板，进行分工，体验多人协作编辑。新建本小组共享文档，进行整体规划，分工。 活动时长： （任务 1）5 分钟。 （任务 2）10 分钟。 预期活动效果：通过整体规划，小组讨论分工，学会多人编辑在线文档的方法。	实践任务 1：协作编辑初尝试。 请各小组成员将本组的作品名称和小组成员填写到"协同创作真快乐风采展示劳动作品名称汇总表"文档的指定位置。 实践任务 2：协同创作有规划。 整体规划"劳动真快乐小组风采展示"作品，形成方案、分工。	信息意识 计算思维 数字化学习与创新 信息社会责任

五、有效设计单元评价　指向核心素养落实

信息科技课标中提到，要树立正确的评价观念，坚持以评促教、以评促学，体现"教—学—评"一致性。本单元在教学评价方式上选择了线上评价。通过分析学习目标、表现标准、评价方式、评价活动等过程，设计及时、全面的线上评价。

在具体的评价过程中，基于校园无线网与移动终端创设在线学习环境，全程以金山文档收集各小组学习成果并进行及时、全面的在线评价，更好地促进学习目标的达成。同时支持学生在数字化学习环境下自我评价。在"协同创作有规划"中我依据主题进行学习目标的分析，确定表现标准。接着，依据表现标准，设计评价活动。最后，为表现性评价活动设计评价量表（见表 3、表 4、表 5）。

表 3　第 1 课时"协同创作有规划"一课的学习目标、表现标准及评价任务设计

学习目标	表现标准	评价活动
目标 1. 结合主题情境，提出并分析运用在线协作解决问题的方法。	依据生活情境，能够想到疫情期间在线填写体温表；并说出在线文档；快速准确地汇总小组的劳动故事并形成作品。	教师：针对学生提出的方法进行评价。能够说出在线文档的小组加分。
目标 2. 根据整体规划作品的需要，运用共享文档进行协作编辑、信息交流汇总方式，自主梳理共享文档的特点，体验协作学习的过程。	1. 规划整体作品，在线协同完成实践任务 1"协作编辑初尝试——作品名称汇总"。 2. 归纳总结出共享文档的三个特点。	教师：依据在线协作文档名称汇总表中规定进行在线评价加分。能够根据实践操作描述出"多人编辑，信息共享，同步快速"特点进行在线评价，加分。

续表

学习目标	表现标准	评价活动
目标3.通过在线协作文档完成小组方案、分工，学会按照要求在共享文档中填写信息，掌握多人编辑文档的方法。	1.完成作品的整体规划。 2.邀请老师为共同协作人。	教师：依据能够新建在线文档，对作品进行栏目规划，邀请老师为共同协作人，进行在线评价。
目标4.在体验、感受、认同在线协作文档优势的过程中，保护自身与共同协作人的信息安全。	1.列举在线协作在学习生活中的其他应用。 2.分析线上协作学习的优势，学会保护自身与共同协作人的信息安全。	教师：依据能够列举生活中的实例，并了解信息安全的重要性，进行在线评价，加分。

表4　第1课时设计的评价量表

要素	优秀（A等）	良好（B等）	合格（C等）
如何准确、快速汇总小组的劳动故事并形成作品？	能够说出在线文档。	能够说出演示文稿，PPT，文档等。	能够说出利用信息科技手段中的一种。
体验协作，完成作品名称汇总表。	能够在规定的时间内将本组的作品名称和小组成员填写到文档的指定位置。	能够将本组的作品中的一项在规定的时间输入指定的位置。	能够将作品名称和小组成员输入文档中。
共享文档的特点。	能够依据实践操作描述出"多人编辑，信息共享，同步快速"。	能够说出两点共享文档的特点，描述的特点不全面。	能够说出一点共享文档的特点。
创建在线文档协作编辑，整体规划作品并邀请老师为共同协作人。	能够新建在线文档，对作品进行栏目规划，小组分工、制定每个栏目的负责人。邀请老师为共同协作人。	能够创建在线协作文档，并邀请老师为共同协作人，完成栏目的规划及分工中的一项。	完成文档的创建，邀请添加协作成员，但是没有完成栏目的规划及分工。
在线协作在学习生活中的其他应用及信息安全的重要性。	能够列举生活中的实例，并了解信息安全的重要性。	能够列举实例。	能够意识到信息安全的重要性。

表5　第1课时线上课堂评价表

协同创作有规划——任务1（协作编辑初尝试）课堂评价表									
评价标准	第一组	第二组	第三组	第四组	第五组	第六组	第七组	第八组	第九组
规定时间内									
作品名称填写完成									
小组成员填写完成									
填写到指定位置									
总分									

　　基于核心素养引领的小学信息科技单元主题教学设计，以培养学生的核心素养为导向，基于真实情景下的主题活动，指向真实问题的解决。让学生在真实问题的解决过程中提升数字素养和技能，逐步形成正确的价值观、必备品格和关键能力。

小学综合实践活动的创新策略探究

刘 波

在新课改的背景下，小学数学的教学主体从传统教学中的教师转变为学生，注重培养学生的综合素养，注重培养学生的创新能力，不断激发学生的潜能，使其能够自主地掌握数学知识，并且能够举一反三。因此，教师在综合实践活动课的教学需要注重教学方法的多样化，能够对每个学生所存在的问题与不足进行分析，然后根据学生的不同情况开展针对性的教学，提高小学数学综合实践活动课的效率。

一、综合实践活动课的特点

小学综合实践活动课具有创造性的特点，教师在教学的过程中可以根据学生的实际情况对综合实践活动课进行创造性的设计，引导学生发散思维，举一反三，更加高效地掌握所学知识。综合实践活动课具有思考性，小学数学这门学科还具有很强的逻辑性和抽象性。因此，学生在学习数学的时候，需要不断对抽象的数学知识进行思考、探究，激发学生的探究意识，并且根据学生自身的理解来对数学问题进行解答，不断促使学生自主地学习和探究。

二、教师设置综合实践活动课的注意事项

（一）确定综合实践活动主题

教师要根据学生的喜好、知识水平、个性，选择学生感兴趣的综合实践活动主题，活动主题要符合学生的心理需求。教师要根据活动主题明确探究方

向，让学生积极参与活动探究，学生在动手实践的过程中，提升了自身的综合能力。

（二）确保综合实践活动的安全性

在小学综合实践活动中，教师要重视学生的安全问题。在综合实践活动开展前，教师要对学生进行安全知识教育。教师要关注学生的具体情况，选择安全性高的项目开展活动，确保综合实践活动安全、有序开展。

（三）培养学生善于观察的行为习惯

在小学综合实践活动中，教师要培养学生善于观察的品质，在观察中记录并发言。例如，教师组织学生开展"珍惜我们的眼睛"的综合实践活动。教师设置观察眼睛的环节，引导学生记录、发言。学生在观察中能有所收获，能发现问题、提出问题，并能根据记录有条理地互动交流。

（四）通过语言激励对学生实施正面评价

由于小学生正处于身心发展的初期，内心脆弱、敏感，如果教师的语言运用不当，就会对学生的心灵造成不良影响。教师要对学生进行语言激励，挖掘学生的闪光点和潜力，运用激励性的语言唤醒学生的自觉，养护学生的心灵。在综合实践活动中，教师对学生给予肯定性评价，有助于提高学生参与实践活动的自信，促进学生的身心健康发展。

三、小学综合实践活动课的创新策略

（一）以合作的方式开展综合实践活动

合作学习小组是小学生开展互动合作学习的重要基本形成，教师必须运用科学的方式来进行合作学习组的成员安排，才能有效保证各个组内的小学生能够在增进了解与互动的情况下完成学习任务。在多数情况下，教师应当安排实践能力水准较强与实践水准一般的小学生组合，确保具有实践能力水准差异的小学生能够展开紧密的互助配合，从而达到增进组内同学友谊的效果，鼓励小学生依靠互助合作的途径获得更多实践知识。

（二）创设生活情境开展综合实践活动

在小学综合实践活动教学中，一方面，教师要根据小学生的身心发展特点，结合学生的实际生活经验，选择贴近学生生活的选题，给学生创设生活化的情境，为学生营造生活化的学习氛围，激发学生的参与热情；另一方面，教师要引导学生在观察中发现并提出问题，共同找到解决问题的方法，以激发学生的学习积极性、互动性。

（三）鼓励学生在综合实践活动中动手操作

在小学综合实践活动中，教师要制订课外计划，并和学生一起研讨方案、准备材料，让学生掌握课外探究的实践操作技能，培养学生克服困难的意志。在课外探究中引导学生采用图表记录，培养学生参与综合实践活动课的自觉性，提高学生的动手能力。

（四）利用社会实践活动培养学生的综合实践能力

教师要组织学生开展生活化教学，在生活中运用已经掌握的知识，带领学生开展社会综合实践活动，内化知识，让学生掌握更多的技能，同时让学生与社会密切接触，有助于增加学生的社会生活经验。

（五）教师转变教学理念

小学综合实践活动课的教学，需要教师改变传统的教学模式，不断地更新教学方法。教师在教学的过程中，需要根据学生的学习情况对本节的综合实践活动课进行备课，设计有针对性的教学方案，以此来对小学生进行有针对性的教学。要改变传统的以教师为主体的教学模式，要以学生的兴趣爱好为基础，来对学生进行教学，在实际教学中不断培养学生的创新能力，激发学生的发散思维，培养学生对数学的学习兴趣，从而促使综合实践活动课有效开展。

（六）灵活调动课程资源

在实践教学中发现，有部分教师存在教学资源匮乏无法开展综合实践活动课的情况，因此，小学教师在教学的过程中需要做到因地制宜，根据学校的实际情况以及学生的特点来对课程进行设计，找寻一切可以融入综合实践活动课堂中的教学资源。教师对于课程资源的开发和利用，对于整个课程功能的转变和学生的学习方式有着十分重要的意义。

让合作学习真正发生

方慧星

合作学习是一种有效的学习方式，它能够帮助学生们更好地理解和沟通，培养学生的团队合作精神，激发学生的创造力和团队协作能力，同时也能够培养学生的人际交往能力，使学生能够更好地完成学习任务。然而，在实际的合作学习过程中，也会出现一些问题，比如由于学生们的个性差异，有些小组可能会出现分歧，导致合作过程中出现不愉快的情况，甚至有些学生会独自一人完成任务。有时在遇到突发事件时，也会出现分歧，影响整个团队的协作效率。由于小组内部沟通不畅，导致活动进度受阻；由于缺乏明确的目标，使得分工不够合理，从而让活动变得毫无意义。如何提高合作学习的效率是实践活动中需要关注的一个重要问题。

在实践过程中发现提高合作学习的有效性，首先要关注学生及学习小组特质，其次要注意适时指导，最后要注重对小组活动的评价。

一、依据学生个性合理分组

2017 年发布的综合实践活动课程纲要中提到，综合实践活动课程的学习可以是小组形式或个人形式。以小组形式开展活动是综合实践活动常用的学习模式。活动前的分组至关重要，有研究结果证实，在人数上，一般四人到六人一组比较合适，不同于一般学科学习时的随机分组。综合实践活动要获取的信息很多，活动过程中经常要通过合作查阅资料、采访、观察、实验、调查等方式获得大量信息，因此人员的组合，直接关系到活动能否顺利展开。小组合作学习的分组方式应该具有多样性，既要尊重学生的意愿，也要整体进行调控，不能任由其完全自行发展。在组建小组的过程中，通常采用以下两种方式。

（一）鼓励具有不同特长的学生组合

每个学生都是独特的个体，为了使活动能够顺利进行，可建议学生按照一定的标准进行小组划分。首先，教师要引导学生关注自己和他人的特长。一个组最好各有所长，有会拍照录像的，有善于跟人沟通的，有熟练电脑操作的，有擅长画画的，等等。这样的组合可以让每个人在活动中都发挥自己的特长，促进小组工作的推进。当然每次分组，总会有几个学生被同学冷落在一旁，这时，老师要进行适当干预，充分挖掘这一学生的优点，在全班面前夸奖他，让小组的其他成员接纳他。在活动中，采用这种方式分组，每个学生都会主动发挥长处，获得认可，让自己成为小组中不可缺少的一员，充分发挥了自己的潜能。

（二）鼓励兴趣相仿学生结伴成组

综合实践活动常以小课题形式展开，同一主题下分为几个子课题，到了五年级、六年级，学生的主观性明显增强，此时我们在分组的时候就可以考虑让兴趣相仿的学生结伴成组。在开始课程时，学生们可以提出许多问题，并将它们进行归纳和分类。通过自主选择感兴趣的内容组建小组，开展深入探究，这样，组员会更加积极主动，显著提高效率。

二、在活动中适时指导

分组只是小组合作学习的第一步，要想保障活动的有序推进，教师不再只是一个教学者，而是一个组织者、参与者、引领者，应该和学生一起体验活动，按照活动进程适时指导。

（一）确定组长，明确分工

小组成立后，教师应该特别关注如何让每个成员都能够清楚地认领自己的任务，并且能够自主地完成小组的目标。这样，每个人都能够有自己的工作，并且能够有获得感。组长是这一组的"领头羊"，他的组织协调能力直接影响整个组的活动进展，所以选组长关注组织协调能力，推选出合适人选。同时，教师对组长要进行专门的培训，让他明白自己的职责。然后由小组长带领大家开展组内分工。通过对组内岗位的对比分析，由学生自主选择岗位，比如小记者、摄影师、记录员、统计员、调查员等。如果遇到组内意见不统一的情况，教师可进行协调。通过这种方式，每个学生都有明确的角色和责任，可以充分发挥自己的才华，并且更好地完成小组学习任务。

（二）个性问题，随时指导

为了让学生有机会参与并获得丰富的经验，教师应该让他们有机会从多种途径来获取知识，应该让他们有机会自己寻找答案，并且教师也应该全程把控，以便及时发现问题并纠偏。教师应该密切关注他们的活动，并且经常跟踪他们的情绪，以便为他们提供必要的帮助。

（三）共性问题，集体点拨

在活动的过程中，每个小组除了遇到一些个性问题，还会有一些共性的问题，这时候，教师就可以采用生生合作、师生合作、组际间合作等方式逐个突破，让小组合作学习继续稳步推进。

教师作为一个参与者，只有深入每个小组的活动中去，才能了解各个小组合作学习的进程，适时地帮他们解决活动过程中的个性及共性问题，提出一些新点子，让小组活动有序有效推进。

三、开展多元评价

小组合作学习的目的就是使学生实现"资源共享、互补"和"相互启发、提高"，营造"人人参与，个个主动"的活动氛围。小组合作学习可能会出现一些问题，例如它可能没有明确的目的，或者没有足够的内容来帮助学习者。此外，由于学习者缺乏倾听和反馈的能力，这种合作学习可能变得毫无意义，浪费宝贵的学习时间。明确活动目的，开展多元评价是很好的解决途径。

（一）引导学生进行个人反思性评价，激发参与积极性

当课程结束，教师会要求学生向大家展示他们最近完成的任务，然后根据他们的表现来反馈。老师会通过观察和指导，看到学生身上的闪光之处，并为他们提供适当的支持和鼓励。这样，学生就能够更好地树立"我是小组中一员"的意识，为他们未来的研究打下坚实基础。

（二）引导小组成员进行互相评价，鼓励成员间取长补短

受众的反馈，可以帮助学生改变其原本的行为，可以使学生更加深入地了解、探索、发展，从而更加积极地投入到活动之中，获得更多的成就感。因为每个团队的行为都有差异，通过相互评价来帮助团队成员发现彼此的长处与短

处，并通过他人的反馈来了解自己的长处与短处。

（三）引导学生对小组进行集体评价，增强成员凝聚力

综合实践活动提倡以小组为单位组织活动，让学生在小组合作中学习与人相处，增进同学彼此间的友情，促进协作能力发展，体验共同进步，分享快乐，分担忧愁。小组评价应突出学生对集体的经验与收获进行总结分享，教师评价及小组自评时突出对小组成员的参与度、学习态度、合作精神、创新能力及成果的评价。

为了促进团队协作，倡导小组合作学习，旨在帮助组内成员彼此激励，共同分享知识，共同应对挑战。然而，想要切实提高合作效率，还需要教师的持续指导和关注，只有这样，合作学习才能真正发生。

新课标引领书法实践课程改革

甄　静

2020年中共中央办公厅、国务院办公厅发布《关于全面加强和改进新时代学校美育工作的意见》，书法学科作为学校艺术课程之一被提及，并纳入学生学业要求及素质测评。2022年教育部印发的《义务教育课程方案和课程标准》正式出台，书法教育在《义务教育语文课程标准》和《义务教育艺术课程标准》中出现，凸显了学段纵向衔接性和学科横向融通性。中小学校按照文件要求积极开设书法课，成为以美育人、以美化人、以美培元的一条重要途径。

一、书法艺术

中国书法是一种复杂的艺术、文化现象。它通过汉字的表现形式与我们中华民族的精神与生活紧密联系在一起，成为中华文化的象征。书法在中国始终被作为一种高尚的、大众化的独立艺术而备受珍爱。在不断发展变化的历史长河中，中国书法已经从单纯的书写形式变为具有审美价值的艺术表现形式。不论是甲骨竹简、摩崖刻石，还是雕版刻印、活字印刷，无一不与书法紧密相关，书法艺术承载的历史和传达美的功能从未改变。博大精深的书法文化中涵盖着一切做人、做事、求学、进取的道理。下面就国际小学基础教育一线的书法教学中发现的问题，探究书法教学改革路径。

二、书法实践课程改革

书法教学应尊重传统，也要激发学生兴趣，关注个性化因材施教；鼓励作品创作直抒胸臆，在笔墨之中感受书法的形式美，但不可忽略发现美、创造美的过程，意境美和精神美的感悟收获；教师、学生都要有思辨创新能力，运用多元的价值评价，但要尊重历史和客观实际。立足民族文化美学与时代发展的特点，将文化的多样性与全球视野下的美育相结合，在潜移默化中提升文化修养、人文情怀、审美能力等综合素养，为人的全面发展提供更大的可能性，引导学生去热爱生命、美化生活、建设社会。

（一）教师提高自身素养

汉字是教师进行教学工作的重要工具，书法是职业技能、专业技能，反映出教师业务素质，正所谓"字如其人"，教师能否练就一手好字，给学生以榜样示范，直接影响教书育人的效果。要勤于笔耕，一有空闲时间就练笔。在为学生写名字的过程中，我发现，对于有些繁体字的掌握，自己存在漏洞。除专业技能需过硬以外，还要多读书，尤其是揣摩学生心理的书籍，这样才能真正了解学生，走近学生，真正和他们成为朋友，这样也就能更多地从他们的角度出发，了解他们想要学什么，怎么学，从而合理安排教学内容。丰富自己的文化底蕴，真正做一名合格的书法老师。

（二）不断丰富书法教学内容

通过查阅古代与现代文献资料和中国学术期刊网络出版总库对相关选题与学术论文进行收集归纳。广泛查阅了国内外相关学术资料，尝试明晰书法时代演变与发展的脉络。运用作品图像的比较分析与研究，分析古今审美观念下的书法语言转型在学校教学方法的相关问题。寻找有典型特色的书法作品或作者，以他们的书法语言表达作为教学内容，提炼经验和参考。

（三）整合教材单元授课

书法学习是一个整体，恰当安排单元课程、学习时间，融合课本上分散的知识，讲解书帖、作品赏析于书法的实践活动中，将赏析、临摹、创作、评价诸环节合为一体，教师在整个过程中要做细致的教学示范，即由基本笔画入手，由浅入深，由简到繁，让学生在实践活动中学习、感悟和体验。强调教学基础性，不能对学生要求过高，过难，过于专业化，重在参与的过程与体验。

（四）跨学科的主题教学

主题教学，是指在建构主义学习理论和多元智能理论的指导下，通过跨学科主题探究与活动来发挥学生的主体建构性和主观能动性，从而实现学生全面发展的教学活动方式。跨学科是科学方法讨论的热点之一。跨学科的目的主要在于通过超越以往分门别类的研究方式，实现对问题的整合性研究。"跨学科"一词最早在20世纪20年代美国的纽约出现，其最初含义大致相当于"合作研究"。教学需顺应时代的发展，培养学生的综合能力，即学习者在复杂的生活中处理实际问题往往需要综合运用多学科的知识。学科的界限在知识运用中被打破，学生的能力需要综合培养发展。可以是单学科主题课程、跨学科主题课程，也可以是多学科主题课程。

（五）创造良好学书环境

歌德说："哪里没有兴趣，哪里就没有记忆。"为了在教学中取得好的效果，可以尝试为学生创造一个良好的学书法环境。一间宁静、宽敞、明亮的书法室，可以使学生集中注意力，专心学习。在学生学习过程中，可以播放一些传统音乐，如古琴曲等，帮助学生静下心来。在书法室的墙上张贴优秀学生书作，悬挂任课老师的优秀作品，关注学生学习态度和学姿，认真、学书，对学生多多给予表扬和鼓励。

（六）充分利用校外资源

将少年宫、美术馆、博物馆、名胜古迹等社会资源，成为书法学习空间。沟通高校教授研究员、书协书法家、优秀媒体资源，借用集团办学优势，还可开展校际、国际书法教育交流活动。将书法学习类网站、书法在线字典、师生交互平台以及具有虚拟装裱、虚拟情境作品展示等功能的App、小程序等在线工具用于书法教学的资源补充与拓展。

（七）多元评价培育品行

书法教育是对书写技法与文化艺术共同学习，很难用单一的标准测评学生对技法的掌握以及对艺术的理解。因此，应用多元课程评价，重视学生学习过程中的学习态度、书写习惯、欣赏评述等指标。敬字，是对中国汉字的认同与热爱。惜纸，是对资源与自然的敬畏。学习书法不仅要修炼技能，更要涵养品性，是德艺双修的过程。所以，课堂评价要有助于学生全身心投入学习，真正感受美、创造美、享受学习过程。